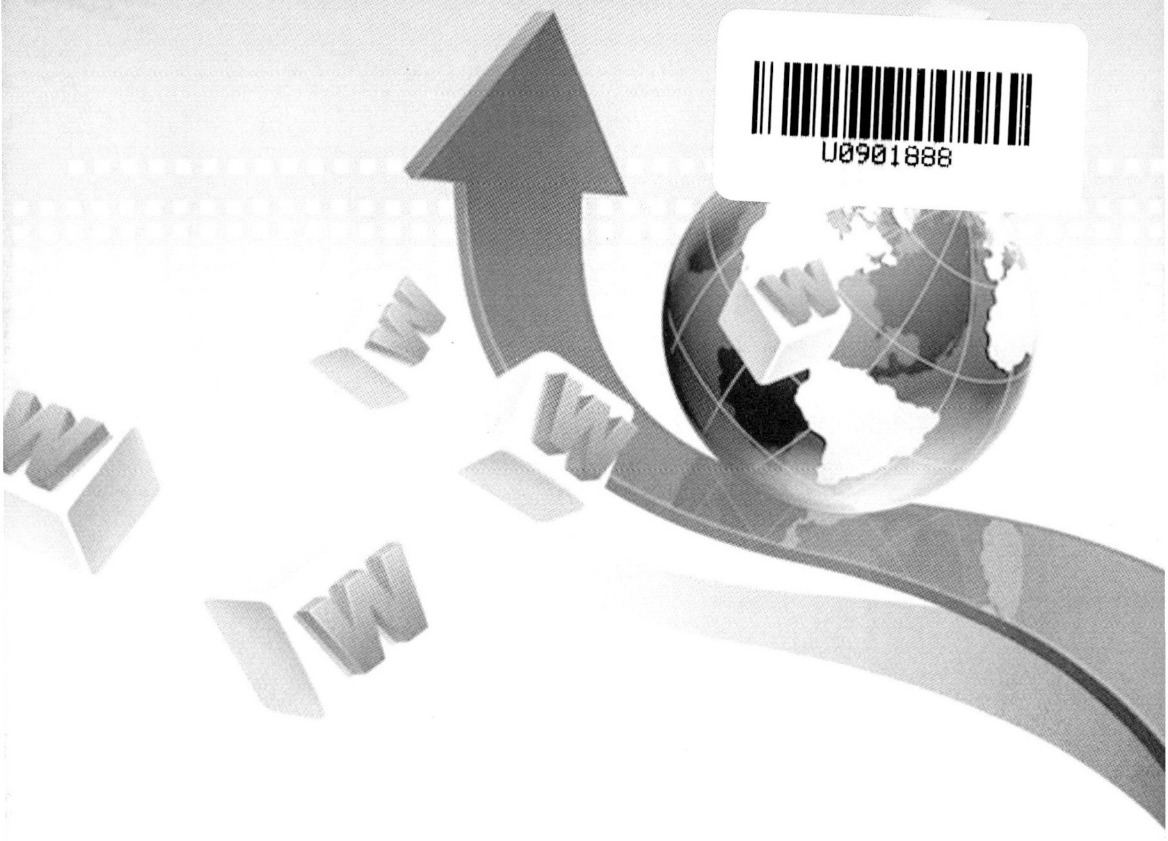

“互联网+”背景下
中国体育产业发展模式研究

汪 剑 著

图书在版编目（CIP）数据

“互联网+”背景下中国体育产业发展模式研究/汪剑著.—北京：经济管理出版社，2019.6
ISBN 978-7-5096-6715-6

Ⅰ.①互…　Ⅱ.①汪…　Ⅲ.①体育产业—产业发展—发展模式—研究—中国　Ⅳ.①G812

中国版本图书馆CIP数据核字（2019）第137185号

组稿编辑：申桂萍
责任编辑：赵亚荣
责任印制：高　娅
责任校对：王淑卿

出版发行：经济管理出版社
（北京市海淀区北蜂窝8号中雅大厦A座11层　100038）
网　　址：www.E-mp.com.cn
电　　话：（010）51915602
印　　刷：三河市延风印装有限公司
经　　销：新华书店
开　　本：710mm×1000mm /16
印　　张：13
字　　数：221千字
版　　次：2019年8月第1版　　2019年8月第1次印刷
书　　号：ISBN 978-7-5096-6715-6
定　　价：69.00元

作者简介

汪剑（1964年2月—），男，江西南昌人，教授。1986年毕业于上海体育学院。1986年7月—1990年10月，任教于江西农业大学；1990年10月—2005年10月，任教于江西教育学院；2005年10月—2007年7月，任教于江西师范大学科学技术学院，2007年7月起任江西师范大学科学技术学院副院长。2001年10月晋升副教授，2008年11月晋升教授。先后荣获全国高校体育论文奖、全省高校优秀体育教师、全省高校田径运动会优秀教练员等荣誉和体育经纪人资格。主持或参与省部级及以上课题6项，主编教材2部，在《上海体育学院学报》《福建体育科技》等刊物上发表论文20余篇。

前 言

在“互联网+”理念的推动下，社会各个领域纷纷朝着信息化、网络化的方向发展。体育产业作为我国社会众多产业体系的一支，其发展理念、发展方向受国家宏观调控政策的直接影响。在“互联网+”理念的作用下，通过将互联网与体育产业联系到一起，构建互联网+体育产业新形态模型，有效开阔了我国体育产业的发展途径，为我国体育产业带来新的发展机遇与挑战。

通过将互联网+体育产业同传统体育产业进行对比，我们能够发现，无论是产品类型，还是组织形式，或者是经营理念均发生了巨大变化，并且，在“互联网+”的作用下，我国体育产业逐步朝着智能软硬件、电子竞技、网络传播、垂直电商这四个方向发展，进而衍生出四种新兴产业类型。对比分析得知，互联网+体育产业的产品类型趋于智能化与人性化，业态组织形式趋于多元化，管理经营模式趋于创新化，这些特点均是传统体育产业所没有的，现如今已成为当代体育产业链条中不可或缺的一部分。

“互联网+”下体育产业在新业态发展进程中尚存在一定的问题，例如，产品的附加价值、创新性存在不足，消费者需求度不高，产品开发价值不够理想；单一化的盈利模式、落后的管理制度导致经营管理模式缺乏合理性；主导产业缺乏明确性，产业结构缺乏科学性，产业链条缺乏完整性，产业定位普遍偏低，导致产业体系无法向高端过渡；等等。

为处理好以上问题，促进互联网+体育产业的可持续发展，本书将根据产业发展模式理论和体育产业在市场上的实际发展情况，分别从体育产业的结构、组织、政策三个方面出发，构建体育产业的新型发展模式，使互联网+体育产业结构呈现“高+新”化发展模式，加快产业链条的融合；使互联网+体育产业组织呈现“集团化”的新业态，优化互联网+体育产业的组织体系；使互联网+体育产业政策呈现精准化发展模式。

目 录

第一章

“互联网+”与体育产业

第一节 “互联网+”的概念

易观第五届移动博览会上易观国际集团董事长于扬以“互联网+”为探讨对象，针对互联网技术在现代化生活中的应用与发展进行演讲，在此次会议上首次提出“互联网+”这一新型发展概念。在他看来，互联网即将成为下一个社会发展阶段的基础设施，因互联网定能够将世界上所有传统行业进行改革与创新，实现互联网与传统行业之间的联合。腾讯 15 周年“WE2013”大会上腾讯公司首席执行官马化腾以“通向互联网未来的七个路标”为主题，展开一系列的演讲活动。在此次演讲活动中，“互联网+”是马化腾提出的第二个路标。2016 年全国两会召开期间，马化腾针对“互联网+”这一举措特向两会提交《关于以“互联网+”为驱动 推进我国经济社会创新发展的建议》。自此，“互联网+”这一发展理念备受我国社会各个发展领域的关注。

2015 年十二届全国人大三次会议中，国务院总理李克强做政府工作报告，并在此次所发表的报告中就“互联网+”这一举措特提出“互联网+”行动计划。李克强在报告中指出，新兴产业与新兴业态均属于竞争高地，想要开展信息网络、高端装备、新能源、新材料、集成电路、航空发动机、生物医药、燃气轮机等重大项目的建设活动，需要将新兴产业培育活动作为主导产业。制订“互联网+”行动计划，将移动互联网技术、物联网技术、大数据技术、云计算技术等运用到现代制造业，实现互联网技术、物联网技术、大数据技术、云计算技术与现代制造业的跨界融合，全面推动工业互联网、电子商务、互联网金融（ITFIN）的发展与进步，使其能够长期处于一个健康、稳定的发展水平，并在互联网技术的作用下不断开阔国际市场。《关于积极推进“互联网+”行动的指导意见》经李克强总理签批后印发，使互联网行业从消费领域朝着生产领域方向融合与渗透。随后，在中共十八届五中全会上，特将“互联网+”理念融入到《中共中央关于制定国民经济和社会发展第十三个五年规划的建议》中，制定国家大数据战略、网络强国战略。

一、“互联网+”的内涵

“互联网+”理念自提出后，备受广大政工人员的关注，但是该理念在学术界备受争议，至今未能形成统一的定义。

从产业发展视角来看，由腾讯研究院发表的《“互联网+”系列报告之一：愿景篇》针对“互联网+”这一概念做出如下解释：借助信息通信技术与互联网平台，将互联网与传统行业结合到一起，实现互联网行业与其他传统行业之间的渗透与融合，构建一个全新的发展领域，在市场经济发展中打造全新的经济发展形态。阿里研究院发表的《互联网+研究报告》针对“互联网+”这一概念做出如下解释：将互联网作为主要承载体，利用一整套信息化技术将经济生活与社会生活中的相关内容结合到一起，充分利用互联网的开发性、透明性与平等性，为信息数据的运转提供原动力，使其形成一个统一的有机体。

尽管产业界对“互联网+”这一界定拥有诸多解释，但在社会生活中人们普遍认为“互联网+”技术是对原有信息化技术的一种提升，实现“云”“网”“端”三方面的连接与融合，并将该技术运用到实际的生产、生活之中。

二、“互联网+”的本质

从本质视角来看，将互联网与某种传统行业结合到一起，能够从中延伸出一种新的经济发展形态。譬如，“互联网+传统百货商店”，其中传统百货商店是传统行业中的一种消费行业、购物市场，在互联网技术的作用下，衍生出一系列网上百货商店，例如淘宝、天猫、京东、苏宁易购等，这些网上购物场所均属于网上购物生态；“互联网+传统实体银行”，其中传统实体银行是传统行业中的一种储蓄、借贷行业，在互联网技术的作用下，衍生出一系列的网上支付平台，例如支付宝、翼支付、微信支付等；“互联网+传统交通方式”，其中，传统交通方式是传统行业中的一种交通模式，在互联网技术的作用下，衍生出一系列的网上打车方式，例如滴滴等打车应用平台以及城市公交等公交应用平台。

由此可见，“互联网+”理念的实施，对传统产业而言，互联网技术与传统产业进行融合时，不仅能够改变传统行业的运营方式，还能够实现传统行业的升级与创新，有效提升传统产业在现代化社会发展中的经济创新力与社会生产力。

三、体育产业的概念

国务院于 1985 年颁布的《国民生产总值计算方案》第一次提出“三次产业分类”这一概念，将体育部门进一步划分成三个层次，其中第三层次部门是为提升科学文化水平以及居民素质提供所需服务的一个部门，随后产生“体育产业”一词。

迄今为止体育产业在我国已经有 30 余年的发展历程，但我国学术界对“体育产业”这一概念尚存在诸多争议，具体表现在以下几个方面：

（1）将体育产业视为纯粹的体育服务行业，以活动的形式为全体社会成员提供体育服务，例如竞赛表演、体育旅游、体育经纪、体育博彩、健身娱乐、咨询培训等。这种理解具有一定的狭隘性，仅是简单地将体育产业限制在体育活动本身发展为社会提供服务范畴。

（2）根据我国实际发展国情，将体育产业视为社会主义市场经济基础下的一种体育事业，认为体育产业由体育事业转变而来，即体育产业是在传统计划经济体制转型下所形成的一种体育事业。

（3）将体育产业视为同体育健身运动有关的生产经营性活动，注重体育运动所具备的经济价值。

第二节 互联网+体育产业的内涵

一、传统体育产业的内涵与特征

随着市场经济的发展，“体育产业”一词应运而生，不同专家学者对其拥有不同认知与理解，想要挖掘传统体育产业的内涵，需要分别从传统体育产业的商品类型、组织形式、经营管理、盈利模式等视角出发，对其具体现象进行具体分析，探讨传统体育产业的具体特征。

（1）商品类型特征。传统体育产业商品在营销过程中主要涉及两方面的内容，即体育用品营销与体育服务营销。因此，体育用品与体育服务是体育产品的基本形式。其中，体育用品主要是一些事物性商品，例如体育器材、体育服装、体育鞋帽等，这些商品的科技含量相对比较低，具有较强的通用性；体育服务产业稀少，与顾客之间的交流方式相对比较单一，例如体育教练服务、赛事直播服务、场馆营销管理服务、体育休闲服务等。

（2）组织形式特征。传统体育产业组织形式主要有三种，即独资企业、合伙人企业与有限责任公司。其中，独资企业是指由个人出资的体育商品制造的小厂子、小作坊或者体育商品营销个体户；合伙人企业是由合伙人出资的体育商品制造的小厂子、小作坊或者体育商品销售的个体户。无论是独资企业还是合伙人企业，其建设规模均相对比较小，且效率偏低。

（3）经营管理特征。传统体育产业的生产结构缺乏科学性与合理性，多数企业以产品制作为企业生产、运营的主要内容，忽视对产品的创新与研发，且各项管理制度相对比较落后，严重降低了企业员工工作的积极性与主动性。

（4）盈利模式特征。传统体育盈利模式相对比较单一，无论是产品盈利模式还是服务盈利模式，在实际应用中均没有起到良好的应用效果。

二、互联网+体育产业的内涵与分类

在新时期发展的背景下，“互联网+”发展理念应运而生，是创新 2.0 时代下的新业态，全面推动社会各个发展领域的改革与创新，为社会经济的发展带来源源不断的动力。通过将互联网技术与传统产业结合到一起，形成“互联网+传统产业”的新形态，有效改变传统产业的生产模式与运营模式，形成全新的产业体系，最大限度地满足人们日常生活的各项需求。通过将互联网技术运用到传统体育产业发展建设中，形成互联网+体育新形态，借助互联网技术推动体育产业的发展与进步，积极改变体育产业的商品类型、组织形式、经营模式及盈亏模式，实现体育信息的共享，开辟体育产品营销渠道及体育赛事的转播渠道。

从商品性质来看，互联网+体育产业的形成与构建，使我国传统体育产业朝着智能软硬件业、电子竞技业、互联网赛事转播业、体育垂直电商业发展，使我国当代体育产业呈现四位一体产业结果。其一，智能软硬件业。智能软硬件作为互联网+体育的直接产物，是当代体育产业链条中十分重要的一个行业。体育爱好者利用手机、电脑等互联网终端设备在手机APP或者各大网站上搜集与体育相关的信息，并利用手机软件、网站获取所需的运动服务，例如提供运动社交群、预约运动场地、分享运动信息等。由此可见，智能软件的产生与推广能够为诸多体育爱好者提供便利。其二，电子竞技业。电子竞技业并非网络游戏，或者说电子竞技并不仅仅是网络游戏，它是一种有一定规则性、标准性、对抗性的竞技类运动，整个运动过程需要多个活动主体共同完成，对团队协作能力的要求相对比较高。因电子竞技业拥有较强的趣味性与对抗性，且对参与者自身运动能力要求相对比较低，这种运动方式适合不同年龄段的人群，备受广大市民群众的喜爱。随着社会的不断发展，电子竞技业在我国市场发展中的影响力日益提升，现如今电子竞技业已经成为我国互联网体育产业的重要支柱之一。其三，互联网赛事转播业。在我国传统赛事观赏活动中，主要依靠有线电视，且CCTV独霸体育赛事转播行业，使我国体育赛事转播行业长期处于一个整体垄断的局面。随着社会主义市场经济的不断发展，在“互联网+”的作用下赛事转播逐步朝着市场化、私营化的方向发展。赛事转播活动备受广大社会媒体的关注，其转播权成为赛事组织者的基本收入来源。在激烈的市场竞争中，赛事转播权成为体育市场上竞争最为激烈的一种体育资源。其四，体育垂直电商业。淘宝、天猫、苏宁易购等网络营销平台均拥有运动类营销产品或者营销服务，虽然这种营销平台拥有较大的营销规模，但是这些平台在运动产品、运动服务营销方面不够专业。专业的运动类垂直电商具有较强的专一性，在运动产品、运动服务营销方面十分专业，但是营销规模相对比较小，仅向消费者提供运动类商品或者服务。

三、互联网+体育的产业特征

（一）产品类型的智能化与人性化

体育产业具有较强的服务性，在整个产业营销过程中主要涉及物质产品营销与服务产品营销两个方面的内容。通过将互联网技术运用到体育产业建设与发展中，构建互联网+体育新格局，凸显体育服务产品的个性化，积极响应国家所提出的“以人为本”发展战略，为体育服务行业的发展提供动力来源。互联网技术在体育产业中的应用，不仅为体育产业信息收集活动带来极大的便利，同时也实现了体育产业信息的资源共享。例如，将互联网技术运用到健身房建设中，构建健身房信息管理系统，对顾客在本健身房中的一切活动信息进行准确无误的记录，顾客还可随时发表在健身房消费过程中的自身体验，健身房管理者根据顾客的各项反馈信息，及时了解健身房在建设、运营、管理、服务方面所存在的问题，全面了解顾客在运动过程中的各项需求，为健身房后期改建与运营活动提供有利的参考资料。现代化信息技术不仅为体育产业创造新型赛事直播平台，还为体育产业服务活动提供极大的便利，使体育产业朝着多样化、多元化的方向发展。不同的产品其本质均有所差异，能够有效满足不同受众的各种需求。因此，具有个性化的体育产业运营结构能够摆脱传统固定、单一生产、营销、服务格局的束缚，最大限度地满足消费群体的各种需求，使体育产业朝着多元化、个性化的方向发展，有效提升广大社会群体的生活质量，推动体育产业的发展与进步。

（二）企业组织形式的多元化

在“互联网+”的作用下，体育产业组织形态朝着多元化的方向发展，其存在形式主要以独资企业、合伙制企业以及公司制企业为主，关于这三种组织形式上文已做简要介绍，在此不再多做解释。但是，通过对新形态体育产业与传统体育产业进行对比分析可知，股份制企业类型作为新形态体育产业中的一种，在体育产业发展体系中经济增长效益尤为显著，是众多体育产业组织形式中数量增长最多、最快的一种。通过将互联网技术运用到体育产业，能够对体育产业组织内部各项生产要素进行全面整合，并对不同地区的生产、运营活动进行大范围的管理。改革开放后，我国社会经济从传统的计划经济转变为社会主义市场经济，但是从我国社会主义市场经济的发展成果来看，企业在发展过程中主要将经营规模与发展速度作为出发点，通过多种途径、多种手段扩大企业运营规模，在整个发展进程中忽视产业的质量与效率。在互联网信息技术的作用下，我国社会各大中小企业纷纷提高对产品质量的重视，使我国产业发展开始将产业质量与产业创新作为发展点，不断提升产业在市场发展中的竞争力与影响力。互联网+体育产业的形成与构建对体育产业的质量与创新给予足够的重视，依靠现代化信息技术不断优化体育产业产品质量、产业结构、运营模式，注重对体育物质产品与体育服务产品的创新与推广，不断完善企业发展链条，使体育产业组织形式朝着多元化的方向发展。

（三）企业经营管理模式的创新性

在“互联网+”发展背景下，体育产业无论是产品类型，还是组织形式，或者是经营管理规模均朝着多元化、个性化的方向发展，实现产品类型与组织形式的创新与发展。“创新”一词顾名思义，即“创”与“新”，其中“创”是途径，是发展的着手点，“新”是目的，是发展的落脚点，在体育产业发展进程中，对其进行创新就是在现有的经营思想、管理理念、计划方针、市场开发的基础上进行创造与更新，使新生成的体育产业有别于传统体育产业，实现对传统体育产业的更新与换代。

现如今，我国体育产业的经营管理理念与经营管理策略发生了翻天覆地的变化，在生产与经营过程中不仅对产品数量给予较高的要求，还对产品创新给予足够的重视，将新产品研发工作作为体育产业发展重点，并提高对产品知识含量与产品科技含量的要求，不断提升产品生产价值。在新时期发展背景下，中国体育产业将原有以利益为本的思想转变为以人为本，从消费者的实际需求出发，对产品设计与产品生产进行合理规划，将消费者对体育产品所提出的物质要求与精神要求合理渗透到产品设计与产品生产中，积极迎合消费者的各种需求，科学维持体育产业的供需平衡，使体育产业能够呈现良性发展局面。与此同时，体育产业经营管理模式在进行改革与创新时，需要产业经营管理人员全面提高对管理规章的重视，通过对体育产业管理规章制度的改革与创新，转变产业内部人才管理模式，为体育产业经营管理模式的改革提供基本保障。国家通过制定合伙人制度为合伙制企业的建设与运营提供制度基础，利用合伙人制度对公司内部每一个合伙人的职权责进行合理分配与科学约束，切实保证每一位合伙人的基本利益，充分调动合伙人在企业建设与发展中的积极性与主动性，深入挖掘员工内在潜能与自身创造性。除此之外，在体育产业发展运营过程中，互联网技术对体育产业营销活动与市场开发活动所带来的影响不容忽视，需要企业充分利用互联网技术的应用优势为体育产业提供观看的营销平台，并借助互联网技术开发市场，全面了解体育消费者对体育产品的各项需求。

第二章

“互联网+”在体育产业发展中的应用

第一节 “互联网+”在竞技体育发展中的应用

“互联网+竞技体育”是互联网技术在体育行业中应用的重要表现。例如，帆船国际系列赛青岛站比赛中，通过运用互联网技术，丹麦队以后来居上的姿态在比赛中后发制人，并在本场比赛中获取优异的成绩。“互联网+”在体育赛事中的应用使其成为竞技体育比赛中的决胜因素之一，对提升体育竞赛成绩具有积极影响。在“互联网+”的作用下，竞技体育在竞赛过程中所使用的战略技术水平不断提升，实现了对战略方针的优化与整合。在竞赛过程中，通过利用互联网技术搜集地理位置的相关信息，及时了解每一条参赛帆船的航线信息，并对这些信息进行及时记录与规整，准确了解帆船行驶情况，在短时间内对这些信息进行分析与处理，汇总出具有权威性、可靠性、真实性的数据，使参赛选手能够对整个比赛有一个全面、整体的把握，及时调整战略战术，提升比赛成绩。在帆船国际系列赛青岛站比赛中有大型公司为每支参赛队伍提供所需的数据信息，为参赛选手对各项参赛信息进行分析与总结提供了可靠的理论依据。

当然，互联网技术不仅能够被运用到帆船比赛中，还能够被运用到其他体育产业竞赛活动中。例如，将互联网技术运用到乒乓球比赛活动中，可根据乒乓球比赛的实际情况，构建与之相适应的乒乓球比赛诊断模型，借助人工神经网络所具备的自学习功能，对乒乓球比赛中乒乓球的各种运动轨迹进行记录与分析，并对其进行模拟，为乒乓球运动员的比赛与训练给予极大的帮助。在面对众多优秀选手的表现时，可利用现代化信息技术对每一位球员在比赛或者是运动过程中的行为意识进行分析，了解球员技术的应用价值，深入挖掘球员在比赛中所存在的问题，并为其提供可靠的指导方案，保证训练内容的针对性与目的性，实现因材施教，避免球员在训练过程中走弯路。乒乓球作为我国社会的一项具有大众性、普遍性的体育项目，一度被称为“国球”。在“互联网+”的作用下，我国乒乓球协会计划研发一整套具有系统性、完整性的训练与比赛一体化的辅助系统，该系统融运动健将申请、信息查询、办公管理、地方系会、俱乐部管理等多个子系统为一体，在互联网平台搭建乒乓球服务平台，为该平台的会员提供线上支付通道、支付平台、电子商务、完善资料、历史战绩记录等服务，为会员提供多项增值服务，将我国乒乓球行业推向一个更高的发展水平。

在乒乓球比赛与训练过程中，乒乓球教练需要通过训练与比赛获取本队球员以及对手球员的训练信息和比赛信息，并对每一位球员在比赛过程中或者训练过程中的表现进行系统、全面的分析，对队员在比赛场上的表现做出科学评价，为后期训练计划与战略计划的规划与设计提供参考。人脑的记忆能力、分析能力十分有限，通过利用现代化信息技术能够将球员在训练或者比赛上的各种信息完整、全面、整体地记录下来，并对每一位球员的表现进行系统分析，这种记录与分析功能是人脑完全不能比拟的，且准确率很高，能够将比赛中的有用信息及时地提取出来，为教练的后期教学提供极大的便利。从体育比赛视角来看，数据挖掘技术是信息技术的重要衍生物，不仅能够将各项比赛信息完整地保存下来，还能够对各项信息进行提炼与整合，为比赛战术有效性提供重要数据。现如今，互联网信息技术在乒乓球比赛中的应用尚且处于尝试阶段，尽管我国乒乓球技术在世界乒乓球领域属于一流，但是我国互联网技术尚处于初步发展阶段，与发达国家相比还存在一定的差距，因此在今后的发展与建设中我们应提高对“互联网+”研究工作的重视，使互联网技术能够在乒乓球比赛中发挥出其应有的应用价值，为我国乒乓球行业的发展带来巨大推动力。实践证明，“互联网+”技术比传统技术更具针对性，能够有效提升运动员的竞技水平，为赢得比赛带来巨大动力。

互联网信息技术下所延伸出来的数据分析技术与信息挖掘技术在竞技体育比赛中的应用比比皆是，无论是我国国内比赛还是国外比赛，均存在对这些技术的应用与推广。例如，意大利AC米兰球队是数据分析技术与信息挖掘技术在实践应用中较为成功的一大案例。意大利AC米兰球队不仅利用电子计算机技术、互联网通信技术成立专业的数据分析与信息挖掘实验室，还借助该实验室的各项技术与功能对球队的日常训练进行准确记录，对这些数据进行分析，针对每一位球员制订具有私人性、专属性的训练计划，并对球员在训练、比赛过程中所存在的风险进行预期评估，尽最大努力将训练或者比赛中的不利因素降至最低，保护并提升球员的价值创造。多年前，该实验室通过对球队球员的各项运动信息进行的操作，使意大利国家足球队问鼎当年的世界杯冠军。

在体育赛制中，将互联网技术运用其中，构建“互联网+技术手段”结构，利用互联网信息技术对比赛中的各种赛况、战略技术进行分析与调整，有效提升参赛选手在比赛中的竞争力与发展力。“互联网+挖掘技术”的形成与构建，不仅能够对运动员的个人表现情况进行记录与分析，还能够利用该技术及时发现对方选手在比赛中所存在的弱点，并结合自身实践技能，从中寻找适合自己比赛的实践技能与战略方案，切实保证战略战术的针对性、科学性与可行性。例如，我国男子“三大球”项目长期处于低迷状态，在传统训练中，需要将先进国家的实践经验作为着手点，强化技能与方法训练，从而形成“训练理念的革命”。在“互联网+”的背景下，通过将先进的科学技术运用到我国男子“三大球”项目训练活动中，借助互联网技术的搜索功能、挖掘功能、分析功能与处理功能，实现对男子“三大球”比赛信息与训练信息的智能分析与科学处理，不断提升我国球类项目的实践训练水平，实现对日常训练信息的全程记录，及时了解运动员在训练过程中的技能应用情况与心理状态，并对其做好相应的技术引导与技术指导工作。

在竞技体育比赛中，影响运动员竞技能力表现的因素有很多，而在众多影响因素中体能训练是根本因素之一，此项影响因素在预防伤病方面表现尤为突出。竞技体育不仅对运动员的专业水平有着较高的要求，还对运动员的心理素质等多种内在因素有着较高的要求。运动员在整个比赛过程中，不仅需要将专业技能发挥到最佳水平，还需要拥有良好的战略技能。在比赛过程中，若运动员能够合理运用战略技术，就能够在比赛中突破自我、超越极限，成为赛场上的一匹黑马。运动员在比赛场上瞬间的爆发力与体能及战术的综合表现是体育竞赛的魅力所在。在“互联网+”的作用下，通过运用计算机信息技术、移动互联网技术、现代多媒体技术将比赛过程的实际赛况进行回放，认真观察运动员在赛场上的每一个动作，并对运动员在赛场上的各种表现进行认知分析，了解运动员的技能水平。例如，“跳远”这一体育运动有一整套的动作，无论是开始的助跑，还是后期的落地，均发生在短暂的几秒钟时间内，这个时间内的动作仅凭人的眼睛是无法对其进行仔细剖析的，通过利用互联网相关技术，可以对跳远运动的各个关键点信息进行获取，对运动员整个跳远动作进行完整记录，并将运动员在跳远过程中的关键点突出地标记出来，做好技术动作捕捉与分析工作。现如今，信息技术被广泛运用到体育产业发展领域，竞技体育作为体育产业的重要分支，信息技术在竞技体育中的应用加大了对竞技体育的技术的研究力度，实现了对运动员在比赛场上的各种动作进行全面记录与深度剖析，这种技术是原有竞技体育无法比拟的。技术工作人员利用摄像头对每一位运动员的每一个动作进行完整记录，借助视频捕捉卡将已记录的信息传送到计算机系统，并将所需的数据信息准确无误地提取出来，为研究人员对运动员各个阶段的研究工作提供可靠、真实的信息，优化训练计划、完善技术指标、规范素质指标、明确心理状态、透明比赛成绩。

第二节 “互联网+”在商业体育发展中的应用

现如今，网络体育视频备受人们的欢迎，极大程度上取代了传统的体育视频播放模式。就网络体育视频播放时间而言，网络体育视频主要有两种播放形式：一种是延时体育视频报道，另一种是体育直播视频。为此，本节将以拥有庞大用户群的门户网站和P2P播放平台的体育直播节目作为研究重点，探讨“互联网+”在商业体育发展中的实际应用。新浪和腾讯是我国拥有庞大用户群体的门户网站和P2P播放平台，是门户网站体育直播节目中的典型代表，无论是最开始以图文直播为主的直播形式，还是发展到以视频为主的直播形式，均实现了对信息的快速传播与推广。随着我国社会现代化水平的日益提升，自智能手机问世以来，手机体育直播平台成为“互联网+”在商业体育发展的重要推动力，这种融无线网络通信技术与互联网技术为一体的移动通信设备备受广大社会群体的青睐。

通过利用现代化多媒体技术对体育运动进行直播，实现对体育运用的直接记录与推广，这种记录模式与推广模式具有跨时间性与跨空间性，有效打破了体育运动在传播时间、传播空间上的束缚，为体育运动打造全新的发展空间与发展平台，不断扩大受众群体，为体育产业的发展带来无限动力。体育直播节目拥有广大的受众群体，是门户网站以及P2P直播平台的重要竞争领域。在现代化信息技术的作用下，网络直播节目的开展赋予体育节目多种功能，全面提升体育产业在社会发展中的竞争力与影响力，在未来的发展中体育直播节目将会朝着互动性、精准化、个性化的方向发展，有效迎合社会群体的个性需求，为广大消费群体提供更优质的服务。在现代化科学技术的作用下，体育技术、体育产品服务、体育品牌形式等多种资源均得到全面的整合与优化，使体育产业具有发展性，全面提升体育产业在市场上发展的竞争力。

在“互联网+”的作用下，我国社会正式进入大数据时代，这一发展背景同以往的小数据环境拥有诸多的不同之处，而大数据时代与小数据环境之间的差异正是互联网技术作用的直接结果。小数据对信息无法整体把握、全面分析，具有较强的局限性；大数据具有较强的开放性与广泛性，能够实现对整个赛事信息的全程记录，全面剖析影响体育赛事的根本因素，其与以往小数据的根本不同之处在于，对信息是整体把握和分析，而不是局部关注，在这个大环境下，整个赛程数据都将被记录下来，其分析结果会对体育赛事产生根本性的影响和指导，将来的应用前景也会越来越广泛。除此之外，在“互联网+”的作用下，体育赛事的信息量不断扩大，为体育赛事分析提供极大的帮助，有效确保体育赛事评论的精确性与全面性。“互联网+”关注的是探究结果之间的相关联系，并非某个时间的形成背景，从而为后期决策提供有利帮助。例如，在世界杯比赛中，将互联网技术运用其中，能够对观赛人数与投入产出量进行精确统计，并对两者之间的关系进行合理分析，从中了解到观赛人数同投入产出量之间呈正相关关系，并对该数据信息的未来发展走向进行合理预测，为赛前赛后的各项活动提供数据支持。在“互联网+”的作用下，利用互联网技术对产品价格、产品种类、分销情况、促销成果等内容进行科学分析、合理整合，制定出恰当的分配方案，使体育赛事营销活动能够顺利开展。从体育赛事营销成果来看，电视版权、特许商品、赛事赞助、门票等均属于体育赛事营销的范畴，这些产业产品均属于体育产业的衍生物，具有一定的生产价值与经济利益。

在“互联网+”席卷全球的背景下，中国网球公开赛应不断提升自身发展的核心竞争力及在市场发展中的盈利能力，在互联网技术的作用下构建“互联网+”营销模式，尽最大努力提升品牌在社会上的知名度，进而达到第五大网球赛事的目标。在“互联网+”营销模式的作用下，中国网球公开赛同样受到一定的启发。中国网球公开赛通过运用互联网技术，从多角度出发对赛事项目进行设置，使赛事项目具有全面性与综合性，进而使中网能够紧追国际四大网球公开赛的发展步伐，成为除国际四大网球公开赛以外设置最为齐备的一项综合性网球赛事。从网球事业在我国社会中的发展情况来看，20世纪初期我国网球事业长期处于亏损阶段，自2008年以后，我国网球事业才逐步走向复苏，近年来我国网球事业趋于稳定发展局面，并在业绩上有明显起色。

在“互联网+”时代发展的背景下，通过将互联网技术运用到体育产业营销活动中，能够有效提升体育产业营销活动的精确性与科学性，充分利用视频节目在现代化市场上发展的应用优势，有效扩大用户群体，提升视频信息在国际上的知名度与认可度。在移动互联网技术的作用下，我国体育产业的营销活动正逐步朝着移动化、网络化的方向发展。智能手机等移动终端设备的产生，为体育产业网络化发展带来极大的便利。网络体育视频直播作为“互联网+”在我国体育产业发展中的衍生物，通过借助互联网技术将体育信息转载到网络平台，实现对体育信息的记录、分类与规整，为后期体育产业其他的各项活动提供诸多便利。利用互联网技术对体育信息进行归纳与整合，不仅能够按照特定的群体特征对其进行分类，还能够将与之相关的节目内容进行推送，备受广大受众群体的欢迎。互联网平台能够自动筛选网络平台的各种信息，根据用户日常浏览记录，向用户提供一些与之相关的内容；根据用户年龄特征及性别特征，为其推送此类群体喜爱的信息。例如，当用户在网络平台上搜索“羽毛球的运动技巧”时，互联网不仅将“羽毛球的运动技巧”的相关信息提取出来，同时将羽毛球的发展史、比赛等相关信息推送给用户；若用户属于女性群体，互联网平台会为其推送一系列当下热播好剧、娱乐新闻等节目。

随着社会的不断发展，广告行业日益突出，成为当代社会发展的新宠儿。在“互联网+”的作用下，将广告植入到体育赛事中，扩大在市场中的宣传力度，提升广告在市场中的公众形象。通过对专业数据库中的各项信息进行分析与探讨，得知在未来的发展进程中CCTV5可以利用互联网技术对体育广告进行处理，将体育信息与广告信息巧妙地结合到一起，并在互联网信息技术的作用下，对广告在直播赛事中的投放时间进行合理控制，深入挖掘广大受众在体育赛事直播中的各项需求，实现对用户群体的准确定位，并以此为发展契机吸引广告投资商的加入，不断扩大在市场发展中所占据的份额，达到预期宣传的目的，在市场发展中谋求更高的利润空间，使互联网行业能够与体育产业紧密地结合到一起，不断对整个体育行业的发展概况进行完善与整合，进而达到互利共赢的目的。

在政府部门宏观调控的作用下，广大社会资本被陆续引入体育发展领域，进一步激发体育产业在市场发展中的潜能。通过对互联网技术在体育产业中的应用价值进行分析，我们能够发现互联网技术在体育产业中的应用能够对受众群体进行更精确、更细致的定位，使企业能够在整个市场发展进程中正确把握企业的发展方向，做好市场投融资工作，加快企业运营资金的周转速率，全面提升企业在体育产业投资中的积极性与主动性，进而加快体育产业的发展与转型。

在新时期发展的背景下，互联网技术被广泛应用到社会发展的各个领域，并为人们的日常生活带来极大的便利，全面推动社会的发展与进步，最大限度地满足人们的各项物质需求与精神需求。在互联网技术的作用下，我国体育产业迎来了发展的春天，一系列与“互联网 +”有关的体育产业相继衍生出来，为我国体育产业的发展带来极大的推动力。

第三节 “互联网 +”在群众体育发展中的应用

在新时期发展的背景下，我国城市化发展进程日益加快，人们进行体育锻炼的意识日益提升，对室外可穿戴运动器材的需求量飞速上涨。现如今，可穿戴运动器材在商业活动中的发展势头异常凶猛，各大体育企业纷纷参与到争抢可穿戴运动器材的发展势头中。因我国广大社会公民对健身活动的关注度越来越高，在全国范围内已掀起一股健身热潮，家用健身可穿戴设备在这场健身热潮中备受追捧，原本传统渠道在全民建设中的作用日益下降。在“互联网 +”的背景下，广大体育生产商为了扩大在市场范围内营销额度，纷纷与淘宝、天猫、京东、苏宁易购等互联网企业进行合作，实现跨领域的合作与交流，在互联网技术的作用下对可穿戴器材进行销售与推广。

例如，苹果公司所生产的Apple Watch，这款商品在2014年还未正式上线的时候，《时代》杂志就对其做出一系列的评价，将其称为“25项最佳发明之一”，并将其称为“重新定义的‘智能’手表”，在较短的时间内备受广大开发商、消费者的关注，并将该产品与其他同类产品进行对比分析，将该产品所独有的运动记录功能凸显出来。Apple Watch是一款专注健康与健身的电子设备，能够对用户健步、跑步、爬楼梯、骑车等运动信息进行准确记录，并对运动方式做出准确、科学的分类，分别从卡路里消耗、站立、运动时长这三个维度出发，对用户的运动信息做出客观、真实、具体的评价。

Apple Watch设备之所以能够对用户的各项运动信息做出准确的分析与判断，是源于该设备借助GPS、Wi-Fi、心率感应器以及加速计对用户的运动速度、运动距离、卡路里燃烧量、运动量、运动心率进行测量与计算，根据用户运动的实际情况，对其指定出一份具有科学性、可行性的健身目标。另外，室内健身房不仅能够为用户提供一个安全、舒适、温馨的健身场所，还能够为用户提供具有科学性、健康性的服务。

在“互联网+”技术的作用下，Apple Watch设备能够以所采集的数据信息为基础，根据用户年龄、身高、体重、体能等情况，建立与之相适应的运动健身模型，为客户提供一套具有针对性、合理性的健身建议；另外，运动健身模型还能够将各项身体数据指标作为人体状况分析的理论依据，及时发现用户身体所存在的问题，为健康理疗工作与疾病预防工作制定出与之相适应的防范措施。

第四节 “互联网+”在全民体质监测中的应用

现如今，我国体育产业正处于蓬勃发展阶段，进一步提升了我国社会发展的综合实力，全面推动我国现代化社会的可持续发展。在改革开放政策实施以来，我国长期坚持“人才强国”战略与“科教兴国”战略，将人的发展与科技的发展放在社会主义现代化建设的首要地位。体育产业作为民族繁荣、国家复兴的重要内容，在我国社会发展进程中占据重要地位。随着我国的综合国力不断提升，我国体育事业也随之发展起来，在世界体育产业中崭露头角，为提升我国社会在国际社会中的地位做出不懈努力。

“每天坚持锻炼1小时，健康生活50年”这一口号响彻我国社会的各个角落，成为我国社会群体十分熟悉的一句话。无论是广场街道上的广场舞、健步走，还是健身房中的各项体育锻炼，均成为人们日常生活中不可或缺的元素，备受广大社会群体的喜爱。

互联网技术充斥着社会发展的每一个角落，各行业均有互联网技术应用的身影，人们对网络的依赖性越来越高，在人们的生产生活中形成一种"病态"发展模式。互联网技术能够为人们的衣食住行带来极大的便利，解决人们日常生活中各种各样的问题。在网络社会发展的背景下，人们足不出户就能够晓得天下事，在潜移默化中患上了"足不出户"的病症。

无论是人类社会发展的任何时期，身体均是革命发展的本钱，运动成为维持身体健康的重要方式。人通过运动能够增强体质，开展全民运动能够达到强国益民的效果，全面推动体育事业的发展，为中华民族伟大复兴带来无限动力。我国政府部门对广大国民健康状况十分重视，从多渠道、多手段入手，通过多种途径提升国民整体体制，为我国社会的可持续发展提供人力资源基础。

将"互联网+"与我国体育产业结合到一起，利用互联网技术对区域体育产业的发展给予极大的帮助，全面做好体育产业资源的配置工作，深入挖掘体育产业在市场发展中的内在潜能，不断提升地区运动成绩，实现对传统体育产业的优化与整合。互联网技术是一种新兴产业技术，在数据统计与分析上具有较高的应用优势，是传统统计方法无法比拟的一种技术。从实践应用视角来看，传统统计方法仅能够直观地对数据信息的大小进行比较，仅有小部分的技术人员理解数据结果所代表的意义与价值。在整个数据信息中，单纯地对数值进行横向比较，无法对数据库信息进行纵向分析，缺乏对信息的挖掘与牵引。在数据高速更新、换代的背景下，"互联网+统计"具有较高的应用优势，运用不同概念对数据信息进行分析与解读，了解数据信息的深层内涵。在"互联网+统计"的基础上，互联网技术能够对存在的各项问题进行剖析与解答，对后期发展提出一系列指导性建议。因此，可将"互联网+"运用到运动员生产发育信息的采集活动中，通过借助互联网技术采集运动员的各项生命提升信息，并对各项信息数据进行分析与整理，从中寻找运动员身体的各项公众特点，为运动员训练选材活动提供有力的数字化支持。《关联规则挖掘技术在体质指标分析中的应用研究》将《中国体育事业统计年鉴》中所记录的各项数据实施全面、完整、系统的统计，并构建与之相适宜的数据模型，将世界级优秀选手视为此次研究活动的研究对象，将国家运动员、运动匹配经费、运动教练等内容作为研究活动中的变量，从中探讨运动员、经费、教练等变量之间的关系，为提升运动员的成绩提供有力的支持。

第五节 “互联网+”在体育产业中的应用趋势

随着“互联网+”发展理念的日益深化，其在我国社会发展进程中的影响力逐步加大，体育界的市场宣传与推广、赛事安排与组织等活动纷纷引进互联网技术与大数据技术，构建“互联网+大数据+体育”发展结构，为我国体育产业的发展打造全新的发展空间与构建平台。通过将“互联网+大数据”运用到各种对抗性比赛活动中，教练能够准确、全面地了解运动员在比赛开始之前的心理状态、身体情况以及比赛环境的具体情况与对方选手技能特点，为竞技比赛提供有力的辅助信息，为教练对运动员开展指导工作提供可靠的理论依据，确保比赛技能更具科学性与合理性，为运动员赢得比赛的胜利提供极大的助力。

通过将互联网与技术结合到一起，实现对传统体育技术的革新与拓展。近年来，不少体育研究人员纷纷投入到“互联网+技术”的各项研究活动中，通过以运动员现有技能为基础，以体育运动理论为指导，不断对体育技能理论进行延伸与拓展，全面提升“互联网+工具研发”的使用性与丰富度，有效弥补体育技能培训过程中所存在的不足，有针对性地对运动员进行指导，做好对运动员身体能力的加强性训练。

随着社会的不断发展，“互联网+体育运动”在商业领域中的应用价值日益凸显。从宏观发展视角来看，通过将“互联网+”理念运用到体育产业发展进程中，实现互联网行业与体育行业的跨领域融合。经调查研究得知，我国体育产业在市场发展中的总产值为1.8万亿元，在整个市场发展体系中产业增加值占GDP 0.7个百分点，与往年相比体育产业增长17.3个百分点，尽管这一发展水平与往年相比有大幅度的提升，但是与美国以及全球发展平均水平相比依然处于劣势发展地位，不仅比美国同期低3个百分点，还比全球平均水平低2.1个百分点。因此，在今后的发展进程中，我国社会依然需要全面做好体育行业的发展工作。从微观发展视角来看，互联网技术能够对体育受众观看体育赛事的购票信息与验票信息进行分析，同时对比赛现场信息进行动态追踪，了解运动员在比赛过程中的制胜因素，并对其提供天气预测服务，在“互联网+”的作用下，逐步形成以体育产业为中心的商业发展模式。

“互联网+体育运动”对我国体育人才培养工作给予了极大的帮助。通过将互联网技术运用到体育运动中，可将互联网技术作为研究工具，将各项比赛数据作为研究对象，对运动员身体数据、经济技术指标等内容进行分析，了解媒体传播对体育受众的影响，并为体育产业在未来社会的发展做出科学指导。相关数据显示，“互联网+体育运动”能够充分调动体育用户的参与积极性与主动性，有效提升体育赛事的收视率，激发体育用户的赛事消费热情。通过利用便携式穿戴器械、手机APP等数据记录工具对自身运动数据进行记录与分析，为体育用户提供科学合理的运动计划，全面提升体育用户以及体育组织的参与度，最大限度地满足体育培训活动的各项需求。

在开放数据的背景下，世界各国纷纷参与其中，共同签署相关文件，对“互联网+”在世界范围内的应用与推广给予极大的支持，加快信息融合，为世界经济全球化、文化多元化的发展带来无限助力。“互联网+”理念在我国社会发展领域的推广，对我国迈向信息化时代给予极大的帮助。为保证我国社会主义现代化进程能够顺利开展，需要我国全面提高对“互联网+”的重视，不断与国外先进国家看齐，积极主动借鉴国外在“互联网+”推广与发展中的应用经验，根据我国社会的实际发展国情，从短期发展目标着手，逐步做好长期市场规划，为我国社会各个领域的发展奠定基础。

第三章

互联网+体育产业新业态发展模式

在新时期发展的背景下，互联网产业成为当代社会发展的主流，为迎合新时期发展的各项需求，积极应对经济全球化与文化多元化为我国社会所带来的发展机遇与挑战，特将“互联网+”理念作为新时期社会发展的主导思想，通过将互联网技术应用到我国社会发展的各个领域，实现对我国传统产业格局的优化与整合，全面加快我国市场经济的发展与进步。体育产业作为我国社会发展的重要方向之一，通过将互联网产业与体育产业结合到一起，实现跨区域、跨领域的融合与渗透，全面做好互联网产业与体育产业的衔接工作，构建现代化体育产业发展的新格局。

通过将“互联网+”理念与体育产业结合到一起，构建我国社会体育产业发展的新业态，从产业结构、产业组织与产业政策三方面分别出发，实现对传统产业格局的优化与整合，形成互联网+体育产业新业态发展模式。

第一节　体育产业结构“高+新”优化模式

一、优化产业链定位产业链高端

精细化分工是社会主义社会化的重要体现。单独的一家企业不可能对整个产品的生产、营销活动承担全过程的任务，需要由多家企业共同完成产品的生产、营销、售后等活动，构建多位一体化产业结构。通过从产品的不同生产运营环节入手，由不同的企业负责不同的业务，例如产品设计、产品生产、产品包装、产品运输、产品营销、产品售后等，不同的企业在不同的环节拥有其独特的应用价值，应注重业务技能的专业化与精细化，全面提升产品质量，构建高效市场化分工经济发展格局。通过将互联网技术运用到体育产业中，构建互联网+体育产业结构，利用互联网技术开展体育商品交易活动，用多种智能科技生产体育产品，并对用户提供高端的售后服务。在整个经济产业发展链条中，产业链条关键节点企业的合作工作直接影响到商品价值是否能够实现。在互联网+体育产业结构的作用下，无形中加强了企业内部与企业外部之间的联系，构建一个具有独特性、统一性、完整性的互联网+体育产业"生产—营销—服务"一体化发展链条。通过对传统产业链条结构进行优化与整合，实现对传统体育产业结构的革新与改造，全面提升企业发展的组织效率。

在"互联网+"发展的背景下，将"互联网+"与体育产业相结合，全面推动我国体育产业的发展，使我国体育产业已正式步入发展的关键时期。利用通信技术对体育产业结构进行整合，充分借助网络平台所具备的共享功能，使体育产业具有共享性，高效利用体育资源，有效冲破传统体育事业在我国市场发展中所呈现的垄断局面，全面提升体育福利效益，促进企业之间的公平竞争，使我国体育产业链中的各项要素朝着高效化、专业化的方向发展。我国体育产业在发展进程中，无论是企业的合并，还是企业的转公为私，或者是企业业务的分解，体育产业结构一旦发生改变，从本质而言这并不是对体育产业链条的优化。想要对体育产业链条进行优化，需要做好市场整合、技术融合等工作，加强各个层次信息的渗透，构建具有全面性、协调性的互联网+体育产业链条。现如今，具有单项性、单一性、固定性的产业链条已经难以满足体育产业发展的需求，需要体育产业积极主动地将互联网技术运用到体育产业发展建设进程之中，将"互联网+"理念深入贯彻落实到体育产业链条的各个发展节点，构建互联网+体育产业的网络化产业链条结构，进而达到对体育产业链条优化的目的。互联网+体育产业这种网络状产业链条，能够有效提升体育企业之间信息的交互性与共享性，增强企业之间的合作效率与发展质量，有效节约企业间交易的中转费用，全面提升资源信息的利用率，实现对资源的重复使用，实现对产业资源价值的深度开发，同时避免对资源的重复使用。通过将互联网体育产业链与传统产业链进行对比分析得知，在"互联网+"的作用下，体育产业朝着新业态的方向发展，对互联网具有较强的依赖性。

二、利用科技创新促进体育产业发展

因技术的发展导致各个行业建设发展领域之间所形成的界限越来越模糊，人们对信息的需求逐步朝着多元化的方向发展，无形中促使不同产业之间渗透与交融，实现产业间的跨领域融合。没有任何关联的产业在科学技术与消费需求的作用下形成一种新型发展产业，这个产业的形成过程被称为“产业融合”。“互联网+”理念在传统体育产业中的应用，构建了互联网+体育一体化发展模式，实现了互联网产业与传统体育产业的融合与渗透，构建了一个全新的体育产业形态。通过将大数据、云计算等互联网技术运用到体育产业发展体系中，以原产业业态为基础分别从市场范围、组织管理、产业形态等方面出发，实现对传统产业形态的改革与创新，进而达到“产业融合创新”的目的。产业融合创新是将相关体育企业生产效率、产品质量作为出发点与落脚点，通过创新达到提升体育企业生产效率与产品质量的目的，加快体育产业之间的竞争，为体育产业的发展与进步扩大发展平台。

互联网技术在体育产业中的应用，实现了对体育产业技术的创新、发展与融合，构建了新形态体育产业发展模式。在体育产业发展建设中，需要将技术作为物联网技术与体育产业发展的核心，通过组织与管理做好互联网技术与体育产业的融合工作，从中挖掘新的发展市场，不断扩大体育产业发展平台，全面推动社会的发展与进步。从我国体育产业发展现状来看，通过将互联网技术运用到体育产业发展建设中，实现互联网产业与体育产业之间的融合，全面推动体育产业在生产方面、服务方面的改革与创造，在现代化信息技术的作用下创造出一系列新兴体育产品，例如互联网转播平台、智能装备、健身软件等。不少体育企业在组织管理方面并没有做好与信息技术的融合工作，创新意识有待提升，所形成的市场管理体系有待完善。在体育产业发展进程中，体育产业在技术方面的进步与革新并不代表体育产业与互联网产业已联合成功，只有市场融合才说明体育产业与互联网产业真正达到了一种融合的状态。

在“互联网+”理念的作用下，想要实现体育产业与互联网技术的相互渗透、互相融合，需要从以下两个方面着手：其一，从需求入手，借助互联网基础维持体育产业的供需平衡，为体育产业建设长久、稳定的发展平台。在互联网技术的作用下，一系列新型体育健身软件应运而生，成为新时期体育产业的新形态，这些产品不仅在技术上拥有较强的先进性，而且在应用上具有较强的便民性。因不少新产品在市场中的需求量难以确定，无法对其在市场中的盈利效果做出准确的判断。通过将互联网产业与体育产业融合到一起，实现跨领域的融合与渗透，进而开辟出全新的发展市场。想要保证“互联网+体育”拥有可持续的发展空间，保证市场需求的持久性与稳定性，需要将新一代“互联网+体育”产品在市场发展中进行进一步的推广，借助互联网技术更深入地了解广大消费群体对新一代“互联网+体育”产品的需求度，并制订出与之相适应的产品生产计划与营销方案。其二，从产业融合入手，做好组织与管理之间的融合工作，实现互联网产业与体育产业之间的融合，做好新产品研发与新市场拓展的工作，构建精细化市场发展体系，积极迎合市场发展趋势，构建网络化体育产业营销模式。通过将互联网技术与体育产业结合到一起，实现跨领域的联合，一系列新兴体育产品被陆续研发出来，实现对原有市场运营规模的延伸与拓展，做好体育资源的重新配置工作，有效整合企业之间的内外联系，做好企业之间的组织管理工作，有效缓解企业与组织之间在产品生产与运营中所存在的冲突，突破市场发展的局限性，实现运动机构与赛事主办单位在经济体系中权益的合理分配。在互联网+体育产业的背景下，因新旧运营模式之间存在较大的差异，受运营矛盾的影响，一系列新问题应运而生，直接影响到现代化体育产业的可持续发展。为此，体育产业应全面提高对产业组织与产业管理工作的重视，从多方位、多视角出发，科学处理好产业组织同产业管理之间的关系，做好各方权益的分配工作，构建一体化互联网产业组织管理模式，保证互联网体育产业的组织工作与管理工作具有较高的科学性与合理性，为体育产业长久、可持续发展提供有力保障。然而，在整个体育产业运营与发展中，仅依靠体育产业组织与管理方法或者是完全依赖互联网产业组织管理办法是远远不够的，需要企业从客观、整体发展的视角出发，将体育产业组织管理同互联网产业组织管理巧妙地融合到一起，充分考虑体育产业所具备的公共性与服务性，结合互联网产业的共享性与风险性，使体育产业与互联网产业能够长期处于一种相对平衡的局面，不断完善新产品市场，促进新产品市场的可持续发展，实现体育产业市场与互联网产业市场的融合。

三、充分利用主导产业引导模式

美国经济学家罗斯托针对主导产业曾做出这样的解释：在相同产业领域中，某产业或者产业群的发展增长速度比其他产业的发展增长速度快，且对同领域产业的发展具有一定的带动作用。主导产业在社会市场发展进程中，能够较快抓住技术进步为社会市场发展所创造的发展机遇，快速寻找到技术创新在产业发展中的应用价值与科学内涵，合理转变原有生产关系，全面推动整个产业的进步与发展，从而达到资源配置的最佳模式。因此，主导产业主要有两方面的意义：一方面，主导产业坚持“互联网+传统产业”在整个市场中的主导地位；另一方面，坚持“互联网+传统产业”在该产业领域中的主导产业，从而实现对传统产业结构的升级与改造。

就体育产业而言，主导产业引导模式在该领域的运用，其应用本质表现在两个方面：坚持“互联网+体育”在整体体育产业发展领域所占据的主导地位；明确“互联网+体育”是互联网体育产业中的主导产业，从而达到对传统体育产业结构的升级与改造。具体表现如下：

其一，坚持互联网+体育产业在整体体育产业发展领域所占据的主导地位。在“互联网+”作用下所形成的“互联网+体育”隶属于知识密集型产业的范畴，同休闲健身、体育娱乐、体育制造业、体育赛事运营等体育主体产业之间拥有密不可分的联系，互联网+体育产业的发展带动整个体育产业的发展，使一系列先进的科学技术被陆续运用到体育产业的发展建设活动中，实现对传统体育产业营销模式的改革与优化，实现对现有功能服务产品的创新与改造，有效带动我国整个国民经济体系的发展与变革，使我国体育产业能够在国际体育产业中占据体育产业链条的高端地位。

其二，明确互联网+体育产业是互联网体育产业中的主导产业。整个体育产业的发展前景与发展速度受主导产业的直接影响。互联网+体育产业融互联网转播权、电子竞技、智能软硬件、体育垂直电商等多个分支产业为一体，能够在有限的要素资源、市场范围条件下，严格遵循可持续发展原则、高关联性原则以及高发展潜力原则，将网络赛事转播业全面打造成互联网+体育产业中的主导产业，依靠网络赛事转播业的发展，做好我国体育产业整个市场的结构的优化与整合工作，全面带动互联网+体育产业的发展。

第二节　互联网+体育产业“集团化”组织模式

在世界经济全球化发展的背景下，数字化信息经济日益推进，产业组织理论中所存在的“政府失灵”现象与“市场失灵”现象越发突出，现如今所实施的产业组织模式已经难以满足当代社会经济发展的需求，对现代化社会经济的发展造成一定的制约。在经济发展的视域下，企业集团这一新型产业组织模式的出现，为我国产业发展构建新的组织模式，为产业融合与优化提供了有利的发展条件。在“互联网+”的作用下，体育产业同互联网产业之间实现跨界融合，实现对传统体育产业的整合与优化，科学处理传统体育产业在体育产业链条中所存在的发展性问题，同时对体育产业链条实现动态监控。人们日益增长的物质需求与精神需求对体育产业的发展提出更高的要求与标准，体育产业逐步朝着个性化、创新化的方向发展。为此，在新时期发展的背景下，体育产业的转型与变革，需要将“以人为本”理念深入贯彻落实到体育产业建设与发展的各个环节，根据当代消费者的实际需求，对体育产业设计、生产、销售、服务各个环节进行科学整合与优化，积极关注消费者的各项需求，最大限度地维持体育产业的供需平衡。在新思想、新方法、新技术不断涌现的背景下，体育产业在开发与生成过程中发生极大的改变，无论是体育智能产品，还是体育转播平台，或者是体育软件，其更新速度相对较快，对当代体育产业的影响主要表现在宏观视角与微观视角两个方面：其一，从宏观视角来看，体育产业资源重新配置的深度与广度逐步扩大；其二，从微观视角来看，体育产业因交易方式发生改变增加发生成本。从企业发展进程来看，大型企业集团在建设与运营过程中，拥有雄厚的储备资本，积极顺应产业发展的各项需求，有效提升了企业集团在市场发展中的品牌形象与信誉度。

第三节　互联网+体育产业新业态发展政策精准化模式

在产业发展进程中，将“互联网+”理念运用其中，实现对传统体育产业的优化与整合，科学处理政府管制中所存在的政府管制失灵现象。近年来，我国体育产业中所存在的政府管制失灵现象一直未得到解决，但是国家政策依然将产业发展作为社会发展指南。

产业政策是以政府为主导，通过依靠政府力量对产业发展进程进行管理与控制，切实做好产业发展的提升工作与协调工作，使产业能够长期处于一个良性发展环境，通过运用直接手段或者间接手段提高产业在市场发展中的竞争力。产业发展政策将产业发展过程中所存在的内在发展规律作为突破口，这些政策所涉及的方面有很多，例如产业组织演进政策、产业结构演进政策、产业聚集政策、产业融合政策、产业转移政策等，这些政策均是以产业发展表现特征为着手点，对产业发展的整个过程具有直接影响。在"互联网+"的背景下，想要充分发挥互联网+体育产业发展政策在体育发展产业中的引导作用，需要对产业结构政策进行优化与整合，使体育产业朝着经济细化的方向发展。

一、互联网+体育产业结构演进政策

就传统经济理论而言，产业结构演进在整个市场发展中具有主导产业群的作用，在整个产业发展进程中应严格遵循"循序渐进"发展原则，正确把握产业发展的客观规律，将世界经济全球化、信息化作为发展背景，做好国家产业结构演化工作。为保证互联网+体育产业结构演化政策能够顺利实施，需要政府部门全面做好市场发展的宏观调控工作，不断优化体育产业内部结构政策，将体育资源配置作为体育产业市场机制的构建基础，根据中国社会主义经济发展的民族特征与社会特性，有针对性地对社会主义市场经济进行干预与调控，有效规避市场发展进程中所存在的问题与弊端，实现对市场失灵现象的合理规避。从我国体育产业在市场经济中的发展现状来看，我国体育产业的形成与发展直接关系到全体国民身体健康水平，在运动、休闲、娱乐方面发挥着重要作用，隶属于公益性产业的范畴。在现代化市场经济发展进程中，为实现体育产业在市场经济中所具备的公益福利功能，需要政府部门在体育产业发展进程中做好对体育产业的干预工作，将政府部门的宏观调控职能全面落到实处，不断优化体育产业带给全体社会公民的利益。在制定互联网+体育产业结构演进政策时，政府部门需要从我国现代化社会发展的实际国情出发，根据我国体育市场的发展情况，对我国体育产业中占据主导地位、创新地位以及衰败地位的产业做出明确判断，并做好不同产业领域的划分工作。在现代化体育产业的发展进程中，需要将主导产业作为体育产业的主要发展力量，并依靠力量做好新型产业的发展与进步，全面做好对新型体育产业的扶持工作，并对夕阳产业做好保护与维护工作，使"夕阳产业"能够顺利退出我国体育产业发展的舞台。

二、互联网+体育产业组织演进政策

就经济发展进程而言，产业组织演进政策隶属于中观经济调控的范畴，主要是对整个产业市场进行管理与控制，做好市场秩序的维护工作，实现对市场资源的有效利用，对企业在市场发展中的进出活动与运营规模做好科学的控制工作。互联网+体育产业在市场运用与发展中，体育产业在市场发展中的建设规模过大或者过小均有其弊端，对企业的发展造成一定的制约。若体育产业在建设过程中出现建设规模过大或者过小的现象，必将破坏市场发展秩序，进出市场不受限制，影响互联网+体育的健康发展。互联网+体育产业组织演进政策的实施能够对企业规模过大或者过小现象进行有效控制，实现对企业内部资源的高效配置，实现对互联网+体育产业的组织与管理的优化。

互联网+体育产业组织演进政策的实施首先应从市场结构入手。通过借助市场结构政策的引导力量，实现对体育市场的中度控制，有效维持体育产业在市场发展中的竞争力。在“互联网+”的作用下实现对传统体育产业的改革与优化，有效提升体育产业在市场发展中的竞争力与发展力。因传统体育产业在市场发展中面临的竞争日益增加，企业垄断现象相对比较少，但是难以达到市场集中的目的。从互联网+体育产业的发展进程来看，因互联网+体育产业尚处于探索与应用的初级阶段，在市场经济体系中企业产品结构雷同现象日益突出，严重降低了体育产品资源的集中度，导致企业资源配置效率低下，体育产业在发展进程中难以达到盈利的目的。为此，我国政府部门应对其提高重视，做好互联网+体育产业的组织演进政策制定与优化工作，针对体育产业在市场中的准入情况与退出情况，制定出与之相适应的市场准入政策与市场退出政策，实现对市场上体育主体数量的科学控制，有效提升体育企业的建设质量，全面打造高实力、高水平的龙头企业，使体育产业市场充满无限活力。

其次，互联网+体育产业组织演进政策的实施需要将新业态市场作为着手点，做好互联网+体育产业市场的引导工作，保证体育市场的规范性，实现对不正当交易的合理规避。为此，政府部门对互联网+体育产业进行引导时，需要从产权交易体系与产品质量评价体系分别着手，做好体育产业的优化与整合工作。政府部门在制定产权交易体系时，根据体育产业的发展情况，制定与之相适应且具有标准性的产权分配体系，对市场产权归属问题进行明确，并做好互联网+体育产业主体权益的维护工作，切实保证体育产权交易体系的规范性与标准性。政府部门在制定商品质量评价体系时，需要保证该体系具有较强的可行性与科学性，能够有效地处理互联网+体育产业在新产品研发与生产中所存在的质量问题，并制定与之相适应的服务监管体系，全面做好体育产品质量与服务质量的管理与控制工作，充分发挥体育产品在市场发展中的经济效益与社会效益。

三、互联网+体育产业融合政策

互联网+体育产业融合政策的制定与实施，其根本目的是为体育产业创造一个良好的技术环境、市场环境、法律环境与公共设施环境，将技术创新思想深入贯彻落实到互联网+体育产业的各个发展阶段，将先进的信息技术积极主动地运用到体育产业的各个运营环节，在互联网技术的作用下构建大数据平台，积极迎合消费者对新产品的各项需求。政府部门在体育产业发展进程中实施互联网+体育产业融合政策，需要分别从技术、业务、市场三个方面着手，科学处理好互联网产业与体育产业之间的关系，加快互联网产业与体育产业的跨领域融合。

其一，互联网+体育产业的技术融合政策。就互联网+体育产业所创造的技术环境来说，互联网+体育产业技术融合政策主要涉及两个方面的内容，即标准融合政策与规划融合政策。其中，标准融合政策从互联网产业与体育产业两个产业视角分别着手，制定与其相适应的产业标准，使互联网+体育产业在发展与建设过程中能够有理有据，避免互联网+体育产业出现双重管制的现象，实现对管制与激励之间所存在的矛盾的合理规避，全面加强“互联网+”产业资源与体育产业资源的融合，全面做好互联网+体育产业资源的规划工作，科学处理好不同产业部门之间的关系，使互联网+体育产业能够协调发展，使互联网+体育产业在新业态发展环境中能够高效运行。

其二，互联网+体育产业的业务融合政策。就互联网+体育产业所创造的业务环境来说，互联网+体育产业业务融合政策的实施能够实现互联网产业与体育产业之间的组织融合与管理融合，达到产业链重构的目的。互联网+体育产业能够通过组织政策融合、人才政策融合实现。其中，组织政策融合是促进互联网+体育产业向新业态迈进的重要途径，能够使体育产业的相关企业构建一套具有标准性、规范性的行为准则，为广大社会群体创造一个良好的社会运行环境，全面做好各企业之间的融合工作，使企业朝着集团化的方向发展；人才政策融合需要全面做好跨领域人才的培养工作，将体育产业的发展特点作为突破口，积极应对“互联网+”环境为体育产业所带来的发展机遇与挑战，将知识融合、观念创新工作全面落实到位。

其三，互联网+体育产业的市场融合政策。就互联网+体育产业所创造的市场环境来说，互联网+体育产业市场融合政策的实施能够实现新业态市场的需求融合与运营融合。其中，需求融合主要是利用“互联网+”相关技术、理念、方法科学处理好市场中的供需关系，维持供需平衡，整合市场环境，优化互联网+体育产业的市场结构，全面加强各个部门之间的联系，将各项政策的优化活动全面落实到位；运营融合主要借助多种运营方法、运营渠道对整个市场运营环境进行整合与优化，不断加深商品之间的融合与渗透，在“互联网+”背景下真正实现互联网+体育产业新业态融合与发展。

四、“互联网+”产业转移政策

“互联网+”产业转移政策是指产业在整个发展进程中借助“互联网+”相关技术使产业能够横向发展与转变，即某个产业从一个国家或地区转移到另一个国家或地区。产业之所以发生这种现象，主要源于该产业在一个国家或地区已经丧失发展优势，需要通过其他途径获取发展优势。因资源供给发生变化必然会给产业自身发展周期带来一定的影响，周期性演变成为产业自身发展的必然趋势。由此可见，产业转移政策是互联网+体育产业在新业态发展中所形成的一种布局政策。不同地区拥有不同的发展水平，互联网发展程度以及消费群体对体育产品的需求度也有所不同，从而导致不同地区互联网+体育产业新业态发展程度有所不同。互联网+体育产业转移政策实施的根本目的在于，促使区域协调发展，确定增长极效应。互联网+体育产业转移政策实施的具体内容主要涉及以下几个方面：一是明确体育产业转移方向，在财政政策、税收政策、土地政策等作用下促进互联网+体育产业新业态在某一个区域内的发展，并将该地区体育产业的发展作为突破口，不断向周围地区进行转移。政府部门对互联网+体育产业进行政策引导时，不同的行业产业转移方法有所不同，需要政府出台一系列与之相适应的市场调控机制，以市场机制为基础做好市场规划与引导工作，然后针对不同的地区实施与之相适应的产业转移策略，并实施一系列具有鼓励性、激励性的优惠政策。二是处理产业转移矛盾，因不同地区拥有不同的文化发展背景、经济发展水平、技术发展水平、材料供应条件，为不同地区产业转移互动带来不同的问题，需要政府部门全面做好互联网+体育产业转移活动的引导工作，分别从文化背景、经济水平、技术水平、供应条件四个方面出发，不断优化市场结构体系，实现对地方企业排斥现象的合理规避，不断加快企业转移发展速率。三是规范产业转移行为，受体育产业内外环境等多种因素的影响，产业在转移过程中或出现一系列不规范、不科学、不合理的行为，在此，需要政府部门对体育产业的转移活动进行监督与管理，全面增强政府部门的监管职能，使互联网+体育产业转移过程能够有序开展，保证产业转移的规范性与合理性，避免扰乱市场公共秩序。

五、互联网+体育产业集聚政策

互联网+体育产业在发展进程中，除产业转移政策之外，还有一种政策为集聚政策。互联网+体育产业集聚主要是指在社会需求、自然资源等多种影响因素的作用下，与“互联网+体育”有关的企业在某一个地理空间呈现集中分布现象。在“互联网+”理念的作用下，互联网+体育产业集聚不仅指地理空间上的集聚，还指企业关系的集聚，即企业借助互联网技术打破体育产业活动在时间、空间上的限制，构建体育企业集团、体育企业联盟，实现不同地区体育产业的跨地区合作与交流，有效提升体育资源的利用率，全面促进体育行业发展与变革。

互联网平台具有较强的互通性，互联网+体育产业的形成与构建，能够充分发挥“互联网+”的应用优势，为体育产业的发展提供一个知识集聚平台、信息集聚平台。互联网+体育产业集聚政策的实施与应用需要从以下三个方面着手：一是从知识集聚入手，做好知识集聚与创新活动。高校、科研机构是实现知识集聚的重要阵地，想要推动互联网+体育产业的集聚，并将互联网+体育产业集聚政策全面落实到位，需要政府部门加大对高校、科研机构的宏观调控工作，根据高校、科研机构在互联网+体育产业方面的实施情况，制定与之相适应的财政政策、税收政策以及补贴政策，并将这些政策深入贯彻落实到高校、科研机构的各个运营环节，充分调动高校、科研机构在互联网+体育产业领域研发的积极性与主动性，政府部门借助各项政策制度调动社会中的各项资源，全面提升风险投资与大企业在科研项目中的投资力度，并做好企业在高新技术研发中的政策补贴工作。政府部门对互联网+体育产业实施集聚，能够对区域内互联网+体育产业的知识资源进行集聚，并对现有知识资源实施一系列的知识创新活动，不断扩增区域内知识资源的储存量。二是从信息集聚入手，做好信息集聚与迁移活动。政府部门对互联网+体育产业信息实施集聚活动时，可借助管制等硬性措施，强化体育产业信息集聚意识，充分调动体育产业在信息集聚方面的积极性与主动性，有效提升体育产业信息资源的利用率，实现区域体育产业信息资源的共享，全面加强资源企业之间的联系，做好各企业之间的协调工作，增强企业自身对市场中其他企业的吸引力，将其他企业资源转化为本企业的内部资源，进而达到企业信息集聚与迁移的目的。三是从组织集聚入手，做好组织集聚工作。政府部门对体育产业组织实施集聚活动时，需要对产业内企业间的各项组织关系有一个清晰、明确的认识，科学处理好各企业之间的商业关系，维持集聚区域内知识与经济之间的平衡，为体育产业集聚活动奠定基础。在整个产业链条形成与构建的过程中，政府部门需要通过规划、强制、鼓励等手段将人才、技术、资金、设备等社会资源全面整合、集聚到同一个发展领域，使产业发展过程能够对人才资源、技术资源、资金资源、设备资源进行充分利用，最大限度地发挥资源的应用价值，降低企业的运营成本，提升产业生产效益。

第四节　影响体育产业结构变动的因素分析

从产业的发展进程来看，产业结构受诸多因素的影响，但凡其中一个影响因素发生变化，必将导致整个产业结构跟着发生变化。体育产业在一个国家国民经济中所占据的主导地位，与体育产业所拥有的内部结构具有直接关系。从产业经济学可知：通常情况下，分析产业结构演化历程，需要分别从需求结构、供给结构、贸易结构、社会结构着手，了解不同因素对体育产业结构变动的影响。

一、需求结构因素

在体育产业发展进程中，社会对体育产业的需求结构由体育用品需求与体育服务需求构成，而体育产业对其他产业所提出的产出需求并不在体育产业需求的范围内。在体育产业需求结构的作用下，整个体育产业结构中的各个生产部门的产出量均需要被控制在最大限度，最大限度地满足社会体育消费需求，使我国各大体育产业结构能够逐步朝着合理化的方向发展，在发展中不断对现有体育结构进行完善与整合，使体育产业能够时刻处于一个理想的运行状态。

总而言之，企业生产部门所开展的一切生产活动均受需求结构的直接影响，但凡企业需求结构发生变化，产业结构也会随之发生相应的变动。

二、供给结构因素

供需结构是产业链条的基本支柱，在体育产业链条中，体育供给结构主要是指社会群体对体育产业需求的满足度。体育产业供给结构的形成与构建是体育产业结构发生变化的前提因素，但凡体育产业供给结构发生变化，体育产业的整体结构均会随之发生相应的变化。根据相关研究得知，体育产业供给结构的形成与构建同物质资本、人力资本、技术资本之间具有密不可分的关系，具体表现如下：

（一）体育产业的发展离不开物质资本积累

物质资本是体育产业形成与构建的基础内容之一，主要涉及体育场馆、运动设施等物质设施，而体育场馆、运动设施的兴建离不开物质资本的积累与应用，只有拥有充足的物质资本，方可开展体育场馆、运动设施的兴建活动。与此同时，物质财富只有达到某种特定程度，广大社会群体才会有充足的时间、精力投入到运动健身、休闲娱乐活动中，能够为体育产业的发展创造良好的外部发展环境。

（二）体育产业的发展离不开人力资本积累

人力资本同样是体育产业形成与构建的基础内容之一，直接影响到体育产业的发展水平，只有具备较高的竞技体育水平才能够拥有良好的观赏性能，进而达到激发受众热情的目的。在体育产业发展进程中，通过提升运动员的竞技水平，增强竞技体育的观赏性能，充分调动广大受众群体的积极性与主动性，使广大受众群体均能够自主参与到体育运动活动中，为体育产业的发展创造一个良好的运营环境。竞技体育的发展需要有高素质、高水平的教练员、运动员为其提供支持，借助体育运动为市场创造产业价值，将人力资源培养工作全面落实到位。

（三）体育产业的发展需要技术资源提供支持

在新时期发展的背景下，先进的健身器材、体育运动设备被陆续运用到体育产业建设活动中，使体育产业活动朝着智能化、现代化的方向发展，积极响应全民健身的号召，有效调动全体社会群众在体育运动方面的积极性与主动性，使全体社会成员均能够对体育运动给予高度的重视。通过将先进的体育运动设施运动到体育场馆等体育运动场所的建设活动中，有效提升竞技体育的发展水平，增强体育运动的观赏性，扩大体育产业在市场发展中的影响力与号召力。

三、贸易结构因素

体育贸易结构由体育产品的进出口构成，其中，体育产品主要由体育用品和体育服务构成，体育产业作为国际贸易活动的一种，因此，体育贸易结构又被称为体育产业的国际贸易结构。随着世界经济全球化发展趋势的不断推进，我国体育产业逐渐冲破国家界限的束缚，朝着开放化、国际化的方向发展，世界各国人民共享各地文化资源、文化产品，增强了各国人民在体育产业方面的沟通与交流，形成国际化体育产业格局。在体育产业信息化的作用下，不同地区、不同国家之间的沟通与交流日益增加，我国居民不仅能够观看到国际上精彩的NBA篮球比赛，还能够购买到国际上一些知名运动商品。除此之外，运动员、教练员、裁判员等体育产业的相关人员能够与其他国家的运动员、教练员、裁判员等相关人员进行沟通与交流。

四、社会结构因素

体育产业结构中的社会结构受多种因素的影响，是社会经济结构中的重要组成部分，一旦体育产业结构发生变化，社会经济结构也会随之发生一定的变化。然而，在社会结构的形成与构建过程中，人口、文化、阶层、城乡等结构因素会对社会工序结构带来直接影响或间接影响，进而导致体育产业结构发生变化。

（一）人口结构因素

人口结构是社会劳动力结构的构建基础，而人力资源供给结构的构建与形成需要社会劳动力结构为其提供相应的支持。因此，人口结构是社会结构的重要影响因素之一，但凡人口结构发生变化，社会结构也会随之发生相应的变化，最终使产业结构发生变动。在人口结构范畴中，人口的文化结构、年龄结构每时每刻都在发生变化，不同文化程度、不同年龄阶段的人对产业的消费需求有所不同，致使社会产业供需结构在不断发生变化，需要企业及时对社会人口结构进行动态监控，并做好相应的信息监控，合理调整资源供需策略，维持产业的供需平衡，最大限度地满足人口结构变化需求，维护社会结构的稳定，全面推进体育产业的可持续发展。

（二）文化结构因素

社会结构中的文化结构主要涉及文化教育水平、民族文化特征、科学发展水平等内容，但凡文化结构发生变化，产业结构也会发生一定的变动。文化结构与产业结构之间是一种间接影响的关系，因文化结构的变化会影响到市场中的技术结构、就业结构，进而给产业结构带来一定的影响。因此，在现代化体育产业发展进程中，为全面推动体育产业的发展与进步，特提出“提升国民科学文化水平以及居民的综合素质”的发展理念，不断优化体育产业的文化结构，使技术结构、就业结构均能够处于一个最佳发展状态，充分调动全体社会成员在体育产业发展建设中的参与性，使体育本体产业能够为社会提供最优质的体育服务。

（三）阶层结构与城乡结构

阶层结构与城乡结构在形成与构建过程中均会受到社会的收入分配格局的影响，而这两种结构类型会影响到社会需求结构，并给体育产业结构带来一定的影响。通常情况下，城市阶层多数人员对体育产业消费重视度较高，农村阶层多数人员对体育产业消费重视度相对较低。

五、大型体育场馆产业化运作机制建设

（一）进一步深化经营管理体制改革

进一步深化经营管理体制改革具有一定的必然性和及时性，这就要求从产权方面入手，来达到使经营管理体制得到进一步改革的目的。

1. 进行国有大型体育场馆产权改革的必然性和及时性

我国国有大型体育场馆在过去国家集中统一经营管理体制下，没有独立的产权，只有国家的产权。在近几年的改革过程中，逐渐有了自己的产权。进行产权改革，主要是为了把其国有资产存量盘活，国有大型体育场馆改革应走大型体育场馆存量资本和增量资本的良性循环、有序的市场化运作道路，通过股份制、合作制等形式的改革，使产权清晰得到有效的保证，通过科学管理，对国有体育场馆的经济效益和社会效益进行最大限度的开发。

但同时也不能忽视的是，其也存在着一定的不足，具体来说，主要表现在

三个方面：一方面，“国家”无论如何不是一个“自然人”，而是一种政府组织、一种机构，它的任何一种职能的执行，包括作为所有者的职能，总是要通过一种政府机构来实现。这样很容易导致政企不分。另一方面，财产国家所有制解决不了国家集权与实际存在的地方、企业和其他集团维护其独立利益之间的矛盾。还有一方面，国有制是计划经济的基础，国有大型体育场馆属于计划经济的微观基础。我国要由计划经济向市场经济转轨，就必须通过改革，使国有体育场馆转变为市场经济的微观基础。

2. 要将大型体育场馆的产权明确下来

（1）当前大型体育场馆产权问题的调查。

采用市场手段达到大型体育场馆资源合理配置的目标，要靠市场力量通过自由竞争来实现。为此，它需要达到一定的条件，具体来说，这些条件主要有以下几个方面：第一，自由竞争，不存在垄断；第二，价格灵活变动，由不受干扰的供求关系决定；第三，资源通畅流动，没有壁垒或垄断障碍；第四，信号灵活传递。需要强调的是，这些条件的运转还需要具备一个重要的基本前提，那就是产权明晰，具体来说，就是我国大型体育场馆的产业化运作与其国有资产管理的模式选择前提是所有权与经营权分离。通过相关的调查可以得知，大多数大型体育场馆支持所有权与经营权分离（见表 3-1），同时，从表 3-1 中还可以看出一些问题，比如，部分场馆经营管理者的改革意识不够强烈，产业化经营理念不强等。

表 3-1　我国大型体育场馆的产业化运作与其国有资产管理的模式选择

选项	选择场馆数	选择率（%）
所有权、财产权、经营权分离	14	66.7
所有权、财产权、经营权不分离	6	28.6
其他	1	4.7

（2）大型体育场馆产权的现状分析。

产权作为一种权利，可以分为两大类：一类是产权人对实物资产的所有权，也就是有形资产产权；另一类是产权人对非实物形态的信息、知识等的处置权、拥有权，也就是所谓的无形资产产权。明晰的产权界定是资源进行市场化配置的根本，或者说产权明晰度最优能够为资源市场配置效率最优奠定坚实的基础。

从当前的形势来看，许多大型体育场馆的造价都在数千万元甚至几亿元、十几亿元，绝大多数的大型体育场馆的经营者，所面临的最大问题就是产权不明晰，没有法人财产权，这就难免出现产权的主体虚置和缺位，所以，无论是资产增值或流失，还是经营活动中的成功或失误，其后果与责任都难以落实到具体的单位或个人，由此形成了人人都负责、人人都负不了责的局面。假如产权明晰，经营者赢得了法人产权所有者身份，那么，产权虚置或缺位的现象将得以解决，经营获利则受益并确保国有体育资产增值，经营亏损则受损并承担损失。这就使得体育产业经营者自觉地站在了资产经营的主体地位上。而若要成为承担产权主体角色，唯有经过现代企业制度改造的公司制国有体育产业经营实体，才适于承担国有经营性体育资产的产权主体，享有法人财产权权利。

（3）要明晰大型体育场馆产权关系。

管理产权制度也属于公有制经济的产权制度的范畴。资源配置转换过程，实质上就是配置主体产权（配置力量）不断调整与选择的过程。这一过程主要是原有政府管制的资源在一定条件下让渡给其他配置主体。这一让渡与选择的过程充满了多个产权博弈和利益制衡，如果产权不明确，交换就无法进行，资源的优化组合和利用也会受到一定的制约甚至阻碍。因此，体育场馆的产权关系明晰化具有非常重要的意义，主要表现在三个方面：一方面，是实现体育部门政事分开、政企分开的关键；另一方面，是体育部门转换职能，从办体育向管体育转变的必然要求；还有一方面，是体育场馆进行产业化运作的前提条件。因此，要对此加以重视。

3. 努力实施大型体育场馆所有权、经营权的分离

随着我国经济体制的转轨，国家对行政事业型资产管理提出了新办法：有条件实行企业化管理的事业单位要按照现代企业制度的要求进行改革，实行经营性管理。由此，也将我国体育场馆将由事业型转变为产业型确立了下来。而所有权与经营权分离则是这一转变的核心问题所在。所有权是以归属权为核心的权能体系，经营权是以使用权为核心的权能体系。所有权属于出资者，出资者又凭借对资产的价值形态的所有权来取得股权及其收益；经营权为产业实体所拥有，法人可凭借对资产使用价值形态的经营权来取得相应收益。所有权和经营权是一种关于资产权利的社会分工，提高资产权利运用的效率是它们有效分离的主要目的所在。政府的体育行政部门长期以来承担着大型体育场馆所有者的职能，各场馆的经营权虽然源于所有权，但法人产权一旦形成，所有者便不能再直接参与产业实体，干预各场馆的活动。从当前的形势来看，大部分的场馆虽已实行产业化运作，但所有权与经营权并不明晰，因此，权力的虚置和错位就难免会出现。因此可以说，“所有权与经营权没有分离”仍然是当今我国大型体育场馆经营管理中存在的一个主要问题。

（二）大型体育场馆产业化运作协调机制构建

大型体育场馆在经营管理体制上实现所有权、经营权分离的同时，还应将市场机制积极引入进来，要想使大型体育场馆更加充满活力，成为体育产业发展的重要支撑，就需要通过制度创新和管理创新。

1. 大型体育场馆产业化运作协调机制建立的意义

通过对我国一些经济发达地区大型体育场馆未来的市场管理模式的了解和认识，可以得知，还是一种基于现实国情和未来发展的准行政机构主导的管理模式，因此，其运行主体就是作为管理主体的经营组织，通过组织化、网络化的管理，更有效地推进大型体育场馆的发展，更扎实地落实全民健身计划是它的运行目标。市场运行目标定位是经营者对目标消费者或者说目标消费市场的选择，市场运行目标定位要对各种因素进行充分的考虑，具体来说，主要包括地理因素、行为因素、人口统计因素、心理因素等几个方面。因此，建立起大型体育场馆的产业化运作协调机制就更为重要。

2. 大型体育场馆产业化运作协调机制模式

通过对我国大型体育场馆经营管理模式选择的分析以及影响我国大型体育场馆经营模式选择的主要因素的分析可以得知，建构大型体育场馆产业化运作协调机制，首先要将基本动力源找出来。要使大型体育场馆良性运行，实现体育场馆建设的基本点和出发点，必须在微观上给个体和团体以激励约束机制，使其在适宜的层阶上最大限度地发挥才干，在宏观上给予国家和地方以利益协调机制，使其分享发展大型体育场馆产业应有的社会和商业价值，同时还应该建立大型体育场馆产业化运作的目标保障机制（见表 3–2）。

表 3–2　我国大型体育场馆的产业化运作的协调机制认知与选择

协调机制	选择场馆数	选择率（%）
激励机制	20	95.2
选择机制	8	28.1
约束机制	11	52.4
其他（竞争机制等）	2	9.5

第五节　互联网+体育产业对其他产业的影响

一、互联网+体育产业与传媒行业

（一）大众传媒

1. 大众传媒的概念

大众传媒是大众传播媒介的简称。社会发展中，人与人之间的信息交流和沟通具有重要的作用。大众传媒是互联网+体育产业的重要媒介，能够加快人与人之间、人与社会之间的信息沟通与信息交流，全面推动社会的发展与进步。随着传播媒介的不断发展，信息传播渠道有效冲破信息传播时间与空间的限制，有效提升信息在体育产业中的含量，增强信息传播的实效性。大众传播媒介位于职业传播者与大众传播之间，例如广播、报纸、电视、电影等。

2. 大众传媒的特点

利用现代化电子信息技术开拓出一种全新的信息传播媒介，即大众传媒。随着社会的不断发展，大众传媒随着人们的沟通方式改变而改变。通常情况下，大众传媒行业拥有以下几方面特点：

（1）普遍性。普遍性是大众传媒传播媒介的首要特征，通常情况下，大众传媒的普遍性主要表现在受众与信息来源两个方面。

1）受众的普遍性。受众是传媒行业发展的基本要素，只有拥有受众群体，传媒行业才能够快速地发展起来。从受众视角来看，大众传媒拥有广泛的受众群体，不受年龄、性别、阶层的限制，是一种面向整个社会的传播媒介。

2）信息来源的普遍性。信息来源是传媒行业获取信息的基本途径，只有拥有信息来源，传媒行业才能够拥有信息传播内容，有效确保信息的真实性与准确性。大众传媒在形成与发展过程中力求将更加真实的社会生活风貌展现出来，例如人类在政治、经济、文化、艺术上的各种动态表现。

（2）时效性和敏感性。人们的生活节奏不断加快，周围的生活环境瞬息万变，人们对外界信息的要求不断提升，单一、快速地接受信息已经难以满足人们对信息传播的要求，还需要在较短的时间内得到信息的反馈，实现信息的双向沟通与交流。因此，在体育产业发展进程中，为推动体育产业的发展，将现代化电子信息技术、卫星通信技术等手段运用其中，已经成为体育产业发展的必然趋势。

（3）公众教育性。体育产业不仅仅是一项体育运动，更是一种教育活动，通过开展体育教育活动，提高广大社会群体对体育运动的重视。而大众传媒就是一种很好的大众教育方式，能够对广大社会群体实施公开性的教育，进而将终身教育理念、终身学习理念深入到广大社会群体的心中，为学校正规教育提供有力补充。

（二）“互联网+体育传播”的特征

“互联网+体育传播”是一种体育信息的新型传播方式，通过利用大众媒体将体育信息传播出去，有效扩大体育信息的覆盖范围，加快信息传送速度，实现信息共享，并针对广大社会群体做好体育运动的相关教育工作，全面推动体育产业的发展与进步。由此可见，互联网技术在体育传播产业中的运用具有以下特征：

1.“互联网+体育传播”的全覆盖特征

随着社会的不断发展，大众传播媒介日益深化，尤其是在电子计算机技术、互联网通信技术的作用下，大众传播媒介逐步朝着信息化、智能化的方向发展，形成以互联网为媒介的体育信息传播与交流平台，有效扩大体育赛事信息的覆盖范围，扩大体育信息在市场发展中的影响力。在“互联网+”的作用下，借助现代化先进的信息技术，在互联网平台构建体育产业信息共享平台，为体育产业的各项信息提供传播、交流的重要渠道，实现全球体育信息共享。

在“互联网+”的背景下，通过构建“互联网+体育传播”体系，能够有效地实现体育产业信息的即时交流，为体育运动竞赛信息传播提供便利，积极迎合广大受众群体在物质方面与精神方面的各项需求。

2.“互联网+体育传播”的全天候特征

在传统体育信息传播活动中，主要将报纸、广播、电视作为信息传播方式，其中最为直观的体育信息传播方式就是电视，它能够实现对体育信息的直播与重播。但是，在整个体育信息传播过程中，电视传播具有一定的局限性，并不是一种面面俱到的信息传播方式，例如直播过程受播放时间的限制，重播过程缺乏自主选择性。随着社会的不断发展，互联网信息技术的开发与应用为体育产业信息的各项传播活动提供了极大的便利。通过利用电子计算机设备，借助互联网技术，实现对体育赛事的直播与缓存，广大受众群体可以利用电脑、手机等移动终端设备，随时随地观看体育赛事，根据个人喜好观看已缓存好的信息。

3.“互联网+体育传播”的全景式特征

“互联网+体育传播”实现体育竞赛传播的全景化，能够将文字、图片、声音等多种信息融合到一起，使广大受众群体能够在视觉感官、听觉感官的作用下了解体育竞赛的不同信息，与此同时，这种媒介能为受众群体提供信息交流与共享的空间，通过多种手段对体育赛事进行分析与点评，为广大受众群体提供多元化观看体验。

（三）“互联网+体育传媒”产业的发展现状

在“互联网+”的背景下，传统体育产业自此走上一条多元化、开放化、共享化的产业道路。通过将互联网产业与体育传媒产业结合到一起，实现对传统体育传媒产业的全面整合，通过利用互联网信息技术实现赛事转播，为体育产业的形成与构建开辟新的发展空间，全面推动体育产业的发展与进步。在“互联网+”的作用下，体育传媒不仅能够实现对体育信息的传播与储存，还能够做好广大受众群体的体育文化教育工作，丰富人们的日常生活，在发展中不断提升自身发展价值，创造更高的社会效益与经济效益。然而，从我国“互联网+体育传媒”产业的发展情况来看，我国体育产业市场开发过程缺乏深度和广度，但是拥有良好的利润回报空间，体育传媒产业作为我国体育产业与传媒产业的新兴产业，在互联网产业的推动下，实现对自身的进一步升华，即“互联网+体育传媒”产业。

近年来，在互联网技术的推动下，“互联网+体育传媒”产业备受社会的广泛关注，成为当代社会发展的重要产业结构之一，受经济利益、体育爱好者增加等因素的影响，体育网站在较短的时间内在市场中占据一席之地，有效推动了我国体育传媒产业的发展与进步。但是，在“互联网+体育传媒”产业高速发展的背景下，外界因素对该产业的影响越来越大。在改革开放政策、世界经济全球化等因素的作用下，国外体育传媒巨头相继步入中国市场，为我国“互联网+体育传媒”产业的发展带来新的发展机遇与挑战。针对国外体育传媒步入我国市场这一现象，不同的研究学者发表了不同的观点，具体表现在以下两个方面：其一，部分研究学者认为，我国可积极借鉴发达国家在体育传媒业发展中取得成功的经验，并将这些经验应用到我国体育传媒产业的发展进程中，使我国体育传媒产业能够与国际传媒产业进行接轨；其二，部分研究学者认为，发达国家进入我国体育传媒市场容易将我国优秀的传媒人才挖走，降低我国传媒行业的人才队伍质量与水平，给我国体育传媒行业的发展带来一定的制约。不同的研究学者，针对发达国家进入我国体育传媒市场这一现象研究的出发点不同，所产生的结果有所不同，以上两种研究结果没有任何的错误，均是从不同的视角出发所提出的不同观点，在整个体育传媒市场发展进程中，我国体育传媒行业应准确抓住这次体育传媒行业发展的机遇，积极应对国际体育传媒市场给我国体育传媒市场所带来的挑战，为体育产业发展创造一个健康的发展环境。

（四）“互联网+体育传媒”产业市场化经营与发展的对策

1. 全面加强立法工作，保住“体育媒介”资产

在新时期发展的背景下，体育产业得到新的发展与突破，为保证“互联网+体育传媒”产业能够拥有一个良好的市场发展环境，需要政府部门全面做好市场的宏观调控工作，全面加强立法工作，完善各项法律体系，维持市场发展秩序，为体育产业的发展创造一个良好的运营环境。在体育媒介发展进程中，与体育传媒产业发展相适应的法律体系相对比较缺乏，对我国体育传媒产业的发展与进步造成一定的制约。为此，我国政府部门需要积极做好对体育传媒市场的宏观调控工作，以我国体育产业与体育传媒产业的实际发展情况为依据，参考国外先进的管理制度，不断对我国现行管理体系进行完善与整合，全面加强我国体育传媒产业的立法工作，将各项管理职责全面落实到位，全面提升我国体育产业的自我保护意识，加强对“体育媒介”资产方面的保护。

2. 全面深化体制改革，开拓多元化产业体系

随着社会的不断发展，体制改革工作日益深化，为推动体育传媒的发展与进步，需要通过体育组织不断对竞赛体制环境、体育管理体制等内容进行完善与整合，不断完善体育传媒发展体系，充分调动对广大受众的吸引力。重大赛事播报时，可将市场需求作为赛事传播的理论依据，实现对体育赛事传播内容的调整与优化，充分吸引广大受众群体，调动赞助商资助活动的积极性。

在体育传媒业经营管理过程中，首先需要明确体育传媒与各经济主体之间的关系，根据体育传媒与各个经济主体之间的关系选用与之相适应的营销手段，

充分调动广大社会群体在体育产业发展中的积极性与主动性，实现对体育媒介市场的深度开发与利用。

3. 遵循市场营销规律，使观众需求得到满足

消费群体是维持市场营销活动的基础，体育传媒产业作为新时期发展的新型产业，要想持续发展，需要严格遵循市场营销规律中的科学发展规律，最大程度迎合市场发展的各项需求，为体育产业的发展与进步创造良好的市场消费群体。在“互联网+体育传媒”产业的发展进程中，对受众的需求度认识日益提升，对体育赛事进行报道时，能够进一步满足观众的各项需求，进一步提升画面报道质量，对重点比赛信息实施重点报道，使广大受众群体能够通过多元化体育传媒从中享受到不一样的心理体验。

4. 建设高水平的体育传媒队伍

当前我国体育传媒产业的发展与国外发达国家相比还有一定的差距，而体育传媒人才的质量问题是导致这一差距存在的一个关键因素。现如今，我国体育媒体产业发展进程中，高水平、高能力的专业人才相对比较少，且现有的不少高能力综合技术人才被国外相关产业吸收，导致我国在国际竞争中难以抓住主动权。为此，我国在体育传媒行业发展进程中，需要将媒介全球化的各项需求作为理论指导依据，坚持“人才发展”战略，不断做好体育传媒行业的人才培养工作，深入贯彻落实综合性人才的培养工作，建设高水平、高能力、高素质的体育传媒队伍。

二、“互联网+体育”对体育彩票行业的影响

（一）体育彩票的相关界定

从狭义视角分析，“体育彩票”是一种将体育比赛作为发行媒介的彩票，可将其称为“竞猜型体育彩票”，例如足球彩票、赛马彩票、棒球彩票等；从广义视角来看，“体育彩票”是一种与体育产业相关的彩票类型。中国体育彩票是为体育事业的发展筹集资金所发行的一种印有图形、文字或者号码，供人自愿购买并按照特定规则获取中奖权利的书面凭证，例如超级大乐透、福利彩票、竞彩、顶呱刮等。2004 年我国国务院第 58 次常务会议通过《彩票管理条例》，自 2009 年 7 月 1 日起开始实施《彩票管理条例》中的一个条例。2012 年 1 月 18 日，国家财政部门、民政部门、体育总局根据《彩票管理条例》制定《彩票管理条例实施细则》；2018 年 8 月 16 日，为深入贯彻落实中共中央、国务院所

推行的各项制度与服务部署工作，全面提升对彩票行业的监督管理力度，国家财政部门、民政部门、体育总局对《彩票管理条例实施细则》予以修改与公布，并在 2018 年 10 月 1 日正式实施。

（二）体育彩票的类型

从体育彩票的形式来看，主要有以下六种形式：

1. 传统型彩票

传统型彩票是一种以抽奖的形式决定获奖者的方式。消费者到彩票的指定抽奖地点购买彩票，当所购买的彩票号码同抽出的号码保持一致时，那么购买该彩票号码的消费者为获奖者。这种彩票购买方式以规定编号形成，消费者不具备对号码进行自主选择的权利，中奖规则已经事先设定，每隔 15 ～ 30 天实施一次集中性开奖活动。

2. 即开型彩票

即开型彩票是消费者在一个销售点进行购买彩票活动与兑换彩票活动，这种彩票又被称为“即开即兑型彩票”。消费者只有购买彩票后才知道自己是否中奖，随着社会的不断发展，即开型彩票发生了极大的改变，现如今，即开型彩票主要有三种形式，即撕开式、刮开式、揭开式。

3. 结合型彩票

将传统型彩票与即开型彩票结合到一起形成结合型彩票，这种彩票至少有两次开奖机会，因此吸引了大量的人购买。

4. 竞猜型彩票

竞猜型彩票是将体育运动竞赛结果作为竞猜对象的彩票类型，这种彩票在购买与销售过程中需要借助电子计算机、互联网等技术，是互联网+体育产业对彩票行业带来的重要影响。竞猜型彩票的竞赛内容在不同国家各有差异，而且这一类型的彩票有多种玩法，对人们具有强大的吸引力。

5. 数字型彩票

消费者按照数位要求实施彩票的购买活动，数字的组合方式直接决定着彩票的获奖额度，这种彩票就是所谓的数字型彩票，隶属于博彩形式彩票的范畴。数字型彩票的发展离不开技术的支持，互联网技术在彩票行业中的重要应用表现是互联网+体育产业对体育产业影响的最佳表现。

6. 乐透型彩票

人们自己在一组数域中选号构成一注彩票，根据所中的号码确定奖额的多少的彩票形式就是所谓的乐透型彩票。乐透型彩票具有极强的趣味性。目前世界上流行30多种乐透型彩票，但玩法基本上都一样。

（三）“互联网＋体育彩票”的作用

1. 融资作用

为大型赛事融入资金是体育彩票的一个主要作用。举办大型体育赛事离不开大量资金的支持，而且仅仅靠政府投资是无法解决实际需求的，因此要开辟多元的融资途径，发行体育彩票就是其中一种手段。近几十年来，各国举办大型体育赛事，都会通过发行体育彩票来达到融资的目的。与此同时，承办比赛的城市也可以利用这笔资金来进行基础建设。

2. 公益作用

体育产业的发展及其市场化运营研究的各项活动均需要资金，而体育彩票为这部分资金的积累提供了重要的渠道。有些国家在发展体育事业的过程中，部分经费就来自于体育彩票收入。

3. 增加国家财政收入

作为一种特殊商品，体育彩票由政府专控，针对政府部门未能满足体育事业资金运营需求的问题，采取了发行体育彩票措施，不断提升政府的财政来源，提高国家财政收入。

4. 促进相关产业发展

随着体育彩票业的发展，各种与现代化科学技术有关的体育彩票服务和体育彩票商品如雨后春笋般产生，极大程度上满足了广大彩民群众在物质上与精神上的各种需求，还带动了相关行业的发展与进步，对社会的发展起到了积极的促进作用。同时，由于发行彩票促进了国家财政收入的增加，因此国家在建设公共事业方面也相应增加了投入，从而促进了城建、建筑等产业的发展。

（四）体育彩票业的发展现状

1. 发行成本高，彩票品种少

现阶段，我国体育彩票的发行经营成本与国外一些国家相比而言较高，德国体育彩票发行成本为16.3%，日本为10.1%，而我国高达20%。我国体育彩票与福利彩票相比而言，在品种上只有很小的差异，这也是两者间存在激烈竞争的一个主要原因。因此必须通过及时有效的调整、创造来丰富体育彩票的品种。

2. 对彩民具有一定的消极影响

通过调查发现，在我国大都是将彩票视为一种赌博投机，企图通过购买彩票达到一夜暴富的目的。部分人将自己的所有积蓄、精力、时间投入到购买彩票上，每天对彩票号码进行研究，不惜变卖财产、借钱来购买彩票，对彩民带来一些负面影响，值得我们反思。

3. 市场监管与法律制度不完善

我国体育彩票产业的发展较晚，因此对全国彩票市场进行规范的法律文件至今还未出现，虽然现在有一些相关的行政法规，但也只是地方性的，并不是全国通用，而且应急措施居多。

近年来，虽然我国体育彩票市场的发展潜力较大，但因为监管力度不足，众多问题也随之出现。例如，彩票公益金应用范围具有较强的限制性，如果在没有得到批准的状况下，将彩票的发行方式和游戏规则擅自进行改变等，将对体育彩票业的正常发展造成严重的影响。

（五）“互联网+体育彩票”产业的经营与管理

体育彩票作为体育产业的重要衍生物，在整个市场发展运用中扮演着重要角色，尤其是在“互联网+”的作用下，体育彩票产业得到进一步发展。

1. “互联网+体育彩票”产业的营销策略

“互联网+体育彩票”产业的形成与构建，离不开营销策略的形成，整个产业运营过程主要涉及三方面的内容，即玩法策略、宣传策略及销售网络策略。

（1）体育彩票的玩法策略。“玩法策略”是开展“互联网+体育彩票”运营活动的首要内容，体育彩票的相关运营者需要将体育彩票的受众群体作为设计对象，根据体育彩票受众群体的实际需求设计一系列与之相适应的玩法，最大限度地满足体育彩票受众群体的物质需求与精神需求，充分调动体育彩票受众群体在体育彩票营销活动中的积极性与主动性，进一步刺激消费市场，逐步扩大市场中的需求度，实现对整个体育彩票行业的优化与整合，并组织相关专家学者对体育彩票的新玩法进一步论证与分析。在开展体育彩票的经营与管理活动时，企业管理者需要全面提高对体育彩票玩法的重视，不断对体育彩票中的旧玩法进行更新与优化，实现对体育彩票玩法的开发与创造。

（2）体育彩票的宣传策略。一项产业的运营与发展，离不开前、中、后期的宣传工作。因此，在“互联网+”发展的背景下，为进一步提升体育彩票事业在市场发展中的竞争力，需要借助互联网手段对体育彩票事业进行宣传与推广，充分提高广大社会群体对体育彩票的认识，使越来越多的社会群体能够参与到体育彩票的购买活动中。在整个彩票行业的宣传工作中，应确保体育彩票宣传内容的针对性与集中性，有效提升体育彩票在社会中的知名度，扩大受众群体，为体育事业的发展提供可靠的财力获取来源。

（3）体育彩票的销售网络策略。在“互联网+”发展的背景下，先进的网络技术被广泛运用到体育彩票行业的运营与推广活动中。通过借助互联网技术构建网络销售平台，进一步扩大体育彩票事业的影响范围，健全销售网络，为体育彩票市场的稳健与长久提供有力保障。为此，体育彩票行业在发展进程中，应将销售点布局、销售点管理以及完善管理机构作为管理重点。

1）销售点布局。体育彩票销售点布局在整个市场发展中占据重要地位，需要政府部门对体育彩票销售点的相关负责人的运营资格进行严格审查，确保体育彩票销售点的负责人拥有承担体育彩票运营活动的经济能力与法律责任能力，并制定详尽的合同书，对体育彩票销售点的相关负责人的法律责任进行规范与整合，明确合同书双方的责任与义务。与此同时，政府部门需要在销售点布局的过程中做好宏观调控工作，将区域经济发展情况以及人口分布情况做好销售点布局的分配工作。

2）销售点管理。体育彩票销售点的建立与运营均需要严格按照相应的经营管理制度，保证体育彩票销售点在构建与运营过程中均具有较高的科学性与合法性，不断提升体育彩票销售点的营业意识、服务态度、知识技能、财务结算能力以及票务管理能力等。体育彩票在销售过程中，需要确保体育彩票的各项销售活动均具有较高的有效性，切实保证销售点的各个环节均能够有序开展。在对体育彩票销售点进行管理时，需要全面加强安全防范管理，全面做好体育彩票销售工作的秩序维护工作，确保体育彩票的各项销售工作能够有序开展。

3）完善管理机构。一切经济运营活动均离不开政府部门的管理。从我国体育彩票行业的发展情况来看，随着社会的不断发展，我国体育彩票管理体系逐步得到完善与整合，彩票的销售网络遍布全国各地，并对其设计三个不同等级的管理机构，为各地区体育彩票的管理工作提供保障。

2.体育彩票的销售技巧

随着社会的不断发展，人们的生活水平不断提升，近年来体育彩票行业在我国市场发展中的影响力趋于一个平稳状态，甚至还有所下滑，这一现象主要源于我国广大社会群体对体育彩票的认识依然存在欠缺，仅将体育彩票视为一种一夜暴富的手段。在“互联网+”发展的背景下，为全面提高广大社会群体对体育彩票行业的认识，使更多的社会群体能够积极主动地参与到体育彩票的消费活动中，需要体育彩票的销售人员灵活运用销售技巧，在体育彩票销售前做好市场调查以及相关准备工作，恰当地确定奖组规模、场地，并对体育彩票的整个营销活动进行全面监督。

（1）彩票销售前的市场调查。以体育为主题所开展的各项彩票营销活动被称为“体育彩票”，这种彩票的一切营销活动均为体育事业的发展提供所需的服务。因此，体育彩票是一种特殊的商业产品，具有较强的大众性、娱乐性、金融性、计划性与市场性。为此，体育彩票销售点开展体育彩票的营销活动之前，首先需要对当地的市场做好研究工作，了解不同地区市场需求，实现对体育彩票营销市场的正确把握。

（2）做好售前准备工作。售前准备工作对于任何行业的任何工作来说都十分重要。体育彩票在市场发展中具有较强的特殊性，是一种具有国家性、公益性的产业，在开展体育彩票营销活动之前，营销人员需要向当地财政部门进行申报，当营销人员取得政府部门、财政部门以及其他有关部门的审批后，方可开展后期的规划与组建活动；在开展体育彩票销售活动之前需要拥有一个总体、详尽、周密的计划，保证体育彩票的各个营销环节均能够精密地联系到一起，实现对体育彩票销售市场的合理把握与全面预测，制定具有较强可实施性的发行策略以及操作技术，并将行业发展的各项安全措施全面落实到位，将体育彩票策划内容与设计内容全面落实到位。

（3）科学确定奖组规模。体育彩票营销活动需要拥有一个与之相适应的建设规模，保证奖组规模的科学性与合理性，具体表现如下：

1）顺应大奖组“快”的特点，从地域特征入手，根据所在地区的不同特点选用不同的决策时间。

2）树立全局意识，严格按照国家相关部门的各项要求开展奖组规模建设活动，实现对发行规模的合理控制，防止奖组规模超过批准的发行额度。

3）满足时下彩票发行指导思想，确保组织的严密性与工作的周密性，不断扩大奖组规模，严格遵循适当条件、销售时间、销售地点、操作力度的变化规律，不断扩大奖组建设规模。

（4）合理选择场地。场地是开展体育彩票销售活动的重要场所，需要确保该场所可以容纳巨大的客户人群，且拥有较高的安全性、稳定性与长久性，交通便利，能够为人们的安全提供保障。

（5）实施全面监督。体育彩票发行过程中应保证具有高度的公平性、公开性与公正性，保证绝对的匿名性，防止公众对体育彩票的结果产生怀疑。为此，相关管理部门应将监督管理职能全面落实到位，构建与之相适应的监督管理机制，并在发展进程中不断对监督管理机制进行完善，做好各项信息的及时公示工作。

三、“互联网+体育”对广告行业的影响

随着社会的不断发展，广告业逐步兴起，现如今已经成为社会发展中的重要行业。在“互联网+”发展的背景下，通过将互联网技术运用到体育产业的发展建设中，使体育产业朝着多元化的方向发展，体育广告产业逐步兴起，备受社会的广泛关注。

（一）体育广告的相关概述

体育广告是将与体育运动有关的产品、服务作为广告对象，通过广告的方式使广大社会群体能够提高对体育运动产品的认知能力，从而激发广大社会群体对体育运动产品的购买欲望。

从广义视角来看，企业通过体育运动的形式将与本企业有关的产品、服务作为宣传内容向广大社会群体宣讲出来；从狭义视角来看，体育经营组织凭借文字、图画等方式对体育产品、体育服务进行宣传与介绍。

在现代化社会发展的背景下，尤其是在互联网技术的推动下，体育市场化高速发展，有效加强体育产业之间的联系，构建多元化发展桥梁，进一步提升体育产业在市场发展中的经济水平，加强产业与产业之间的沟通与交流，充分发挥体育广告在市场发展中的桥梁作用，进一步提升自身品牌在市场发展中的竞争力。

（二）互联网+体育产业背景下广告产业的发展优势

随着社会的不断发展，广告媒体日益增加，从传统广播、报纸、杂志、电视等媒体逐步发展到网络媒体，通过对比分析，我们能够从中直观地发现将网络媒体作为广告信息传播载体具有极高的应用价值与发展价值。

1. 观众多、宣传面广

以互联网为媒介所开展的体育广告具有庞大的受众群体，宣传面十分广阔。体育运动拥有庞大的受众群体，无论是大型体育竞赛的观看现场，还是经过媒体进行直播、转播、重播均拥有庞大的受众群体，在比赛过程中播放广告能够有效扩大广告信息的传播面，充分发挥体育媒体广告的应用优势。

2. 时间长、收益多

通常情况下，广告时间相对比较短。但是一场体育赛事时间相对比较长，体育赛事中广告的播放时间也相对比较长。对于广告投放商而言，虽然仅是做一次广告投资，但是却能从中获得诸多收益。

3. 易于接受、推广效果好

现如今，市场发展中的竞争日益激烈，各种媒体均拥有大量的商业广告，时间一长消费者对广告的兴趣度将会大幅度下降，每天面对众多的广告消费者在无形中会产生一种厌烦心理。借助体育媒体开展广告宣传工作，能够将广告作为体育赛事中的背景牌，有效吸引广大受众的注意力，使受众能够在无意识中接收信息、获取信息，甚至在一定程度上接受信息，进而达到良好的推广效果。

4. 影响深远、效益极佳

随着社会的不断发展，明星效应越来越突出，利用体育明星开展广告宣传工作，能够有效迎合广大受众群体的心理需求，选择受众喜欢的运动明星开展广告宣传工作，能够有效提升产品的品牌形象，提升企业发展的经济效益与社会效益，进而达到合作共赢的目的。

（三）“互联网+体育广告”的作用

通常情况下，体育广告的应用价值主要表现在以下五个方面：

1. 保证信息传递的有效性，加强生产者与消费者之间的沟通与交流

广告具有传递信息、沟通交流等作用。在互联网发展的背景下，借助体育媒体体育产业部门能够将劳务信息与产品信息向市场中现有的或者是潜在的消费者进行信息传递，做好体育产品生产者与体育产品消费者之间的嫁接工作。

“互联网+体育广告”是一种极为特殊的宣传载体，这种广告形式对广大体育爱好者具有极其强大的吸引力。在体育活动中，通过开展体育广告的宣传工作，能够有效做好体育产品生产者与体育产品消费者之间的嫁接工作，加强体育产品生产者与体育产品消费者之间的沟通与交流，进一步提高体育产品消费者对体育产品的需求度，不断扩大体育产品的供应范围，提高体育产业的影响范围。

2. 树立良好的企业形象，有效提升消费产品在市场中的知名度

在市场发展的进程中，体育广告拥有良好的宣传功能，使部分不为人知的品牌被广大群体所知，有效提升了产品在市场中的知名度。

3. 全面激发市场需求量，做好产品市场销量刺激工作

在整个市场发展进程中，市场运营管理结构不断发生变化，市场发展中的

竞争力不断增加，有效提升产业运营结构的科学性与合理性，确保消费者所购买的消费产品具有较高的需求度，刺激消费市场，做好产品市场销量的刺激工作，激发广大消费群体在商品购买过程中的积极性与主动性，进而达到提升产品营销量与产品营销额度的目的。

4. 介绍产品知识，落实消费者的各项引导工作

体育广告与其他广告形式具有异曲同工之妙，体育广告的开展与实施能够有效提升产品在市场发展中的竞争力，充分调动广告营销产品在市场发展中的竞争力与影响力，全面做好体育产业知识的引导工作，对消费者的消费行为进行合理引导与优化，有效调动消费者在体育产品中的购买意识，不断扩大体育产品在市场发展中的影响范围。在“互联网+”的背景下，发展体育广告产业需要从以下几个方面着手：

（1）介绍产品。消费者在未对体育产品进行购买前，并未了解体育产品的各项功能与性质，甚至对产品认识有一定的误区，在购买产品过程中出现难以抉择的状态。体育广告能够以广告的形式对体育运动产品进行简明扼要的介绍，明确产品特征与性能，突出产品在购买与使用过程中的注意事项，使消费者能够在未购买体育产品之前对体育运动产品有一个清晰、明确、简单的认识，为消费者的后期选择提供帮助，使消费者在购买体育产品时能够做出正确、合理的选择。

（2）明确方法。消费者在使用体育产品或者保养体育产品时缺乏经验，在一定程度上会对产品的结构、功能产生不必要的破坏，从而降低产品的使用性能及使用年限。

四、“互联网+”对体育用品产业发展的影响

在新时期发展的背景下，体育产业高速发展，互联网+体育产业的形成与构建，将互联网产业与体育产业巧妙地融合到一起，使互联网技术成为体育产业的重要组成部分。下文将从“互联网+体育用品”的基本概念、我国体育用品的发展等内容分别着手，探讨“互联网+”对体育用品产业发展的影响。

（一）“互联网+体育用品”的基本理论

1.“互联网+体育用品”的相关界定

体育用品是对用于体育活动的服装、鞋帽、场地、器材、设备等内容的总称，这些商品均有体育性，主要被运用到体育活动中，为体育产业的各项活动服务。

体育用品产生于体育产业，又服务于体育产业，具有两种重要属性，即"价值"与"使用价值"，拥有独属于体育的特殊内涵，是其他商品所不具备的。通常情况下，体育用品的特殊体育内涵主要表现在体育色彩、专业性、高消费三个方面。其一，体育产品拥有鲜明的体育色彩。社会群体开展体育运动时，需要基本的物质条件为其提供有力的支持，这些物质条件就是指"体育用品"。因此，体育用品同体育运动之间具有密不可分的联系，拥有浓重的体育色彩。其二，体育用品具有较强的专业性。因体育用品拥有较强的专业性，在体育用品设计与生产过程中，对体育用品的规格、材料、技术、质量具有严格的要求与标准。其三，体育用品是一种高消费品。实践证明：体育用品隶属于消费品的范畴。体育运动是一种力量型运动，运动过程消耗体育用品的可能性相对比较大，且体育运动产品更新换代速度相对比较快；体育用品并非日常生活的必需品，是一种发展性、享受性的消费品，可借助体育用品改善生活方式。

2."互联网+体育用品"的分类

现如今，我国关于"体育用品"的分类问题，并没有达成统一的意见。为此，本书将分别从体育用品的功能与用途、体育运动项目、运动竞赛三种视角出发，对体育用品做出不同的分类。

（1）按照体育用品功能与用途进行分类。

按照体育用品的功能与用途对其进行分类，可将体育用品划分成十种体育用品类型，即健身器械类体育用品、娱乐及场馆设备类体育用品、球类器械设备类体育用品、运动服装和器材类体育用品、体育科研测试仪器类体育用品、户外运动品类体育用品、运动装备及奖品类体育用品、渔具系列类体育用品、运动保健品类体育用品、裁判员及教练员用品。

1）健身器械类体育用品。运动人员开展身体素质训练活动或者是身体康复训练活动时，需要运用到一系列体质训练器材或者是康复训练器材，这些训练器材均属于"健身器械类体育用品"的范畴。无论是跑步过程所运用到的"互联网+体育用品"中所衍生出来的跑步机，还是武术活动过程所运用到的棍棒、刀枪等，均属于健身器械类体育用品。因此，"互联网+体育用品"涉及健身器械类体育用品。

2）娱乐及场馆设备类体育用品。一般情况下，娱乐及场馆设备类体育用品主要有三种体育用品类型：一种是体育娱乐设备和器材，一种是棋牌类用品，另一种是体育场地设备和器材。秋千、龙舟、风筝等均属于体育娱乐设备、器材的范畴，中国象棋、国际象棋、跳棋、围棋等均属于棋牌类用品的范畴，体育馆的设备与器材、球类场地的设备和器材等则属于体育场地设备和器材的范畴。“互联网+体育用品”是将传统体育用品与互联网技术结合到一起，借助电子计算机、智能手机等智能硬件设备与软件系统，生成智能秋千、智能龙舟、智能飞机、电子象棋、电子跳棋等具有移动性、智能化特征的体育运动、娱乐设施、设备。

3）球类器械设备类体育用品。各种运动中所用到的球、在球类运动中所运用到的各种设备均属于“球类器械设备体育用品”，例如篮球、足球、排球、乒乓球、网球、羽毛球、乒乓球拍、网球拍、羽毛球拍、篮球架等。在“互联网+体育用品”的作用下，实现对传统球类器械设备体育用品的革新与创造，有效提升乒乓球拍、羽毛球拍、网球拍的舒适度，避免球拍给运动员的身体带来负面影响。

4）运动服装和器材类体育用品。各项体育活动中所运用到的服装、鞋帽等均属于“运动服装和器材类体育用品”，例如运动衣、运动鞋、运动手环、运动耳机、运动手表等。按照具体的体育项目可对运动服装和器械进行进一步的细分，例如运动服装中可分为篮球服、足球服、乒乓球服、排球服、游泳服、体操服等。“互联网+体育用品”衍生出多种新型运动服装和器材类体育用品，例如运动手环、运动耳机、运动手表等，这些体育用品均运用互联网相关技术，具有较高的智能性。

5）体育科研测试仪器类体育用品。测量身体形态、机能状态、身体素质，并对人体实施运动技术分析与评定，这种设备被称为“体育科研测试仪器类体育用品”，例如遥控心电仪、运动肺活量测试仪、弹跳仪、身体量高仪等。体育科研测试仪器类体育用品是“互联网+体育用品”的最佳表现，在现代化体育科研测试活动中，均纷纷摒弃传统体育科研测试仪器类体育用品，而将具有一体化、智能化特征的体育科研测试仪器类体育用品应用其中，实现体育科研测试活动的智能化、一体化与现代化，为体育科研活动、竞赛活动带来诸多便利。

6）户外运动品类体育用品。户外休闲运动中所运用到的器材设备均属于“户外运动品类体育用品”，例如登山用品、狩猎用品、攀岩用品等。“互联网+”在户外运动类体育用品中的运用，为户外休闲运动提供了极大的安全保障，有效降低了登山运动、狩猎运动、攀岩运动的风险。

7）运动装备及奖品类体育用品。运动过程或者是为运动而准备的包厢以及其他相关配具等均属于运动装备类体育用品，例如运动背包、运动腰包等；体育竞赛活动中为获胜者颁发奖杯、奖牌以及竞赛队伍双方所准备的队徽、队旗、纪念卡、纪念章等纪念品均属于奖品类体育用品。其中，奖品类体育用品在整个体育运动中拥有浓厚的体育色彩。“互联网+”在运动装备及奖品类体育用品中的应用主要表现在，对运动装备及奖品类体育用品的升级与改造方面，增加体育用品的实用性与美观性。

8）渔具系列类体育用品。渔具等在钓鱼活动中使用的体育用品均被称为“渔具系列类体育用品”，例如鱼钩等。“互联网+”在渔具类体育用品中的运用，能够帮助钓鱼者做好水下侦察活动，为钓鱼活动的开展提供诸多便利。

9）运动保健品类体育用品。运动过程或者是运动结束后，运动人员为补充机体所需的能量和水分所食用的营养品和饮品均属于“运动保健品类体育用品”，例如淡盐水、葡萄糖等。利用“互联网+”相关技术，能够了解运动员在运动过程以及运动结束后的身体状况，根据每一位运动员身体的实际需求，为其制定一份具有科学性、针对性的能量、水分补充方案。因此，“互联网+”在运动保健类体育用品中并没有直接引用，而是通过对“体育科研测试仪器类体育用品”进行作用，进而对运动保健类体育用品带来相应的影响。

10）裁判员及教练员用品。在训练或者是竞赛中裁判员与教练员用于记录比赛、发出指令、训练情况的用品被称为“裁判员及教练员用品”，例如计时器、口哨、记分器等。“互联网+”在裁判员及教练员用品中的运用，能够提升评判结果的准确性与真实性，保证竞技体育的公平性与公正性。

（2）按照体育运动项目对体育用品进行分类。

按照体育运动项目对体育用品进行分类，可将体育用品分为田径运动用品、球类运动用品、武术运动用品、体操运动用品等多个方面。

（3）按照运动竞赛对体育用品进行分类。

体育运动中有的运动属于竞技性体育，有的运动属于娱乐性体育。其中，“竞技体育”是一种通过比赛的形式开展的运动，具有一定的制度化与体系化，将打败竞争对手作为目的，以此获取物质上或者是精神上的奖励，在整个竞赛过程注重用体力与智力取胜，其特征主要表现在竞争性、规范性、公平性、公开性、功利性、不确定性与娱乐性七个方面。“娱乐体育”是体育学中的一种专业术语，又被称为“身体娱乐”，这种体育主要以休闲娱乐、培养审美功能、发展兴趣爱好为主，运动人员根据个人喜好，通过开展一系列体育运动达到娱乐、消遣的目的，例如游戏、球类活动、郊游、钓鱼、打猎、登高等。按照运动竞赛类型可将体育用品分成两种类型：一种是竞技体育运动用品，另一种是娱乐体育运动用品。顾名思义，在竞技体育中运用到的体育用品被称为“竞技体育用品”，在娱乐体育中运用到的体育用品被称为“娱乐体育用品”。

（4）按照体育运动的专业性对体育用品进行分类。

因体育运动有专业体育运动与业余体育运动两种形式，按照体育运动的专业性对体育用品进行分类，可将体育用品分为专业性体育用品与业余性体育用品两种类型。

（5）按照体育运动群体将体育用品进行分类。

按照体育运动群体可将体育运动分为职业体育、社会体育、学校体育。其中，职业体育是将经济体育作为运动核心与推广核心，具有一定的市场性与商业性，通过销售赛事门票、转播赛事、在赛事中播放广告等方式吸引市场中广大投资者的眼球，使广大投资者能够纷纷投身到体育活动中；社会体育又被称为“大众体育”“群众体育”，其参与人员主要是企、事业单位职工或者是城镇居民、农民，是以健身、健心、健美、娱乐、医疗为目的所开展的锻炼活动；学校体育是一种有计划、有目的的教育活动，将在校学生作为体育活动的主要参与者，以培养学生的体育兴趣、端正学生生活态度、养成健康的生活习惯、掌握正确的体育运动知识与能力、提高学生的身体素质为目的，培养学生的道德和意志品质，促进学生的身心健康。不同的体育运动群体需要运用不同的体育用品，从而形成职业体育用品、社会体育用品、学校体育用品三种类型。

（6）按照体育运动场所对体育用品进行分类。

按照体育运动场所对体育用品进行分类，可将其分为十种体育用品类型，即健身类体育用品、校园类体育用品、竞赛类体育用品、复健类体育用品、护具类体育用品、服饰类体育用品、户外类体育用品、场馆类体育用品、家用类体育用品、其他类体育用品。

1）健身类体育用品。健身类体育用品主要指用于日常健身活动的体育用品，例如踏步机、跑步机、哑铃、单杠、双杠等。

2）校园类体育用品。校园类体育用品主要是指校园体育运动中所运用到的体育用品，例如塑胶跑道、乒乓球台、乒乓球、篮球、羽毛球、足球、起泡器、标枪、铅球、发令枪、实心球等。

3）竞赛类体育用品。竞赛类体育用品主要是指竞技体育中所运用到的体育用品，例如篮球、足球、排球、乒乓球、羽毛球、垒球、棒球、保龄球、高尔夫球、象棋、围棋等。

4）复健类体育用品。复健类体育用品主要是指用于康复治疗的体育用品，例如臂力器、握力器等。

5）护具类体育用品。护具类体育用品主要是指对运动者身体进行保护的用品，例如篮球眼镜、防护眼镜、护腕、护膝、滑雪镜等。

6）服饰类体育用品。服饰类体育用品主要是指运动员在运动过程所要穿戴的衣物，例如运动鞋、运动帽、运动袜、运动衣等。

7）户外类体育用品。户外类体育用品主要是指户外运动所需要运用到的体育用品，例如登山包、望远镜、运动手表、折叠椅、睡袋、帐篷等。

8）场馆类体育用品。场馆类体育用品主要是指运动场所所涉及的场地、设施，例如游乐场设施、场地设施、场馆设施、场馆灯光与音响等。

9）家用类体育用品。家用类体育用品主要是指在家庭开展体育运动时所运用到的体育设备，例如跑步机、踏步机、仰卧起坐器等。

10）其他类体育用品。其他类体育用品是一些体育运动中的辅助品，例如运动饮料、运动营养品、奖牌、奖杯、纪念品、体育杂志、体育书报、体育音像制品等。

（7）国外对体育用品的分类。

国外同样对体育用品做出相应的分类，例如欧洲国家针对体育用品的分类方法具有明确性与简单性，分别从运动服饰、体育器材、运动鞋三个方面对运动品进行分类。

1）运动服饰类体育用品。运动服饰类体育用品所涉及的产品主要有足球运动服、户外运动服、田径服、游泳服、防水服、冲浪及滑雪服装、健身运动服、有氧运动服、雪上运动服等。

2）体育器材类体育用品。体育器材类体育用品所涉及的产品主要有高尔夫、乒乓球、羽毛球、球拍运动器材、球类运动器材、球杆运动器材、有氧运动器材、健身运动器材、户外运动器材、滑冰运动器材、水上运动器材、冰雪运动器材、集体项目运动器材、飞镖、野营运动及钓鱼设备与用具。

3）运动鞋类体育用品。运动鞋类体育用品所设计的产品主要有跑鞋、足球鞋、球类运动鞋、健身运动鞋、雪上运动鞋。

国外对体育用品的分类为我国体育产业研究人员对国外体育事业的研究提供了参考。

3.“互联网+体育用品”的属性

在“互联网+”的作用下，我国体育产业得到新的发展与进步，体育用品在一定程度上得到优化与整合，极大程度上丰富了国民体育运动的形式，有效提升了国民体育运动的舒适度，有效降低了体育运动的风险，为体育运动人员的各项体育运动提供了有力的安全保障。从“互联网+体育用品”在当代体育运动中的实际应用情况来看，“互联网+体育用品”主要有以下几方面特征：

（1）体育性。

“体育性”是体育用品的基本属性与独有属性，体育用品是运动人员开展体育活动所运用到的特殊物品，是其他产品无法替代的。无论是从体育用品的生产视角分析，还是从体育用品的消费视角分析，或者是从体育用品的应用视角分析，体育用品所具备的体育性均是其他用品无法比拟的。就本质而言，体育用品的体育属性主要表现在以下两个方面：其一，从体育用品的实用价值来看，体育性是体育用品的一种自然属性，人们在体育运用中能够将体育用品的实用价值充分地发挥出来；其二，从体育用品的社会需求来看，体育性使体育用品的社会属性能够有效满足人们参与体育运动的各项需求。

（2）专门性。

体育用品所具备的专门性主要源于体育用品是一种专门为体育运动服务的用品，不同体育运动项目对体育用品的要求有所不同，在开展体育运动时需要按照相关要求运用指定体育用品，保证不同的体育运动项目均能够运用与之相对应的体育用品。受个体差异的影响，不同的人在开展同一种体育运动时，需要根据自身实际情况选择与之相适应的体育用品。

（3）消费性。

就本质而言，体育运动是人们生活的一部分，体育用品同样属于人们日常生活中的生活用品。体育用品因在应用中具有一定体育性与专门性，成为人们日常生活中的一项特殊用品。随着人们生活质量的不断提升，“互联网+体育用品”产业的快速兴起，一系列新兴体育用品备受广大社会群体的欢迎，成为人们日常生活、体育锻炼活动中的重要组成部分。例如跑步机，这种具有智能化、数字化的运动用品的产生，为人们日常生活、运动带来极大的便利，成为人们提升生活质量、丰富日常生活的重要消费品。因此，“互联网+体育用品”所具备的消费性尤为突出。

4.“互联网+体育用品”在当代社会的实践价值

“互联网+体育用品”的产生与推广，有效改变了我国传统体育运动的运动形式，有效提升了广大社会群体在体育运动中的积极性与主动性，对全民运动的兴起起到了极大的促进作用。实践证明，“互联网+体育用品”是互联网产业与体育用品产业的跨领域联合，通过将互联网技术运用到体育用品设计、生产、营销、服务、使用环节，实现对体育用品设计理念、设计方案、设计手法的创新与改革，使体育用品产业能够陆续生产出新型体育用品；实现对体育用品生产活动的 24 小时全天候无人监控、机械化生产，保证体育用品生产质量与性能，为体育运动的顺利展开奠定基础；实现对体育用品营销渠道的延伸与拓展，开辟广阔的营销平台，有效提升体育用品产业在市场发展中的经济效益；实现对体育用品服务模式的优化与整合，不断提升体育用品服务质量，加强体育生产商、经销商与用户群体之间的沟通与交流，为广大体育用品的消费群体提供更优质的服务；实现对体育用品使用效果的提升，有效提升体育用品在使用过程中的舒适度，极大程度上满足消费者对体育用品的物质需求与精神需求。因此，“互联网+体育用品”在当代社会的实践应用价值主要表现在以下三个方面：

（1）“互联网+体育用品”对体育项目的发展具有积极的推动作用。

“互联网+体育用品”在体育项目中的运用与推广，为当代体育运动项目的开展提供了极大的便利，最大限度地满足了运动人员在各项体育中的个性需求。在体育运动中，体育用品是人们参与体育活动的基本要素，虽然不同的体育运动、不同运动员对体育用品的要求有所不同，但是体育用品是体育运动中一项必不可少的内容。因此，在体育运动中，不同的运动项目对体育用品有不同的要求与标准，需要体育用品的生产者能够对体育用品的材料、规格、性能、质量等内容进行严格控制与优化，最大限度地满足体育项目活动的各项需求。

通过将互联网技术运用到体育用品的设计活动中，首先可借助互联网技术对各项体育项目对体育用品在材料、规格、性能、质量等方面的要求进行调查、分析与统计，充分调动各项体育运动项目对体育用品的各项需求；然后利用互联网技术对各项体育运动项目的运动人员进行调查，了解同一种体育运动项目的不同运动人员对体育用品的生理需求与心理需求；在互联网平台收集各项体育项目、体育用品的相关信息；最后在互联网技术的作用下将以上收集的三种信息科学地整合到一起，并以整合好的信息为依据，针对不同的体育项目、不同的体育运动群体分别制定出不同的体育产品生产方案。

将互联网技术运用到体育用品的生产活动中，需要以制定好的体育用品生产方案为依据，根据本企业在体育用品方面的实际生产情况，结合体育产业的发展趋势，借助互联网技术制定一套具有较高可行性的体育用品生产活动方案，为体育用品生产活动的顺利开展提供有力保障；在体育用品生产过程中，借助互联网相关技术、设备组织开展相应的生产活动，并对整个体育用品生产过程进行 24 小时全天候监控与检查，为体育用品规格、质量、性能的标准性把关。

将互联网技术运用到体育用品的使用过程中，可利用互联网技术对体育用品的使用情况进行动态监控，了解体育用品在使用过程中的应用效果，深入查找体育用品在实际使用过程中所存在的不足，及时发现体育用品在使用过程中所存在的问题，并在第一时间对体育用品质量问题、性能问题做出提醒，确保体育用品能够有效满足体育项目的实际需求。

例如，世界上部分国家的体育项目负责人同时兼任体育项目体育用品制造商或者是营销商的职位，通过将互联网技术运用其中，能够将体育用品的制造活动同体育项目的发展有机地结合到一起，为体育项目发展提供源源不断的发展动力。

（2）“互联网+体育用品”对体育市场的发展具有积极的推动作用。

“互联网+体育用品”的形成与构建，是对我国传统体育产业的革新与发展，有效改变我国传统体育用品在市场中的营销内容，充分调动广大消费群体在体育用品消费方面的积极性与主动性，使我国体育用品市场能够呈现一种良性发展局面。在现代化经济体系中，体育用品在市场经济中占据重要组成部分，直接影响到体育产业在我国市场经济中的地位与价值。因此，“互联网+”在体育用品中的运用全面推动体育市场的变革，加快我国市场经济体制的发展。在新时期发展下，“互联网+”赋予体育用品三种属性，即经济属性、社会属性与体育属性。

“互联网+体育用品”所拥有的经济属性主要表现在体育用品的营销方面，即借助互联网技术构建体育用品的互联网营销模式。现如今，我国体育用品营销企业在社会发展进程中正面临着前所未有的发展机遇与挑战，庞大的体育消费群体提高了对体育用品的需求度，为体育用品的营销互动提供了广阔的市场发展空间。与此同时，移动互联网行业的发展，为体育用品的营销活动提出新的发展标准与要求，需要当代体育用品营销企业充分利用互联网营销模式，在各项营销活动中不断对自身营销模式与营销思路进行创新与优化，避免在高速发展的潮流中被市场淘汰。因此，“互联网+体育用品”是体育用品产业发展的必然趋势。

伴随着我国体育事业不断发展壮大，在“互联网+”的作用下，我国体育用品在国际市场上备受关注，积极迎合全球化发展趋势，提升我国经济体系在国际市场上的竞争力与发展力。相关调查显示：我国体育用品行业的发展与进步，有效带动相关产业的发展，例如橡胶产业、纺织产业、机械制造业等；体育用品的发展对消费者的消费意识做出正确的引导，有效提升市场消费群体对体育用品的需求度，不断调整体育产业在市场经济体系中的产业结构，全面做好体育用品市场的培育工作。

（3）“互联网+体育用品”对自身市场的发展具有积极的推动作用。

从我国当代社会发展体系来看，体育用品在我国市场经济体系中占据一定的份额，这一领域商品繁多，市场竞争格局在体育用品企业竞争活动中逐步形成，全面推动我国体育用品市场以及体育用品产业的发展与进步，有效确保体育用品质量与性能，加快体育用品类型的更新与换代，同时做好民族品牌的建设工作，加强我国体育用品市场同国际体育市场之间的沟通与交流，为我国体育用品市场开拓更广阔的发展空间与建设平台。

5.“互联网+体育用品”对体育用品业的作用

体育用品是人们开展体育运动的物质基础，能够为体育运动提供所需的服务，而体育用品业则是专门生产体育用品的企业的结合。体育用品业作为体育产业链条中的一个产业系统，是一种跨系统、跨行业的运营机构，可按照体育用品的类型将其进一步细分成多个子行业，例如体育器材业、运动鞋制造业、运动服装制造业等。

（1）“互联网+体育用品”促进体育用品业的良性发展。

对体育用品业实施分类直接关系到体育用品业在我国体育市场中所占据的地位，决定着体育用品业在体育产业建设发展链条中所处的位置。通过对体育用品业进行进一步的分类与规整为我国体育行政部门对体育用品实施管理活动提供便利，确保体育用品业协会具有良好的自律意识，积极顺应我国体育市场的发展潮流，保证体育用品在体育运动中应用的规范性与合理性，为体育用品的开发活动、生产活动、经营活动与管理活动带来诸多便利，在市场范围内营造出一个规范性的体育用品市场环境，促进体育用品业良性发展。

（2）“互联网+体育用品”优化体育用品业结构。

我国国家统计局制定的《国民经济行业分类》国家标准，将体育用品业列入制造业中文教体育用品制造业的范畴。按照统计局所制定的《国民经济行业分类》标准，可将体育用品业分成五种类型，即球类制造业、训练健身器材制造业、体育器材及配件制造业、运动防护用具制造业、其他体育用品制造业。

1）球类制造业。球类制造业主要指负责生产制造各种胶制、皮制、革制等可充气的运动用球，例如乒乓球、台球、高尔夫球、篮球、足球、排球、羽毛球等。

2）训练健身器材制造业。训练健身器材制造业主要指负责生产制造体育训练、家庭训练、健身房训练等健身器材、运动物品。

3）体育器材及配件制造业。体育器材及配件制造业主要是指负责生产制造运动项目在训练、比赛过程所运用到的体育场所设施、体育器材、体育用品、体育器件等。在体育产业运营与发展体系中，可对体育器材及配件制造业做出更进一步的分类，即比赛器材业、比赛用品业、训练中辅助器材、体育场馆设施及配件业。其中，比赛器材业主要涉及田径器材业、球类器材业、举重器材业、体操器材等；比赛用品业主要涉及篮球业、足球业、排球业、网球拍业、乒乓球拍、羽毛球拍、保龄球业、高尔夫球业等；训练中使用的辅助器材业主要涉及口哨业、裁判用记分器业；体育场馆设施及配件业主要涉及拳击台业、举重台业、摔跤垫业、合成跑道业、柔道垫业等。

4）运动防护用具制造业。运动防护用具制造业主要是指生产各类手套、鞋帽、护具的生产厂商。

5）其他体育用品制造业。

（二）我国体育用品业的发展现状

在新时期发展的背景下，“互联网+”理念被引入到我国体育用品业的发展历程之中，有效推动了我国传统体育用品业的发展与进步。然而，从我国体育用品业现阶段发展情况来看，互联网产业与体育用品业之间的联合工作并没有全面落实到位，体育用品业发展进程尚且存在诸多不足之处。通过对我国现阶段体育用品业发展进程进行调查，从中得知：现阶段，我国体育用品业在产品开发方面的力度相对比较小，营销市场相对比较分散，行业管理体系有待健全，未能形成多元化发展战略，国际竞争力不足，同体育用品服务业之间缺乏联系，高素质体育人才相对比较匮乏，营销部门职能与结构有待优化，市场化运营有待落实。

1. 我国体育用品业在产品开发方面的力度相对比较小

以我国现阶段人口规模、经济发展为基础，对我国体育用品业的各项运营活动进行调查，从中我们能够直观地了解到，我国的体育用品业起初属于劳动密集型产业的范畴，呈现“两头”在外的加工趋势，整个产业运用过程将体育用品生产作为体育用品业的发展重点，严重忽视体育用品的各项销售活动，未能全面开阔国内体育用品的营销市场，导致我国体育用品业长期处于供大于需的状态。近年来，在“互联网+”的作用下，不少体育用品企业开始对自身品牌产品提高重视，借助现代化互联网技术提升自身品牌形象，使自身品牌产品能够在众多体育用品中脱颖而出。但是同国外发达国家的体育用品业的发展水平相比，我国“互联网+体育用品”产业尚且处于低级发展阶段，在产品开发方面的力度相对比较小。

我国体育用品业在产品开发方面的力度相对比较小，具体表现在以下两个方面：一是体育用品业的产品结构与营销模式朝着共同的方向发展，对体育市场的分化相对比较简单，未能高精度地对体育用品的品种、档次、规格等内容进行划分，忽视消费者的心理需求；二是体育用品业在应用与推广过程中，忽视对校园体育市场、农村体育市场的开发，导致体育市场供需之间难以维持平衡。

2. 我国体育用品业的营销市场相对比较分散

体育用品业作为我国市场经济体系的一个重要分支，市场经济的整体发展水平与体育用品业发展水平之间具有相互影响。市场经济整体发展水平的提升，能够带动体育用品业的发展，体育用品业的发展促进市场经济整体发展水平的提升。因此，提升我国体育用品业在市场经济体系中的发展水平，对推动我国社会经济的整体、高效发展具有重要影响。从我国体育用品业在我国的产业布局来看，体育用品业主要分布在东南沿海地区，数量在 300 万家以上。我国是世界上体育用品业的产业数量最多的国家，但是绝大多数体育用品企业均呈现小规模生产格局，体育用品企业数量同全行业建设规模之间未能形成正比例关系，且体育用品企业的运营质量参差不齐。

通过实地调研得知，我国体育用品业在营销市场中呈现小规模运营局面，且营销产品质量相对比较差，缺乏市场集中度。在“互联网+”的作用下，我国不少企业用品产业逐步朝着集中化的方向发展，但是并没有将集中化生产营销理念深入贯彻落实到体育用品业的每一个运营环节，“集中化”运营呈现“挂羊头，卖狗肉”的局面。

3. 我国体育用品行业管理体系有待健全

体育用品市场具有较强的竞争性，是一个竞争性市场，需要体育用品市场在运营与发展过程中充分将体育用品行业协会在竞争性市场中所具备的引导作用充分地发挥出来，实现对体育用品市场的优化与整合，使体育用品市场逐步朝着规范化、一体化、现代化的方向发展。互联网技术在体育用品转型与发展中发挥着重要作用，有效冲破传统体育用品行业在运营与管理工作中的束缚，紧跟时代发展潮流，全面推动体育用品业的发展与变革。但是，我国不少体育用品行业在运用互联网技术开展产品生产、产品营销活动时，并没有及时对现行管理体系进行改革与优化，导致体育用品行业管理体系难以满足新时期“互联网+体育用品”产业的实际发展需求，一系列新型假冒伪劣产品层出不穷，对我国体育用品业的发展造成严重制约。

自我国体育用品联合会加入世界体育用品联合会后，至今并没有针对我国体育用品行业制订新的发展计划、拟定新的行业规章、协调新的产业间发展关系，导致我国体育用品业行业管理体系呈现不规范、不健全、不合理的局面，严重缺乏体育用品行业的相关法律、制度，政府部门对体育用品产业的监督、管理、控制工作未能全面落实，侵害知名企业的知识产权、假冒伪劣产品、出口产品竞相压价等不正当竞争行为日益加剧。

4. 我国体育用品业未能形成多元化发展战略

在市场经济全球化的背景下，我国体育用品业较大部分依赖于体育用品出口活动，对出口活动依存性相对比较高，并没有形成与之相适应的多元化产业发展结构，难以迎合市场经济多元化发展的潮流。通过对当前体育用品业出口情况进行调查得知：全行业的出口依存度为30%，其中运动服装、运动鞋等体育用品产业出口依存度高达50%；我国体育用品业的出口依存性主要集中表现在欧美地区，例如，我国体育用品业对美国出口总额度是美国体育用品进口总额度的53.2%，这种较高的依存度在无形中增加了我国体育用品业的市场运营风险，增加了世界经济贸易的摩擦。

因我国体育用品业未能形成多元化发展战略，在未来社会发展进程中，我国体育用品业应充分利用互联网产业在世界经济全球化发展中的应用优势，逐步转变我国体育用品业对外出口模式，将原有注重数量转变为注重质量，使我国能够由世界体育用品业数量大国转变成为世界体育用品业的质量大国，摒弃传统单一的营销渠道，注重现代多元化营销渠道的构建。

5. 我国体育用品业在国际市场中的竞争力存在诸多不足

在国际化发展的背景下，我国体育用品市场走入一个全新的发展平台，尤其是在“互联网+”产业的带动下体育用品市场趋于稳定化、成熟化。随着社会的不断发展，世界贸易活动日益密切，对全球范围内资源配置的科学性与合理性重视度日益提升，想要使我国体育用品业在国际市场中长期占据一席之地，需要我国体育用品业充分利用国内外体育用品业的相关市场以及国内外体育用品业的发展市场。在我国“走出去”与“引进来”战略的带动下，我国部分体育用品企业积极参与到“走出去”与“引进来”的战略活动中，但是在实际实施过程中并没有达到真正的“走出去”，且“引进来”的效果也并不理想，主要源自我国体育用品业在国际市场中所拥有的国际竞争力相对比较低，在后期的发展中有待提升。

我国体育用品业在国际市场中的竞争力存在诸多不足，对我国体育用品业的长期、可持续发展造成严重的制约，严重影响到我国体育用品业在国际市场中的发展地位。因此，在新时期发展的背景下，我国体育用品业在国际竞争日益激烈的环境中不断学习、不断探索，正式踏上一条求生存、谋发展的道路，充分利用“互联网+”相关战略理念及其相关技术，不断提升我国体育用品业在国际市场范围内的竞争力，积极主动地参与到世界体育用品行业的全球分工合作活动中，将原有被动参与转变为主动参与。

6.我国体育用品业同体育用品服务业之间缺乏联系

在市场经济条件下，我国体育用品业的各项生产活动、销售活动与应用活动主要将各类体育服务市场作为沟通桥梁，将体育用品市场视为开展体育运动专业市场。从国际体育用品产业设计与研发视角来看，国际体育用品的产品设计与产品主要由三部分构成，即“场地”“组织”“活动”。通过将我国体育用品业与国际体育用品业的运营结构进行对比分析，从中得知：我国体育用品业在产品营销、产品推广方面存在极大的欠缺，同体育用品服务业之间缺乏联系。

为此，在新时期发展的背景下，我国体育用品业想要紧跟国际体育用品业发展的步伐，进一步扩大体育用品业在我国市场经济体系中所占据的份额，需要不断加强自身生产经营活动与体育服务市场之间的联系，在增加产品产量、提高产品质量的同时，借助互联网技术对体育用品服务进行优化。

7.我国体育用品业高素质体育人才相对比较匮乏

通过将我国体育产业发展水平与国外发达国家体育产业发展水平进行对比，我们能够发现，我国体育用品业在高素质体育人才方面相对比较匮乏，具体主要表现在以下三个方面：其一，缺乏高素质的企业家。我国体育用品业的产业数量众多，体育用品业的产业主体多属于民营企业或者是乡镇企业，体育用品业管理者的综合素质普遍偏低，缺乏长远的发展意识，生产、营销、管理活动中技术含量普遍偏低，建设规模相对比较小。其二，缺乏高水平营销人才。受我国社会政治、经济、文化、科技等因素的影响，我国现有人才体系中对国际市场熟悉的人才相对比较少，且不少人才思维意识相对比较固定，缺乏创新意识，无法拓展国际贸易渠道。其三，缺乏专业化的产品设计人才与产品研发人才。任何产品的生产与营销活动，均离不开对产品的设计与研发，我国长期忽视对创新性人才的培养，导致我国现有体育用品业人才中多数缺乏创新意识，严重制约我国体育用品业的发展与进步。

随着我国社会的不断发展，市场竞争力日益提升，体育用品业逐步提高对市场化运营模式的重视，通过将“互联网+”产业同“体育用品”产业整合到一起，不断优化体育用品业流程，明确产品生产、产品营销的各个流程，使每一位体育用品业的工作者均能够明确个人职责，注重对产品设计人员、产业研发人员的培养与提升，激发产品设计人员、产品研发人员的创新意识。

8. 我国体育用品业营销部门职能与结构有待优化

“互联网+体育用品”业的形成与构建，需要体育用品业及时对营销部门的各项职能与营销结构进行优化与整合，确保体育用品业的营销活动能够有序开展。但是不少体育用品业依然运用传统营销结构，各营销部门的职能缺乏明确性，未能有效利用互联网技术开展体育用品的营销互动。

为此，各大体育用品企业需要全面提高对营销部门机构优化、职能管理工作的重视，明确营销部门与设计部门、销售部门之间的联系，全面做好营销部门的结构整合工作，为“互联网+体育用品”业的发展奠定理论依据。

（三）“互联网＋体育用品”业在市场中所形成的连锁营销模式

连锁营销模式是信息技术发展初期，我国体育用品业所形成的一种经营管理模式，由体育用品业的总公司统一下发经营指导方针，各地区连锁店成分散经营状态。这种营销模式使体育用品业朝着系统化的方向发展。

1. “互联网+体育用品”业连锁营销模式的形成与构建

通过市场调研得知，“互联网+体育用品”业在我国体育市场中所形成的连锁营销模式主要有三种形式：一种是“自由连锁”形式，一种是“正规连锁”形式，另一种是“特许连锁”形式。

（1）“自由连锁”营销模式。

拥有独立所有权的商店自愿集中到同一个采购联营组织并由同一个管理中心进行控制、引导的经营模式被称为“自由连锁”营销模式。因此，“自由连锁”营销模式下各分店享有独立的所有权与经营权，各个分店在财务核算、物质核算、人员核算过程呈单独核算形式，每一个分店均自愿参与到联合活动中，整个管理过程十分注重管理活动的统一性。

（2）“正规连锁”营销模式。

“正规连锁”又被称为“公司连锁”“直营连锁”“所有权连锁”或者是“联号商店”。“正规连锁”营销模式是由总公司对各分店进行集中引导、统一管理，且各分店的所有权与经营权均归总部所有。

（3）“特许连锁”营销模式。

“特许连锁”又被称为“合同连锁”“加盟连锁”或者是“契约联合店”，是一种通过契约方式达到零售经营目的的营销模式，各分店虽然不具备经营管理的自主权，但是拥有独立的财产权和独立的法律地位。

2.“互联网 +”连锁营销的支持系统

“连锁营销”模式的运行需要依靠物流系统与信息系统的支持，在互联网技术的作用下，构建与之相适应的物流系统与信息系统，实现对各分店信息的及时控制与处理。

（1）物流系统。

利用互联网技术构建物流系统，能够最大限度地将连锁企业同市场运作结合到一起，用拉动式业务模式带动企业业务运行模式，不断降低产品库存量，增加企业经营品种，有效提升企业运行活动的灵活性，增强客户对企业物流服务的满意度与认可度。

（2）信息系统。

利用互联网技术构建信息系统，将产业供应链的各项信息记录其中，集团公司、经销商可对信息系统实施建设与投资。

（四）“互联网＋体育用品”业在市场中所形成的互联网营销模式

随着我国互联网产业、电子商务产业的日益成熟，人们对互联网平台的依赖性越来越高。在“互联网+”理念的推动下，我国体育用品产业迎来一个全新的发展机遇，通过将互联网技术运用到体育用品产业的营销活动中，构建体育用品互联网营销模式，能够有效开阔体育用品业在我国市场经济中的发展空间，为我国体育用品业的发展带来新的发展思路，全面推动我国体育用品业的发展与进步。

1. 移动互联网对体育用品业营销模式的创新

相关数据显示，“网购”成为当代消费者的重要方式，这不仅是新时期一种新型社会风气，还是我国居民生活理念转变的重要表现。因实体经营成本不断上涨，对经营模式进行创新与改革成为企业运营活动的必然发展方向。通过对我国当今体育用品市场进行研究得知，在移动互联网技术的作用下，我国体育运动实体产业备受冲击，具体表现在以下两个方面：

（1）消费者的消费行为、消费习惯发生改变。

在整个市场运营体系中，消费者是市场运营的主体，消费者的消费意识直接决定着市场的整体发展方向。随着社会的不断发展，我国广大社会群体对运动、健身的重视度日益提升，消费观念逐步朝着运动、健康、成熟的方向发展，继而形成健康的生活理念。在“互联网+”理念的作用下，虽然广大消费群体在体育用品方面的消费意识逐年上涨，但是“网络电商平台”的兴起为广大消费者提供了广阔的消费空间，这种消费空间具有较强的虚拟性、便捷性，使消费者能够足不出户完成某种体育用品的挑选活动与购买活动，有效节省消费者的购买时间，打破传统体育用品业在营销时间、营销空间上的束缚，且网络电商平台节省中间环节的输出，为消费者提供的价格相对比较优惠，备受广大消费全体的欢迎与认可。

（2）快递物流行业与电子支付行业的发展。

现如今，我国互联网电商发展日益成熟，在我国市场经济中占据重要地位，无形中带动了我国快递物流行业与电子支付行业的发展，使我国快递物流行业与电子支付行业逐步走向成熟，电子货币体系日益完善，电子支付成为我国“互联网+体育用品”业各项营销活动的重要依托。

2. 体育用品移动互联网营销模式的实施途径

（1）全面落实营销渠道建设工作。

构建移动互联网技术的营销模式，需要全面提高对营销渠道建设工作的重视，从我国体育用品业现阶段发展的实际情况出发，构建与之相适应的营销渠道，并在“互联网+体育用品”产业发展过程中不断对现有营销渠道进行完善与整合，拓展体育用品产业营销平台，为体育用品营销活动提供有效载体。根据自身产品的营销情况，选择与之相适应的产品营销平台。例如，淘宝网、天猫商城、京东商城、苏宁易购等多个具有影响力的互联网销售平台，以自身发展为依托，搭建营销平台，根据体育用品的具体情况将相关介绍放到网络营销平台上，为客户下单提供可靠的理论依据。随着智能终端的广泛运用，体育用品企业能够根据自身产品在市场上的定位、销售量，自主研发与之相适应的APP客户终端，有效提升体育用品销售量。与此同时，体育用品企业还需要提高对分销商、代理商的重视，最大限度地扩大体育用品的覆盖面。为此，体育用品业在利用互联网技术构建移动互联网营销模式时，需要事先做好体育用品业移动互联网平台的搭建工作，为客户资源导入提供突破口。

（2）全面提高对营销活动的重视。

现如今，我国市场经济体系日益成熟，已从传统卖方市场转变成为买方市场，在花样繁多的商品面前，体育用品业如何准确圈定消费者群体，需要体育用品业从营销模式构建过程着手，将营销策划工作全面落实到位。体育用品业开展营销活动，需要将营销策划为依托，组织开展与之相适宜的优惠活动，以此激发消费者的购买欲望，提升体育用品的成交率。例如春节、元宵节、端午节、中秋节、万圣节、圣诞节以各种中外节日为主题，开展体育用品的销售活动，一方面可设计生产与节日主题有关的体育运动产品，对这些体育运动产品进行限量销售；另一方面可对销售量相对较低的产品实施打折处理，通过打折前后的价位差刺激消费群体的购买欲望。“3·7女神节”“618年中大促”“双11大抢购”“双12大抢购”等均是移动互联网电商发展的重要衍生物，商家为了促进消费，在3月7日、3月8日期间展开一系列以女性用品为主题的促销活动，体育用品业正是抓住这一发展契机，在3月7日、3月8日期间着重针对女性体育用品展开一系列的促销活动，并借助女性体育用品的输出带动男性体育用品的销售；“母亲节”“父亲节”“教师节”体育用品业将打出一系列以母亲、父亲、老师为主题的营销广告，深入挖掘市场中的潜在消费群体；季节交替时期，体育用品店分别以“春季踏青”“夏季清凉”“秋季漫步”“冬季保暖”为主题，针对不同种类的运动产品进行销售。

（3）树立良好的品牌形象。

在“互联网+”发展的背景下，产品形象对消费者购买欲望的影响越来越大。因网络电商消费平台具有较强的虚拟性，消费者对网购产品的认知主要依靠网络电商对营销产品的评价及已购买用户对网购产品的评价，虽然每一家网络电商均会对本公司产品做出良好的介绍，但是因电商的线上服务、线下服务存在一定的问题，导致不少消费者对网络电商做出诸多不良评价，进而影响到网络电商在大众消费者心目中的品牌形象，降低消费者对网络产品的购买力度。体育用品为提升在网络营销平台的营销力度，需要全面提高对品牌形象的重视，从多方面着手，在公众面前树立良好的品牌形象。为此，体育用品业应从自身产品特点出发，明确品牌在市场中的定位，设置与之相适应的品牌形象，并做好相应的推广工作；落实产品包装设计，合理选择产品外包装的图案，做好色彩搭配工作；设计独具匠心的宣传用语，增强品牌推广效果。

（4）全面提高对客户服务质量的重视。

“互联网+体育用品”产业在网络营销活动中，因庞杂、复杂的工作量，体育用品从设计到生产，再到后期的销售与运输，不仅操作环节众多，所涉及的操作人员也很多，出现问题是不可避免的。问题已经发生，一味地推脱责任、逃避问题是不可取的行为，尤其对于“互联网+体育用品”产业的发展而言，合理地解决问题，最大相对降低问题对消费者、对经营者的影响才是最重要的，需要“互联网+体育用品”产业全面提高对售后服务工作的重视，不断完善客服体系，优化客服结构，第一时间对消费者在购买体育用品中所存在的问题进行锤炼，切实维护广大消费者的合法权益。

（五）“互联网+体育用品”业市场化运营的方法

在“互联网+”发展的背景下，我国体育用品市场步入一个全新的发展空间，体育用品运营结构发生极大的改变，使我国体育用品业逐步朝着市场化的方向发展，需要我国体育用品业全面提高对产业整形与优化工作的重视，尽最大努力为客户提供便利、周到的服务，最大限度地满足消费者的各项需求，全面落实消费场所的构建工作，为体育用品的各项营销活动提供与之相适应的发展空间。

1. 为顾客提供周到的服务和便利

在“互联网+”的作用下，体育用品开辟了新的发展平台，有效扩大体育用品在市场中的营销范围，最大限度地满足客户的各种需求。体育用品产业在“互联网+”发展的背景下，应全面提高对客户服务工作的重视，从多渠道、多视角出发，为客户提供更周到的服务，使客户能够在消费过程中充分享受到“互联网+体育用品”产业所带来的便利。从市场营销学视角来看，消费者在购买体育用品时，主要以个人兴趣与消费习惯为依据，选择固定的体育用品企业或者是体育用品品牌，并在消费过程中愿意更换或者是适应新的体育用品企业或者是体育用品品牌。随着人们生活节奏的不断加快，消费者外出购物的时间相对比较少，“互联网+体育用品”产业的形成与构建为快节奏的生活方式提供了极大的便利，有效满足消费者的各项需求。

在新时期发展的背景下，市场竞争日益激烈，企业想要长期在市场发展中占据一席之地，需要在最短的时间内快速吸引广大受众群体的注意力，并使顾客成为企业营销产品的忠实粉丝，在潜移默化中使客户养成长期使用本企业营销产品的习惯。为此，营销企业需要不断优化消费者的购物方式，最大限度地为消费者提供便利，及时更新产品的营销信息，及时对消费者在产品购买过程中所存在的问题做出解答，将产品的售前推广与产品的售后服务工作全面落实到位。

2. 合理选用企业与利益相关者的营销方式

在“互联网+”理念的深入推广下，企业与企业之间的联系日益密切，需要企业同利益相关者进行科学处理，做好企业与利益相关者之间关系的构建工作、维护工作与巩固工作，使企业能够在良好的利益关系下达到相应的营销目标。

就单个的体育用品企业来讲，企业与利益相关者之间的关系直接影响到企业发展的经济环境与外部环境，企业在发展进程中不仅需要适应外部环境，还需要对外部环境实施一系列的改善活动，科学处理好企业营销与企业管理之间的关系。

在企业与利益相关者之间关系的营销活动中，供应商、经销商、中间商、政府部门、竞争者、消费者、社会组织等均属于企业的利益相关者，对企业同外部环境之间的关系实施模糊处理，使企业能够全面加强同外部关系之间的联系，全面做好组织服务工作。

3. 最大限度满足消费者的个性需求

从我国传统体育用品营销市场来看，体育用品业的一切营销活动均是将企业自身发展作为突破口，体育用品从企业到消费者之间的流通渠道相对比较简单，且具有单一性与固定性。在传统体育用品产业开展商品生产与营销活动之前，均会对体育运动产品在市场中的供应情况与需求情况进行调查，将市场调查结果与相关信息统计结构作为产品设计与产品生产的理论依据，借助广泛的销售渠道实施体育产品信息的推送工作。这种营销模式使广大消费者长期处于被动地位，在营销过程中存在极大的弊端。通过调查研究得知，传统体育用品业在各个方面所拥有的技术水平相对比较有限，无法了解消费者在体育用品方面的个性需求；传统体育用品市场将消费者需求置于体育运动产品影响活动的底层，消费者体育用品方面尚未形成个性的需求。

在信息技术的作用下，体育用品业逐步与互联网产业联合到一起，构建“互联网+体育用品”产业新格局。“互联网+体育用品”产业同传统体育用品产业之间存在本质差异，即消费者变被动为主动，体育用品业对消费者的个性需求给予高度关注。“互联网+体育用品”产业在设计与生产过程中，根据消费者的个性需求，结合体育用品业在社会中的发展趋势，为消费者提供与之相适宜的体育用品产品，确保体育用品的针对性与个性，有效提升消费群体对体育用品的满意度与认可度。另外，“互联网+体育用品”产业可借助互联网技术开拓体育运动产品的营销渠道，根据消费者的个体需求将与之相适应的运动产品广告推送出去，有效提升体育运动产业在市场范围内的影响力与号召力。

第六节　体育产业结构优化的路径选择

一、体育产业结构优化的可选路径

（一）市场行为

市场经济条件下，社会经济的运行要以市场为基础调解者，资源的配置要依靠价格机制来实现，市场主体可自由竞争。市场供求和价格机制是促进体育产业结构优化的两个关键。在体育生产要素市场与体育产品市场中，通过对供求与竞争关系的协调来对体育资源进行配置，促进具有竞争力的体育产业快速发展，可以使人们的经济意识和体育需求得到更好的实现与满足，可促进交易成本的降低和体育经济运作效率的提高。在体育产业结构的这一优化过程中，结构变动是以市场价格为信号的，经济主体以决策机制为依据来制定分散决策，以动力机制为主来避免损失、增加利润，以实现机制为核心来实现利益的横向转移。

具体来看，市场行为具有如下几方面优势：

（1）市场对专业化生产持肯定态度，其以市价信息为基础发挥自身的作用，这一点要比政府的分配作用更占优势。

（2）以市价为基础而决出优胜者，这是对产出加以鼓励的最有效制度。

（3）市价没有租值耗散的浪费的竞争准则。

（二）政府行为

作为促进社会经济顺利运行的宏观调控者，政府通过国家计划来发挥作用，从而促使体育产品和体育资源的供给与需求达到平衡状态。政府干预经济活动、促进资源优化配置、推动体育产业发展的主要手段是经济杠杆、产业政策。在体育产业结构的优化过程中，政府以现有产业结构状况为依据来预测产业结构的变动，以经济发展的总目标为出发点，通过纵向等级层次将计划指令发给经济主体，以对部门间的供求格局进行调整。政府一般以整个国家为背景来对体育产业发展的方向、速度、规模及重点等进行确定，为国家体育产业的总体发展勾画大致的轮廓。

政府宏观调控的优势主要体现在以下两个方面：

（1）政府这一组织是针对全体成员的。

（2）政府拥有的强制力是其他经济组织所不具备的，有效的市场配置离开政府的干预就不可能实现。

二、推动我国体育产业结构优化的对策

从当前我国体育经济的发展情况出发，为了促进体育产业结构优化升级速度的加快，应有效整合体育产业核心资源，促进产业带动效应和后发优势的充分发挥，实施跨越式发展方案。通过采取多方面的措施来促进体育产业结构优化的全面实现。具体来说，我国体育产业结构的优化可以采取如下对策。

（一）明晰体育事业与体育产业的关系

《国民经济和社会发展第十二个五年规划纲要》第十篇第四十四章首次以“繁荣发展文化事业和文化产业”为题，提出：“坚持一手抓公益性文化事业、一手抓经营性文化产业，始终把社会效益放在首位，实现经济效益和社会效益有机统一。”这对文化事业、文化产业的内涵及外延进行了明确，对促进文化事业的繁荣和推动文化产业的协调发展指明了科学的路径与方向。

当前，理论界的一些学者没有明确体育事业与体育产业的概念及区别，将两者混为一谈，一些体育部门的领导更是如此。针对这一情况，要优化升级体育产业结构，首先必须对体育产业及体育事业的概念与关系进行明确，并了解两者在生产目的、资本来源、服务对象、运营机制、调控方法等方面的不同之处，既不能因为发展体育事业而使体育产业的市场化发展受到制约，也不能因为发展体育产业而使体育事业的发展走向庸俗。从体育产业的发展实践中可以发现，体育的发展不但能够为国家带来荣誉，为人民提供服务，还可以给国家带来经济价值与利益。所以，应该对体育事业和体育产业的关系及区别加以明确，并对体育产业发展带来的效益进行充分的认识，如刺激消费、促进经济结构的优化、推动国民经济的发展等。

（二）对体育产业主导产业审慎选择

在对体育产业政策进行制定时，应充分发挥政府的选择引导作用，并通过

市场运作、科学规划来对体育主导产业进行谨慎选择。一般将体育主导产业定位为健身娱乐业、竞赛表演业、体育培训业，政府要重点对这些产业的发展予以政策扶持，促进其快速发展。优化这些体育产业结构，可以使各个产业之间的发展产生密切的联系，使其互为基础、相互依托。通过发展这些主导产业，可以起到如下几方面的效果：

（1）发展主导产业，能够拉动其他相关体育产业的发展，如体育用品制造业、销售业等，进而使体育主导产业的回顾效应得到充分的发挥。

（2）发展主导产业，能够推动体育场馆经营、体育组织、体育传媒、体育彩票、体育中介的发展，进而促进体育主导产业前瞻效应的充分发挥。

（3）发展主导产业，能够促进周边餐饮、会展、旅游、通信、房产等行业的发展，进而促进体育主导产业旁侧效应的充分发挥。

作为体育产业的主导产业，体育竞赛表演、体育健身娱乐、体育技能培训不但扩散效应较强，而且结构转换效应也较为突出，能够相互依托、相互促进。随着生活水平的提高，人们的健身意识与观念逐渐增强，对体育的需求也日益多元，并通过参与体育技能培训来对体育活动技能进行掌握，这就能够对体育健身娱乐业的发展起到一定的推动作用。人们在参与体育运动的过程中，也会关注一些自己喜欢的项目赛事，这又能够推动体育竞赛表演业的快速发展。同样的道理，人们关注自己喜欢的项目赛事后，对该项目的兴趣也更加提高了，而且产生了学习该项目技能的强烈要求，并通过参与技能培训来获得技能，这对体育技能培训业、体育健身娱乐业的发展同样具有积极的促进作用。

体育技能培训业、健身娱乐业、竞赛表演业作为体育产业的核心产业，能够发挥关联链式效应，对体育产业行业的整体发展产生一定的拉动效能。这些产业的发展对中间需求的扩张又会产生强有力的刺激作用，如推动大型体育赛事的举办，促进城市体育设施建设，城市基础设施建设对于城市整体功能的扩展也有积极的影响。此外，体育核心产业的发展也能够促进人们体育价值意识与观念的强化，意识与观念的发展能够有效地促进实践的发展，体育经济增长与体育产业结构的优化也有了很大的希望。

第四章

“互联网+”背景下我国体育产业的运营与管理

随着“互联网+”理念的提出，我国体育产业逐步将互联网技术运用其中，实现互联网产业与体育产业之间的融合，为我国体育产业市场的运营活动与管理工作带来全新的发展机遇。为此，本章将我国体育产业中的竞技体育作为切入点，通过了解我国竞技体育在“互联网+”背景下的发展情况，探讨“互联网+”背景下我国体育产业市场的运营模式与管理方法，并对我国休闲体育文化产业的发展方向进行预测。

第一节　互联网+体育产业中竞技体育的发展

一、竞技体育产业的属性

竞技体育是体育产业中的重要组成部分，在“互联网+”背景下所形成的“互联网+竞技体育”是将“竞技体育”作为发展核心，将互联网技术运用到体育运动项目的开发活动中，从而打造出体育赛事等“互联网+竞技体育”的延伸产品，为我国竞技体育产业提供更优质的服务。通常情况下，大型、高质量、高水平的体育赛事能够有效激发广大体育消费群体的参与欲望，从而促进整个体育产业的发展与变革。

从体育产业的发展进程来看，竞技体育产业在市场中的应用与推广能够有效提升体育产业的市场效益与经济效益。为此，本节将从“互联网+竞技体育”产业的概念、基本要素、经营阶段分别着手，探讨竞技体育在市场经济中的发展属性。

（一）“互联网+竞技体育”产业的概念

现如今，我国对于“互联网+竞技体育”产业并没有给出一个全面、统一的界定，仅是由学术人员从不同角度出发，对其进行解释与判断。随着社会的不断发展，“互联网+”理念在我国社会各个领域广泛推行，关于“互联网+竞技体育”产业概念的研究内容众多，相对比较典型的一种学术理论要数张庆春和马国义对“互联网+竞技体育”所做出的解释：“互联网+竞技体育”产业是一种将俱乐部作为实体，将运动员竞技表演作为商品，将互联网作为营销渠道，将利润最大化作为目的的互联网体育产业营销活动。

（二）“互联网+竞技体育”产业的基本要素

关于“互联网+竞技体育”产业基本要素的研究活动同样有很多，不同的专家、学者分别从不同的视角出发，对“互联网+竞技体育”的构成进行解释。在“互联网+竞技体育”产业基本要素研究中，众多研究学者均将竞技体育产业视为一个具有复杂性、系统性的工程，将“互联网+竞技体育”项目基地、龙头竞技体育项目、竞技体育俱乐部等内容视为“互联网+竞技体育”产业的基本构成要素。

（三）“互联网+竞技体育”产业经营阶段划分

纵观我国竞技体育的发展历程，可将我国竞技体育大体分为三个发展阶段，即孕育阶段、起步阶段与发展阶段。

1.孕育阶段

“互联网+竞技体育”产业孕育阶段是我国“互联网+竞技体育”产业的形成时期，该时期的构建与形成与我国政府部门所提出的改革开放政策具有密不可分的关系，使“互联网+竞技体育”能够在未来的发展中朝着产业化的方向发展。从社会发展视角来看，体育社会化的发展趋势，为我国“互联网+竞技体育”产业化经营指明发展方向；从经济发展视角来看，竞技体育产业从原有的国家承办转变为社会承办。

2. 起步阶段

“互联网+竞技体育”产业起步阶段是我国“互联网+竞技体育”朝着产业化方向经营的第二个发展阶段。我国政府部门在市场经济发展中起到重要的宏观调控作用，“互联网+竞技体育”产业的发展自然离不开政府部门各项宏观调控政策的支持。自我国政府部门制定社会主义市场经济体制后，传统计划经济逐步转变为市场经济，促使我国“互联网+竞技体育”朝着实体化、职业化、市场化的方向发展。

3. 发展阶段

“互联网+竞技体育”产业发展阶段是我国“互联网+竞技体育”产业发展的第三个阶段，是“互联网+竞技体育”产业化经营与发展的第二个阶段。因我国国民经济增长点逐步更新，政府部门、社会领域对竞技体育产业的重视度不断提升，我国体育产业得到高速发展，对体育产业经营管理的规范化要求不断提升，在市场范围内形成新的竞技体育发展格局。

二、“互联网+竞技体育”产业形成的条件

（一）基本条件

相关研究显示，“互联网+竞技体育”产业的形成与发展离不开“互联网+竞技体育”在市场中的商业价值与消费价值，为保证“互联网+竞技体育”产业能够顺利运营，需要有健全的市场经济体制的支持，使“互联网+竞技体育”能够逐步朝着产业化的方向发展。

1.“互联网+竞技体育”所拥有的商业价值与消费价值

“互联网+竞技体育”所拥有的商业价值与消费价值为“互联网+竞技体育”产业的形成与构建提供基础。在竞技体育产业体系中，“互联网+竞技表演服务”为竞技体育产业的营销产品提供供给主体。“互联网+”理念在竞技体育中的应用可以有效提升竞技体育的市场发展动力，提升竞技体育在整个市场体系中的发展地位，有效扩大竞技体育在市场经济发展中的消费结构，优化整个市场经济结构，为竞技体育的发展奠定基础。

关于“互联网+竞技体育”的研究众多，不同的专业学者从不同的研究视角出发，探讨“互联网+竞技体育”的联合渠道、发展渠道及未来产业方向。就体育消费与体育产业之间所存在的发展关系而言，相关研究学者将21世纪作为体育产业的研究背景，对体育产业在市场经济体系中的经济增长点进行探讨

与分析，了解体育消费活动同体育产业形成之间的关系。实践研究得知，体育消费群体的形成为体育产业的形成与构建提供发展市场，体育产业的形成与构建满足体育消费群体的各项需求，只有体育消费与体育产业维持在一个平衡状态，才能够促进体育市场的形成与构建。就体育消费的市场价值而言，相关研究学者分别从体育消费活动的社会视角、经济视角、体育视角出发，探讨体育消费在社会活动中所拥有的社会价值、在经济活动中所拥有的经济价值、在体育活动中所拥有的市场容量，研究结果显示，体育消费活动对我国社会、经济、体育领域的发展具有积极的促进作用，即将成为我国国民经济新的增长点。就体育消费与体育产业之间的关系而言，相关研究学者曾做出如下论述：体育消费是体育产业的出发点与落脚点，体育消费由体育产品的生产活动、分配活动与交换活动构成，与此同时，体育消费活动的开展对体育产品的生产活动、分配活动、交换活动具有一定的影响；体育产业的发展能够促进体育消费活动的开展。

现如今，国内外关于“互联网+竞技体育”价值的研究相对较少，现存的研究内容仅围绕“竞技体育的直接效果”开展，对“竞技体育的价值层面”研究少之又少。就现存的“竞技体育的价值”研究成果来看，“竞技体育的价值”的研究核心主要表现在以下三个方面：其一，将运动员作为竞技体育的价值主体；其二，工具价值与目的价值是“互联网+竞技体育”的价值表现；其三，时效性、社会性、一元性、多维性、主体性与客观性是竞技体育的价值特点。

2.“互联网+竞技体育”产业的形成与构建离不开市场经济体制的支持

自社会主义市场经济体制形成后，我国传统计划经济转变为社会主义市场经济，体育产业化倾向日益明显，全面促进了我国竞技体育的发展。在整个社会发展浪潮中，竞技体育能否朝着产业化的方向发展，最终是否能够成为市场经济体系中的一种产业，受内外多种因素的影响，而在众多的影响因素中，市场中的需求价值与商业价值是影响竞技体育产业化发展的根本因素与核心因素，且国家所实施的基本经济体制对竞技体育同样有重要影响。在体育产业化、竞技体育产业化发展的进程中，均离不开市场经济体制的支持，只有健全、完全的市场经济体系才能够为体育产业化、竞技体育产业化的发展提供有力保障。相关研究显示，市场经济体制中，只有对社会资源进行充分利用，才能够使竞技体育需求科学、有效地聚集在一起，将竞技体育所具备的商业价值充分地展现出来。

3.“互联网+竞技体育”产业的形成与构建需要拥有产业化特征

产业化是一切产业活动的基本特征。“互联网+竞技体育”想要形成“互联网+竞技体育”产业，离不开“互联网+竞技体育”朝着产业化的方向发展。在“互联网+”的作用下，体育事业的基本运作方式朝着市场经济的基本方向发展，使原有的体育事业逐步发展、演变成为体育产业，产业化为竞技体育的形成与构建提供制度条件。就我国当前体育产业化发展进程来看，体育产业化理念不断更新，对体育产业化的要求日益提升，需要体育部门不断提升自身在市场发展中的影响力与号召力，全面提高对体育服务产业的重视，将体育产业的各项服务工作全面落实到位，科学控制好体育产业的供需平衡，注重体育产业的市场经济效益与社会发展效益，使体育产业能够综合发展。在“互联网+竞技体育”产业的形成与构建过程中，政府部门应积极做好宏观调控工作，不断优化国家投资形式，尽可能使体育产业发展成为增值产业。

“互联网+竞技体育”朝着产业化方向发展，是“互联网+竞技体育”机制转化的重要举措。在“互联网+竞技体育”产业发展进程中，体育产业的发展与变革同市场经济发展的运行机制、一般规律之间具有密不可分的关系，需要体育产业的相关负责人正确使用法律手段、经济手段对其进行控制与处理，推动体育产业的优化与整合，为体育产业的自身价值与商业价值提供保证。

（二）“互联网+竞技体育”产业化的具体形成条件

“互联网+竞技体育”产业化发展进程中，要想保证“互联网+竞技体育”在市场经济体系中形成“互联网+竞技体育”产业，需要具备以下三方面条件：

1.“互联网+竞技体育”产业化发展需要保证需求量能够达到特定标准

竞技体育是社会生活中一种特殊的行为活动、经济活动，社会中对竞技体育的需求量直接决定着竞技体育在社会经济体系中是否能够成为独立的产业，影响着竞技体育产业在市场经济体系中的生存状况。在“互联网+”发展的背景下，对“互联网+竞技体育”需求量的理解需要从以下三个方面着手：

（1）实现收支平衡。“互联网+竞技体育”的需求量为“互联网+竞技体育”产业的形成与构建奠定了基础。与此同时，为满足市场中“互联网+竞技体育”的需求量，“互联网+竞技体育”需要做好相应的产业供给工作，尽最大努力满足市场中消费者对“互联网+竞技体育”的各项需求，并做好供给工作的控制工作，有效维持市场供给与市场需求之间的平衡，使“互联网+竞技体育”在市场经济体系中运作过程能够达到收支平衡状态。

（2）激发参与热情。“互联网+竞技体育”的需求量能全面激发竞技体育产业人员的热情，最大限度地开发运动人员的运动潜能。

（3）挖掘潜在受众。在竞技体育活动中，多数“互联网+竞技体育”的需求者均属于观赏者，在“互联网+竞技体育”需求量的作用下，能够在潜移默化中将一部分观赏者转变为参与者。

由此可见，“互联网+竞技体育”产业拥有较强的互动性，能够加强运动员同受众之间的交流与互动，有效维持观赏需求与参与需求之间的关系，以此达到循环性影响。

2.“互联网+竞技体育”产业化发展需要保证在竞技体育方面投入的经济资源能够达到特定标准

在“互联网+竞技体育”的背景下，将竞技体育发展成市场经济运营中一个相对独立的产业，需要保证“互联网+竞技体育”能够满足最基本的投入量与产出量，并在整个市场经济体系中形成一定量的运营规模。在“互联网+竞技体育”产业运行活动中，要想构建“互联网+竞技体育”产业需要满足以下两方面的基本要求：其一，满足维持产业本身运行资源整合的基本要求；其二，满足维持竞技体育市场运行支付的必要需求。一般情况下，“互联网+竞技体育”产业化发展进程中会出现三种不同的发展状态，即“互联网+竞技体育”的职业化、“互联网+竞技体育”的半职业化、“互联网+竞技体育”的非职业化。

3.“互联网+竞技体育”产业化发展需要保证“互联网+竞技体育”建设规模与建设水平达到特定标准

就“互联网+竞技体育”产品供应者而言，“互联网+竞技体育”产业的形成与构建，需要保证“互联网+竞技体育”在市场经济发展体系中拥有一定的建设规模与发展水平。具体而言，“互联网+竞技体育”产业的形成与构建，不仅需要“互联网+竞技体育”产业所提供的营销产品在市场经济运营体系中拥有足够的吸引力与观赏价值，还需要“互联网+竞技体育”在市场经济运营体系中占据一定份额的需求规模。就“互联网+竞技体育”产品消费者而言，“互联网+竞技体育”产业的形成与构建对消费基础具有一定的要求，需要“成熟者”“热情者”“保守者”为竞技体育产业的建设与发展共同提供支撑。“互联网+竞技体育”产业化的发展进程，需要将“互联网+竞技体育”产业在市场运营过程中的产品供应者与产品消费者紧密地联系到一起，科学处理好供需平衡，不断扩大“互联网+竞技体育”在市场中的建设规模与建设水平。

三、“互联网+竞技体育”产业的体系及其发展模式

（一）“互联网+竞技体育”产业体系的构建

在“互联网+”发展的背景下，通过将互联网产业与竞技体育产业结合到一起，形成一种全新的体育产业模式，即“互联网+竞技体育”产业。在新时期发展的背景下，“互联网+竞技体育”已成为我国体育产业发展核心，“互联网+竞技体育”产业的发展为我国整个体育产业的发展带来积极的促进作用。

（二）“互联网+竞技体育”产业发展的主要模式

“互联网+竞技体育”产业发展离不开市场经济体制的支持，为此，可从经济体制视角出发，将“互联网+竞技体育”产业划分成两种运营模式，即市场主导型发展模式与政府参与型发展模式。无论是市场主导型发展模式，还是政府参与型发展模式，在市场经济体系运营与发展中，都有其独特的存在价值与实践意义。

1. 市场主导型发展模式

“互联网+竞技体育”产业的市场主导型发展模式，是将不同市场主体之间的竞争、市场主体对商业利润的不断追求作为“互联网+竞技体育”产业发展的原动力。通常情况下，“互联网+竞技体育”产业的市场主导型发展模式主要存在于具有原发性的市场经济国家，如英国、美国均使用竞技体育产业的市场主导型发展模式。

通过对“互联网+竞技体育”产业的市场主导型发展模式进行研究与探讨，从中发现，“互联网+竞技体育”产业的市场主导型发展模式在实际应用中具有以下两方面特征：

（1）政府部门对体育产业实施放任政策。从政府部门在竞技体育产业建设与发展中所起到的作用来看，在竞技体育产业发展建设中实施市场主导型发展模式的国家，政府部门通常对本国家内体育产业中所存在的各种市场主体实施放任政策，形成“市场决定”的管理模式。

（2）联盟体制完善、法人治理结构合理。从体育产业的组织架构形成与构建视角来看，在竞技体育产业发展建设中实施市场主导型发展模式的国家，拥有完善的职业联盟体制与俱乐部体制，以及合理的面向市场的法人治理结构。

2. 政府参与型发展模式

“互联网+竞技体育”产业的政府参与发展模式，是由政府部门对本国竞技体育产业进行管理与控制，本国经济体育产业的发展目标、建设策略、运营制度均由政府部门决定。通常情况下，后发市场经济国家在竞技体育产业发展中均采用此种发展模式，如法国、韩国、日本等。

通过对“互联网+竞技体育”产业的政府参与型发展模式进行研究与探讨，从中发现，“互联网+竞技体育”产业的政府参与型发展模式在实际应用中具有以下四方面特征：

（1）政府引导。从政府部门在竞技体育产业建设与发展中所起到的作用来看，政府部门通过多种途径、借助多种方法推动竞技体育产业的发展与进步，并在竞技体育发展进程中做好积极的引导工作。

（2）国情引导。从体育产业发展战略视角来看，具有后发性的市场经济国家在进行体育产业引导与规划时，均从本国实际发展情况出发，将本国体育消费情况与体育市场实际发育情况作为体育产业发展与规划的重要依据，有组织、有计划地促进本国体育产业的发展与变革。

（3）创新不足。从体育产业链条中的中间媒介来看，具有后发性的市场经济国家缺乏成熟的体育中介机构，体育企业缺乏扩展业务的能力，且决策咨询服务方面缺乏专业性，体育市场主体相对比较孤立，企业间缺乏沟通，体育产品、体育服务、体育营销方面有待创新。

（4）发展转变。从体育产业发展状态视角来看，具有后发性的市场经济国家体育产业从原有非营利机构逐步朝着营利机构方向发展。

四、“互联网+竞技体育”产业在体育产业中的地位

通常情况下，体育产业的发展将竞技体育作为出发点与核心环节。体育产业的这种发展格局，主要源于竞技体育在体育产业中拥有独特的魅力，并在市场经济发展体系中成为国民经济发展中新的产业增长点。在“互联网+”的背景下，通过将互联网产业同竞技体育产业结合到一起，衍生出新的市场经济发展产业——“互联网+竞技体育”产业。通过对“互联网+竞技体育”产业进行研究，从中了解到，“互联网+竞技体育”产业在体育产业中的地位与价值主要表现在以下三个方面：

（一）“互联网+竞技体育”市场实现与健身娱乐市场的联合

实践证明，“互联网+竞技体育”产业同健身娱乐市场之间并不是相互孤立的，而是相互交叉的一种包容关系，两者之间具有密不可分的联系。在一定程度上，竞技体育产业的发展能够带动健身娱乐市场的发展。另外，竞赛表演市场与体育博彩市场、体育媒体市场、体育无形资产市场、体育旅游市场、体育广告市场之间同样有着密不可分的关系。如果竞赛表演市场能够在竞技体育产业中占据主导地位，必然会占据体育博彩市场、体育媒体市场、体育无形资产市场、体育旅游市场、体育广告市场的主导地位，通过竞赛表演市场的发展带动体育博彩市场、体育媒体市场、体育无形资产市场、体育旅游市场、体育广告市场的发展。要想提升竞技体育市场的占有率，需要从竞技体育产品宣传入手，借助“明星效应”提升竞技体育产品在市场中的知名度，以此达到“以体促销”与“以销助体”的目的。

（二）“互联网+竞技体育”市场实现与产权市场的联合

在互联网技术的推动下，“互联网+竞技体育”产业化趋势日益深化，在市场中的经营规模不断扩大，借助“体育竞赛”的名义开展相关经营集资活动、纪念品开发活动以及体育特性使用权，逐步在市场经济体系中占据重要的领导地位，成为我国市场经济体系中的重要龙头产业。

（三）“互联网+竞技体育”市场的职业化趋势

随着社会的不断发展，“互联网+竞技体育”市场的职业化发展趋势日益显著，与社会主义市场经济体制相适应的体育主体产业相继产生，极大程度上推动竞技体育产业的形成与构建。

五、“互联网+竞技体育”产业的学科研究

（一）从经济学视角出发，对“互联网+竞技体育”产业进行研究

站在经济学角度对“互联网+竞技体育”产业的形成与构建进行审视，从中我们能够发现，“互联网+竞技体育”产业的形成与构建不仅需要严格遵循产品产业形成与构建的基本思路，即“产品—市场—产业”，还需要从体育产品与竞技体育表演项目视角出发，对“互联网+竞技体育”所产生的服务需求、体

育产品进行分析。经济学对“互联网+竞技体育”产业的研究，主要围绕“互联网+竞技体育”产业的需求特点、需求属性、需求潜容量、需求变化趋势等，“互联网+竞技体育”产业的供给种类、供给能力、供给提升态势及体育产品供给、服务供给等，并以“互联网+竞技体育”需求与供给分析为基础对“互联网+竞技体育”在市场中如何形成一个完整的体育市场，以及“互联网+竞技体育”产业所需的载体要素进行分析。

（二）从营销学视角出发，对“互联网+竞技体育”产业进行研究

站在营销学角度对“互联网+竞技体育”产业的形成与构建进行审视，从中我们能够发现，“互联网+竞技体育”产业的形成与构建不仅需要严格遵守顾客市场产品框架，即“顾客—市场—产品—产业”，还需要注重“互联网+竞技体育”的可持续发展，将“互联网+竞技体育”的发展本源与发展层次在“互联网+竞技体育”产业发展中直观地体现出来。

六、现如今我国“互联网+竞技体育”产业发展面临的主要问题

在“互联网+”的背景下，我国竞技体育产业高速发展，并实现与互联网产业的融合，不断提升“互联网+竞技体育”产业在市场发展中的投资额度，有效提升“互联网+竞技体育”产业的社会效益与经济效益，有效增强我国竞技体育发展水平，提高我国体育事业在国际体育事业中的影响力。但是，从目前我国“互联网+竞技体育”产业实际发展情况来看，“互联网+竞技体育”产业在整个发展进程中受多种因素的影响，进而对我国“互联网+竞技体育”产业的发展水平带来一定的负面影响。

通过对我国“互联网+竞技体育”产业现阶段发展情况进行实地调查研究，从中我们能够发现，我国“互联网+竞技体育”产业正处于竞技体育产业发展的瓶颈期，所存在的问题主要表现在产业结构、区域发展、行业垄断、信任危机四个方面。

（一）“互联网+竞技体育”产业在产业结构方面所存在的问题

随着我国社会的不断发展，“互联网+竞技体育”产业日益成熟。目前，“互联网+竞技体育”已在我国互联网+体育产业中占据核心地位。但是，“互联网+竞技体育”在我国起步相对较晚，运作过程缺乏规范性与合理性，市场开

发力度较为薄弱，竞技水平普遍偏低，对我国“互联网+竞技体育”产业的开发与发展造成诸多限制。长期以来，“互联网+体育用品”业在我国“互联网+竞技体育”中占据相对较大的份额，互联网+体育产业的产业结构缺乏科学性与合理性，进而导致“互联网+竞技体育”产业的产业结构出现问题。为此，要想做好“互联网+竞技体育”的开发工作，需要我国积极转变经济发展方式，有针对性、有目的性地对“互联网+竞技体育”产业进行分析与处理，不断优化市场经济结构及“互联网+竞技体育”运营结构，不断提升“互联网+竞技体育”在互联网+体育产业中的比重，全面提升“互联网+竞技体育”在市场发展中的服务力度，全面推动以服务业为主导的第三产业的发展。

（二）“互联网+竞技体育”产业在区域发展方面所存在的问题

在新时期发展的背景下，区域发展一直以来都是我国社会发展的重点。“互联网+竞技体育”产业的形成与构建过程，受区域经济发展不平衡的影响，区域竞技体育产业同样呈现不平衡发展趋势。就“互联网+竞技体育”用品生产视角而言，我国竞技体育用品制造业主要集中在东南沿海一带；就“互联网+竞技体育”赛事视角而言，我国竞技体育赛事主要集中在北京、上海、广州等地区。

（三）“互联网+竞技体育”产业在行业垄断方面所存在的问题

现如今，我国“互联网+竞技体育”产业尚处于低市场化的发展阶段，行业垄断、限制经营、地方保护等现象依然存在。就某项运动项目而言，该运动项目的管理中心通常会利用一系列行政手段对项目市场实施分割处理，对社会力量引入项目市场筑起较高的壁垒，给“互联网+竞技体育”产业发展带来诸多限制。

（四）“互联网+竞技体育”产业在信任危机方面所存在的问题

从市场中获取最大的商业价值是发展“互联网+竞技体育”产业的主要目的，服务社会是发展“互联网+竞技体育”产业的本质。借助“互联网+竞技体育”满足竞技体育消费者在竞技体育方面的各项需求，有效提升“互联网+竞技体育”可以产业在市场发展中的品牌形象。然而，就我国现阶段“互联网+竞技体育”产业的发展情况而言，我国不少竞技体育产业的品牌形象大幅度下滑，导致“互联网+竞技体育”产业流失大量的客户资源，“互联网+竞技体育”产业在市场发展中逐渐走向低迷，在“互联网+竞技体育”市场中出现严重的信任危机。

1. 体育经济制度缺乏稳定性

随着我国市场经济的不断转型，我国体育行业得到一定程度的发展与进步，使我国竞技体育从原有被动发展局面朝着主动发展局面转变。在我国“互联网+竞技体育”的构建与形成过程中，政府部门对我国体育行业的管理与控制具有重要的影响作用。但是，目前我国在体育经济发展模式构建过程中，并没有可以吸收、利用的经验，制定与体育经济有关的法律制度与规章时受到能力因素的限制。体育经济在转型过程中，需要我国政府部门大幅度地对现行规章制度进行更新与修整，在一定程度上降低了体育经济制度的有效性。

2. 产权制度权责没有明晰

在我国企业中，普遍存在产权制度权责不明现象，主要源于部分代理者未经他人允许改变所有制的权利，导致所有制权利长期处于残缺状态，政府部门对企业所有权的管制与干预是导致产权制度权责不明的根本原因。

3. 政府过分管制且效率低

“互联网+竞技体育”产业在形成与构建过程中，将“讲信誉”“重合同”视为该产业生存与发展的基本要素。现如今，我国正处于社会主义转型的关键时期，政府对“互联网+竞技体育”产业的经营活动过分干预，严重制约“互联网+竞技体育”产业的全面发展。该现象主要源于，我国政府部门长期受传统思想观念的影响，企图通过政府管制对市场秩序进行规范，但是政府对市场秩序的过分管制，将无法使市场按照其客观的发展规律开展，严重扰乱市场的正常交易，呈现浓重的政治色彩。

七、全面促进我国“互联网+竞技体育”产业发展的应对策略

（一）不断完善“互联网+竞技体育”的市场运行体系及其运行机制

计划经济是我国社会经济发展进程中一种传统的经济运行模式，这种模式难以迎合新时期发展的潮流，制约我国社会经济的综合发展，在市场经济政策的作用下，我国社会原有的计划经济逐步朝着社会主义市场经济的方向转型。在社会主义市场经济的作用下，我国竞技体育发展模式逐步形成，受“互联网+”理念的影响，我国竞技体育产业实现与互联网产业的联合，构建“互联网+竞技体育”产业的新形态，实现对我国体育市场的优化与整合。在新时期发展的背景

下，为全面落实"互联网+竞技体育"产业的构建工作，需要将社会主义市场经济作为"互联网+竞技体育"产业运行的理论依据，根据我国竞技体育市场发展概况，不断优化竞技体育资源配置方式，将市场作为"互联网+竞技体育"产业资源的配置主导力量，将计划作为"互联网+竞技体育"产业资源的配置辅助支持，不断对管理意识与管理手段进行更新与整合，确保"互联网+竞技体育"产业在市场发展中的运行机制与管理体制具有较强的科学性与合理性。

（二）不断完善"互联网+竞技体育"的俱乐部运作机制

在新时期发展的背景下，为全面推动"互联网+竞技体育"产业的发展，不仅需要市场运行体系与相关管理体系的支持，还需要科学、完善的俱乐部运作机制为其提供有力的支撑。在"互联网+竞技体育"产业构建的过程中，需要不断对"互联网+竞技体育"的俱乐部运作机制进行完善与整合，保证俱乐部管理体制能够为"互联网+竞技体育"产业提供有利的发展平台，使"互联网+竞技体育"产业能够长期处于一个良性发展局面。"互联网+竞技体育"俱乐部运作机制的完善工作需要分别从法人、产品、组织、结构、责任、制度等多方面入手。首先，在完善"互联网+竞技体育"产业俱乐部运作机制时，应保证"互联网+竞技体育"产业发展地位的绝对性；其次，应保证"互联网+竞技体育"产业在发展过程中拥有自主经营的产品；再次，应保证"互联网+竞技体育"产业拥有健全的组织结构、明确规范的产业名称、安全可靠的运营场所；又次，应保证"互联网+竞技体育"产业能够独立承担民事责任，将投资者的所有权与法人的所有权明确地分离开来；最后，应针对"互联网+竞技体育"产业制定与之相适应的资产经营责任制度与资本金制度。

在"互联网+竞技体育"产业发展的背景下，竞技俱乐部要想朝着企业化管理的方向发展，实现竞技俱乐部的市场化，需要严格遵循市场经济的游戏规则，以竞争要素、价值要素与需求要素为依据对竞技俱乐部实施经营与管理，制定具有依托性与制约性的运营管理机制，保证所制定的投资机制与约束机制具有较高的科学性与合理性。

（三）全面树立"互联网+竞技体育"产业的经营开发意识

在新时期发展的背景下，"互联网+竞技体育"产业的发展，需要"互联网+竞技体育"产业全面树立创新意识，不断对企业营销产品进行改造与创新，优化产业在市场中的营销模式，全面落实品牌推广工作，在市场发展中全面打造“品牌效应”。为此，“互联网+竞技体育”产业需要对低产业化经营与开放有一个正确的认识与理解，全面树立对市场风险的防范意识，不断完善市场运营体系与管理机制，提升竞技运动的水平，实现对竞技体育发展模式的改革与创新。与此同时，我国“互联网+竞技体育”产业的发展还需要做好对国外竞技体育优秀实践经验的借鉴与吸收工作，并结合我国“互联网+竞技体育”产业发展的实际情况，开辟一条具有中国特色的体育产业发展道路。

（四）加强政府部门对“互联网+竞技体育”产业的宏观调控工作

“互联网+竞技体育”产业的开发与发展离不开政府部门宏观调控政策的支持，与社会主义市场经济发展几乎同步进行。“互联网+竞技体育”产业朝着产业化的方向发展，在某个特定时期内将公共物品转移到社会中，带动市场经济发展的同时，将政府部门的宏观调控作用全面发挥出来，以此推动“互联网+竞技体育”的发展。在“互联网+竞技体育”产业建设中发挥市场机制的作用是政府实施宏观调控工作的前提，政府部门应充分认识到，政府对“互联网+竞技体育”产业的宏观调控并不是对市场机制予以否定，而是弥补市场机制中所存在的欠缺，充分发挥政府部门在市场发展中的宏观调控作用。为此，政府部门应从制度制定与执法监管等方面入手，针对“互联网+竞技体育”制定与之相适应的政策体系与法律体系，全面提升对“互联网+竞技体育”的执法监督力度，根据实际情况制定行之有效的综合决策机制与协调管理机制，并对市场机制中所存在的各种缺陷进行处理与整合，最大限度地降低“互联网+竞技体育”俱乐部对政府资金的依赖性。

（五）全面提高社会公众在“互联网+竞技体育”产业中的参与程度

在新时期发展的背景下，“互联网+竞技体育”产业的发展需要广泛社会群众的支持，有效激发社会公众参与的积极性与主动性。在“互联网+”的作用下，社会公众能够借助多种方法与手段参与到竞技体育中，全面推动竞技体育的发展。

八、“互联网+竞技体育”服务业的运营研究

（一）“互联网+竞技体育”服务业的经济特点

在现代化发展的背景下，“互联网+竞技体育”服务业成为当代社会发展的

重要产业，在市场经济中所形成的经济运营特点主要表现在以下三个方面：

1. 规模大，耗资多

随着社会的不断发展，我国社会经济体系逐步朝着社会化、现代化、国际化的方向发展。在世界经济全球化、文化多元化的背景下，体育领域发生翻天覆地的变化，各项体育运动的规模、速度、质量及竞技水平均有不同程度的提升。就运动竞赛而言，运动竞赛的类型有很多，无论是何种类型的竞赛均朝着大规模的方向发展，如地区性的运动竞赛、全国性的运动竞赛、洲际性的运动竞赛、国际性的运动竞赛、正规性的运动竞赛、商业性的运动竞赛等。

随着我国体育运动竞赛规模日益壮大，体育运动竞赛的项目及体育运动竞赛的参赛人数不断增加，进而增加了运动赛事的运营资金。一般情况下，大型体育运动竞赛资金支配情况如下：一是建设竞赛场地与竞赛设施，该部分建设资金在体育运动赛事的总资金中占据较大的份额。二是用于运动竞赛的组织，该部分建设资金在体育运动赛事的总资金中占据份额相对比较小。虽然大型体育运动竞赛在组织建设过程中需要消耗庞大的建设资金，但是大型体育运动竞赛在开展过程中所获取的回报是不可估量的。从整体发展视角来看，举办大型运动竞赛，不但能够吸引广大受众的注意力，刺激国际体育运动市场，而且能够对本国形象进行宣传与塑造，从中获取无形资产。

2. 经费来源与经济实体的结合越来越密切

随着现代运动竞赛规模的不断扩大，对经费的需求也在不断增加，政府的财政拨款已经不能满足开展大型运动竞赛的资金需求，因此，这就要求将众多的社会企业和商业机构、财团等的捐赠和赞助作为筹措经费的重要途径，以此来保证现代运动竞赛的顺利开展。

由于运动竞赛具有独特性和无穷的魅力，因此竞赛的举办会吸引全世界的目光，这也是众多的企业愿意出资赞助运动竞赛的主要原因。由此可以看出，现代运动竞赛经费来源与经济实体的密切结合已成为竞技体育服务业的一个显著经济特点。

3. 运动竞赛经营手段的市场化程度较高

由于现代运动竞赛具有规模大、耗资多的特点，这就要求各运动竞赛管理部门在政府财政投入一定甚至减弱的情况下，必须采取相关有效措施，对运动竞赛的经济价值和附加价值进行充分的挖掘，并使其充分发挥出来。而且，还要在遵循市场经济基本原则的条件下，利用运行机制来对运动竞赛的经营活动进行筹划、组织、市场开发和运作管理。

（二）“互联网＋竞技体育”服务业相关要素的分类

主体、运动赛事是竞技体育服务业的主要构成要素，依据不同的标准，可以对这两个要素进行不同类型的划分，具体分析如下：

1. 竞技体育服务业主体要素的分类

按照市场主体的不同，可以将竞技体育服务业的主体分为供给主体和需求主体两个方面。其中，供给主体包括体育赛事组织及其所属的运动员、教练员和经营管理人员等；需求主体包括观众、新闻媒体和相关的公司企业等。

2. 竞技体育服务业竞赛要素的分类

（1）以赛事性质为依据的分类。按照赛事性质，可以将竞技体育服务业的赛事分为职业联赛、商业性体育比赛、各项目单项竞赛、综合性比赛及社会体育竞赛。

（2）以赛事经营管理权限为依据的分类。按照赛事经营管理权限，可以将运动竞赛分为正规比赛、商业性比赛和群众性体育比赛等几个方面。

九、“互联网＋竞技体育”服务业的经营管理

（一）竞技体育服务业的发展概况

竞技体育服务业的发展主要在职业体育赛事、商业性体育赛事、大型综合性运动会和社会体育竞赛等方面体现出来，具体分析如下：

1. 职业体育赛事

职业体育赛事是运动竞赛市场的重要组成部分，随着世界范围内体育职业化和商业化的快速发展，许多体育赛事已经家喻户晓，成为人们日常生活中关注的热点。目前，我国以四大职业联赛（足球、篮球、排球、乒乓球）为首的职业体育俱乐部数量已接近 150 个。各俱乐部逐步形成了由冠名、赞助、门票、转会和电视转播权等构成的收入结构。

从当前我国体育运动项目进入市场的发展情况来看，发展不平衡是一个非常突出的问题。具体来说，可以大致将进入市场的体育项目分为三大类：第一类是四大职业联赛为首的少数项目等，这些项目的特点主要表现为：具有一定的市场规模，有相对稳定的观众和球迷群体，被新闻媒体和企业界看好。第二类是约占 1/3 的项目，如体操、跳水、散打和摔跤等。通过对这些项目进行有选择的开发，从而初步建立竞赛市场的管理模式。第三类是将近 2/3 的项目，

比较典型的有射击、棒垒球、举重等，尽管这类项目也试图开展市场化的运作，但是市场发展速度缓慢。

2. 商业性体育赛事

“互联网+竞技体育”服务业的另一个重要组成部分是商业性体育赛事，人们通过赛事资源开发、策划包装和经营实施等手段，能够促进竞技体育比赛的商业性价值的实现。近年来，我国商业性赛事正在快速进入体育市场，体育比赛逐渐成为一种商品，进入市场领域进行交换，这为我国的竞赛表演体育服务业的发展提供了极大的空间。需要强调的是，随着我国经济体制改革的进一步深化，市场与我国体育赛事相结合，使体育比赛逐步成为一种商品，实现了自身价值。

近年来，我国成功举办了一些令全球关注的商业性体育赛事，比如皇马中国行、NBA 篮球季前赛、F1 汽车大奖赛、ATP 网球大师杯赛等，这些商业性体育赛事的成功运作，使相关的项目通过商业化的运作方式进入国内的竞技表演体育服务市场，并且使国内民众对高水平体育比赛进行观赏的需要得到了较好的满足，而且对我国竞技表演体育服务业的快速发展也起到了积极的促进作用。但是，当前我国重大体育赛事的市场运作大都采用的是行政主导模式，这主要是因为受我国经济体制的影响，然而这种现存的运作模式对于我国竞赛表演体育服务业的长期市场化发展是不利的。因此，这就要求我们在今后积极引导体育赛事从行政主导模式向市场主导模式转变。

3. 社会体育竞赛

社会体育竞赛作为大众竞技体育运动的一个重要方面，其与职业体育竞赛、高水平竞技运动竞赛、学校体育竞赛和军队体育竞赛等还是存在着一定的差别的。具体来说，社会成员中广泛开展的、自愿参与的以身体运动作为主要手段，比赛身体运动技术和能力的身体娱乐活动，就是所谓的社会体育竞赛。随着我国社会经济的快速发展及人们生活水平的不断提高，人们从事体育活动的意愿越来越强烈，而社会体育竞赛正是满足社会大众参与体育竞赛的重要形式。由此可以看出，社会体育竞赛不仅已经成为社会体育的重要组成部分，同时也是实施全民健身计划的重要载体。

各种类型社会体育竞赛服务的提供具有重要的作用，它可以让更多的普通百姓关注、参与健身活动，从而进一步推动全民健身活动的开展。因此，社会体育竞赛在我国正处在前所未有的发展机遇期。目前，我国的社会体育竞赛项目主要有竞技类项目（足球、篮球、乒乓球、羽毛球等）、传统趣味性项目

（“九子”、扯铃等）、气功保健类项目（太极拳、秧歌、健身操等）、社交类项目（门球、家庭体育竞赛等）、休闲类体育项目（钓鱼等）等，而政府主管部门、体育中介机构、街道及社区相关组织等是参与社会体育竞赛服务运作的主要机构。

4. 大型综合性运动会

大型综合性运动会是促进我国体育事业发展、体育竞技水平提高的重要环节，具有推动经济发展和社会进步的多元化功能。加大大型综合性运动会的市场开发力度，是社会主义市场经济发展与体育体制改革的必然要求。

全运会是大型综合性运动会的典型代表，其除有国家定额的财政拨款外，其余经费则由承办地政府自行筹集。近年来，各个省市承办地积极进行市场开发，向社会筹措资金，并取得了一定的成效，等级赞助商、专有权、赛事与活动冠名、代表团赞助、电视转播权等市场开发手段已被广泛运用。

加大以全运会为代表的大型综合性运动会的市场开发力度，实现大型综合性运动会自身的可持续发展，是社会主义市场经济发展与体育体制改革的必然要求，这也会在一定程度上促进竞技体育服务业的发展，促进竞技表演体育服务市场的繁荣及赛事无形资产价值的增加。

（二）“互联网＋竞技体育”服务业经营管理的内容

进入市场以后，我国竞技体育服务业运作资金一部分来自政府或社会的资助，其余资金需要赛事承办者通过自己的经营活动来获得。通常情况下，体育竞赛表演市场经营的内容主要包括以下几个方面：

1. 组织门票收入

门票收入是运动竞赛资金来源的重要渠道，奥运会、各大足球职业联赛、各单项体育运动赛事等无不如此。对门票收入产生影响的因素有很多，其中，社会经济发展水平、大众体育消费意识和门票价格的高低是最重要的因素。为了保证门票收入，要求各运动竞赛组织或部门在组织门票收入时注意以下几个方面：

（1）根据运动竞赛的级别和水平来设定门票价格。

（2）根据承办国社会经济发展水平来制定门票销售价格。

（3）以体育市场需求状况来选择合理的门票销售渠道。

2. 出售媒体转播权

大型运动竞技市场经营和管理的重要内容之一就是媒体转播权经营，同时，其也是资金来源的一个重要渠道。由于现代大型运动竞赛竞技水平高，观赏价值大，对观众的吸引力较大，因此，往往有全世界数亿甚至数十亿的电视观众关注这些赛事。一般来说，体育竞技媒体转播权包括的内容主要有电视转播权、广播电台转播权和互联网转播权，其中，居于主导地位的当数电视转播权。

随着电视网络的兴起，社会各界对竞技体育的关注程度越来越高，电视机构为争夺竞技体育的转播权而互相竞争，这也在一定程度上对电视转播费的迅猛增长产生了积极的刺激作用。从 1936 年第 11 届奥运会，奥运会开始电视实况转播，随着 1964 年东京奥运会利用地球卫星开始全球直播，电视转播权的售价不断上升，并成为奥运会的最主要经济支柱。整个奥林匹克运动会有 25 亿美元的总收入，这部分收入中出让电视转播权得到的经费占 48%、赞助收入占 32%、门票收入占 10%、其他收入（颁发许可证、纪念币、邮票等）占 10%。此后几届奥运会的电视转播权售价不断提高。对于一些职业体育俱乐部来说，电视转播权的收入也是要比门票的收入高一些的。电视转播权等媒体收入的不断增长，对竞技体育市场的发展和繁荣起到了非常大的刺激作用。从体育服务业发展趋势来看，媒体转播权经营在体育竞赛表演市场的经营中占据的地位会越来越重要。

3. 开发运动竞赛的无形资产

没有实物形态的资产或经济来源，就是所谓的无形资产，从某种意义上来说，它属于一种体育经济资源，可以产生经济效益，能够为企业获得经营收入提供有利的补充。无形资产转化为有形资产是无形资产获得经济效益的原理。运动竞赛本身可开发的无形资产有很多，其中，比较重要的有运动竞赛的名称、会标、吉祥物、标志和图案等。运动竞赛无形资产的市场开发可以采用的手段主要有招标、竞拍等，以此来使运动竞赛无形资产的最大价值得以实现。

4. 赞助与广告经营

赞助与广告经营也是运动竞赛经营管理的重要内容。运动竞赛可经营的广告业务包括的内容有很多，其中较为重要的有运动竞赛赛场内外的广告牌，运动竞赛的秩序册、成绩册、赛场通信、各种宣传物品等。从经营形式来看，可以大致分为两种形式：一种是自主经营；另一种是委托中介公司代理。

从实质上来说，赞助与广告经营是广告特许权的经营，换句话说，就是为运动竞赛寻找广告赞助商的经营活动。各大企业力图通过赞助体育竞赛来提高知名度，促销自己的产品，赢得商业上的利益。体育竞赛表演具有独特的宣传效果，可以使企业通过赞助和广告实现宣传企业的目的，因此众多企业为运动竞赛提供高额的赞助费用。

5. 发行运动竞赛纪念品

运动竞赛可开发的纪念品有很多，其中，比较主要的有各种纪念邮品（包括纪念邮票、纪念邮折、首日封、极限封等）、纪念磁卡、电话磁卡、纪念章、纪念金币、会徽、吉祥物造型等。

运动竞赛纪念品的经营开发采用的形式有很多，其中，比较常见的有以下三种形式：

（1）由竞赛组委会自己经营开发。

（2）委托或和其他商家企业合作进行经营开发。

（3）通过出让许可证的方法由社会上对此有兴趣的商家企业来进行经营开发等。

通过以上方式对纪念品进行开发后，通过出售纪念品获得经济效益往往是比较可观的。需要注意的是，在运动竞赛纪念品的定价、销售方面要给予足够的重视，尽可能地通过多种策略和多种渠道的运用来进行销售，以保证良好的经济效益。另外，在销售纪念品时，要对纪念品的精神价值进行充分考虑，既可以在赛场周围出售，也可以在运动竞赛所在地区组织销售，还可以拿到其他地区甚至其他国家进行销售，通过多种销售方式来提高销售利益。还有，在对运动竞赛纪念品进行经营开发的过程中，还要综合考虑市场定价决策，从而制定切实可行的经营策略。

十、职业体育服务业概述

（一）职业体育服务业的含义

职业体育运动已有 100 多年的发展历史，它是体育发展到一定阶段的必然产物。随着生产力的快速发展，人们对竞赛表演体育服务产品的需求不断增加，现代传媒的介入使运动项目的职业化进程在世界范围内日益加快，职业体育服务业因此而成为体育服务业的重要组成部分。

要对职业体育服务业进行了解，首先要对职业运动员与职业体育有一定的认识。专门从事体育竞赛训练与表演，从中获取报酬，并以此作为生活来源的人，就是所谓的职业运动员；职业体育指的是遵循市场经济的基本规律，将职业运动员高水平体育竞赛及其相关产品作为商品来经营，从中获得经济利益的一种体育经济活动。

根据职业运动员与职业体育的概念，我们可以将职业体育服务业的概念界定为：由各种类型的职业体育俱乐部构成，以体育竞技、表演的方式向市场提供观赏型体育服务产品的组织机构与活动的集合体。

（二）职业体育服务业的特征

职业体育服务业是市场经济发展到一定阶段的产物，其具有如下几方面的特征：

（1）进入职业化运作的体育项目具有高度的技艺性与观赏性。

（2）拥有庞大的体育市场消费需求。

（3）有严密、健全的体育经营集团或体育中介公司参与运作。

（4）建立了以营利为目的、以雇佣劳动为基础、以运动员高收入为导向的运作机制。

（三）职业体育服务业的构成

1. 运动项目

运动项目是职业体育服务业经营管理的基础。市场价值对一个运动项目能否成为职业体育服务业的运动项目具有重要的决定作用。通常情况下，职业体育服务业的运动项目的市场价值主要从两个方面来体现：一方面是比赛比较紧张激烈，富有吸引力；另一方面是具有一定的民族传统和较广泛的群众基础，为广大群众所喜闻乐见。这两方面的市场价值决定了运动项目的电视转播价值和广告价值。世界上目前所开展的运动项目有 100 项左右，其中，比较流行的职业运动项目有足球、高尔夫球、网球、冰球、篮球、拳击、赛车和公路自行车等，橄榄球、棒球、排球、乒乓球、羽毛球、相扑等只在部分国家和地区流行。

2. 运作机构

在职业体育服务业的活动中，职业体育经营机构（职业体育联盟和职业体育俱乐部）、职业运动员（包括球星）、裁判员、教练员、广告商、中介机构、赞助商、观众（球迷）、电视转播机构等都是其重要的因素。其中，职业体育经营机构是职业体育服务业的市场主体，也是职业体育服务业的主要运作机构。职业体育服务业主要包括职业体育联盟和职业体育俱乐部两种运作机构，具体阐述如下：

（1）职业体育联盟。职业队的业主为追求自身利益最大化，把经营权委托给一些专家或组织，让其代表自己的利益来对联盟进行经营和管理的制度就是所谓的职业体育联盟。这是以现代企业制度规范为依据建立的一种经济上的合资企业，具有法律上的合作实体、所有权和经营权相分离等特征。通过垄断经营来获取最大利益则是这一运作机构的实质。所以，职业体育联盟在美国商界往往被称为“体育卡特尔”。

（2）职业体育俱乐部。职业体育俱乐部是具有独立法人资格的体育经济实体，它自主经营、自负盈亏，将职业体育竞赛及其相关产品作为商品来组织生产经营并追求盈利，其能够使人们对体育竞赛表演的观赏需要得到满足。职业体育俱乐部一般具有企业的性质和企业运作的机制。以性质为依据，可以将其分为两种类型，即营利性职业体育俱乐部、非营利性职业体育俱乐部。

1）营利性职业体育俱乐部。营利性职业体育俱乐部完全是按市场机制来经营运作的以竞赛为手段、以营利为目的的体育商业组织。俱乐部是经营者的私人财产，经营者与运动员之间是雇佣关系，通过俱乐部的经营管理或转手倒卖，经营者可以赚钱，运动员也可以参与盈利分红，但绝大多数盈利都归经营者所有。

2）非营利性职业体育俱乐部。非营利性职业体育俱乐部大都是从业余体育俱乐部中分化出来的，实行“一部两制”。它拥有一个完全按市场机制运行的职业运动队，但是其余主体部分和一般的业余体育俱乐部几乎相同。这类职业体育俱乐部将创收作为主要目的，从而使运动员的生计、训练和比赛等问题得以解决。非营利性职业体育俱乐部一般以联赛升降级为等级联赛制的前提。

（四）职业体育服务业的运作管理特征

职业体育服务业是体育与商业相结合的产物，它所从事的运作管理活动实质上就是把职业运动员高水平的体育竞赛表演及相关的产品作为商品来经营，从而获取经济利益。职业体育服务业运作管理的特点主要表现在以下三个方面：

1.职业体育俱乐部是拥有必要的资产或经费的企业性法人实体

职业体育俱乐部是由投资者、经营者、管理者、运动员和教练员组成的有机整体，它有着自身经济利益的经济实体，这就决定了职业体育俱乐部应该是一个有独立管理机构和管理方式，实行企业式运作管理的独立经济实体和经营单位。在向协会登记注册后，职业体育俱乐部就享有法人的各项权利及义务。它需要在国家法律和规定范围内开展经营活动、参与竞争，在经济上自筹资金、自主经营、自负盈亏，并按国家有关规定上缴利润和税收，同时，其经营活动也受到法律的保护和约束。

任何体育俱乐部的投资者，其首要目标都是获取经济利益，追求利润的最大化，使资本在运作过程中实现不断增值。现代职业体育俱乐部的运作管理已经形成了企业化的运作管理方式，有效的运行机制也已得到了建立。对一个职业体育俱乐部的价值起决定性作用的是职业队的价值，与俱乐部签订工作合同的运动员则是职业队的价值来源。究其原因，主要是因为高水平运动员在比赛中表现出来的高竞技水平能够对更多的体育消费群体构成吸引，能够吸引更多的赞助商来赞助，从而获得更多的门票及电视转播收入，进而促进俱乐部经济效益的提高。

2. 以体育竞赛为媒介将竞技体育服务作为商品进行生产经营

竞技体育服务作为一种体育商品，其运动员在对抗中表现出来的运动技能、人格魅力及营造的赛场氛围等都对体育消费者消费需求的产生起到了刺激作用。而职业体育俱乐部的运作管理正是通过运用各种手段来提高运动员的运动技能，改善竞赛活动的组织工作，使竞赛表演体育服务产品成为体育消费者的消费对象，从而提高经济效益和社会效益。所以，对职业体育服务业的运作管理效果起决定作用的，往往是其能否最大限度地为体育消费者提供优质体育商品服务，从而使体育消费者的心理需求得到充分满足。

3. 职业体育服务业的运营以营利为目标

在市场经济体制下，职业体育服务业的经营管理必须与市场经济规律相适应，因此，这就要求职业体育服务业在向社会提供竞技表演体育服务及其相关产品、满足社会需要的同时，重视谋求自身的经济利益，从而使自身得到更好的发展。从某种意义上说，追求投资者或自身的利益就是职业体育服务业的运作目标。

（五）职业体育俱乐部的人员管理

职业运动队是职业俱乐部社会和经济效益的重要来源，因此可以说，职业运动队既是职业体育俱乐部的基础，又是职业体育俱乐部的核心。对职业运动队的管理主要以合同制为主。

合同制是指聘方和受聘方通过契约的形式确立的双方之间的劳资关系，合同中明确规定了相关的责、权、利，其契约具有法律效力。合同制是对职业体育俱乐部相关人员进行管理的主要手段。职业合同是构成所属协会、俱乐部之间关系的法律基础。通常情况下，职业体育俱乐部和职业运动员所签的合同中，主要内容有运动员的工作内容、工资、体格检查、差旅费用、纪律要求等；而和职业教练员所签的合同中，主要内容包括工作内容、薪水标准、任期目标、任职期限等。

机构是一个能承担民事责任的、具有法人资格的经济实体。职业体育俱乐部的组织结构通常是由董事会和一些职能部门组成的。俱乐部主席对俱乐部董事会进行领导，俱乐部总经理对俱乐部中的职能部门实行管理，并直接对董事会负责。另外，俱乐部通常还会设置宣传公关部、市场开发部等一些主管具体业务活动的职能部门。这些部门有明确的分工，部门之间有密切的联系。

（六）体育经纪人的概念

不同国家的社会制度、文化传统及经济发展水平各有差异，受此影响，体育经纪人在不同国家有不同的界定。而且，即使是在同一国家，不同地区对体育经纪人的定义也有差异。一般认为，体育经纪人是指依据国家法律法规取得合法资格，在体育领域代理他人或组织的商务活动，并按约定获取相应佣金的经济实体。

（七）体育经纪人的作用

体育经纪人与体育竞赛市场的发展是相辅相成的，市场发达程度越高，经纪人就越活跃，反过来，经纪人专业水平越高，就越能促进体育市场的繁荣。体育经纪人的作用主要表现如下：

1. 对运动员加以协助

体育经纪人之于运动员，就如同教练员之于运动员，可见，体育经纪人的作用与教练员同等重要。体育经纪人能够吸收来自世界各地的信息，他们不但可以为运动员联系一些参与比赛的机会，而且可以井然有序地安排运动员的食宿。比如，为运动员争取出场费、交通费，为运动员找赞助、拉广告、办签证、买机票，到机场接送运动员，包装并宣传运动员等都是体育经纪人力所能及的事。体育经纪人都有正式的聘任证书，其主要由各体育组织（国际足联、田联等机构）颁发，没有正式的证书不可以担任经纪人的角色，因而也无法正常运作经营。因此，运动员可以将自己的各种事务放心地交由经纪人处理。

2. 促进体育市场矛盾的缓解

竞赛表演市场、健身娱乐市场、体育博彩市场等都是体育服务市场的组成部分。经纪人和经纪公司对体育市场上商品的商业包装和市场运作直接影响着体育市场中供需矛盾的解决。为促进赛事市场价值的提升，体育组织会努力寻求与赞助商和强势媒体的商业合作，以对更多的媒体受众、现场观众产生强大的吸引力。此外，还可通过出售电视转播权、销售赛事门票等方式促进体育组织收入的增加，从而将更高水平的职业选手收购或买入，如此产生良性循环的效应，促进竞赛表演市场规模的增加和品牌的提升。在对体育竞赛表演市场供需矛盾进行调节的过程中，体育经纪人和经纪公司发挥着举足轻重的作用。

3. 促进竞技水平的提高

中国要向世界体育强国的方向发展，就需要促进体育运动水平的不断提高，而提高竞技水平的一个主要途径就是建立高素质的体育经纪人队伍。我国一些体育教练已经普遍认识到，我国要想真正成为世界体育强国，就必须重视对体育经纪人的培养，充分发挥体育经纪人的桥梁作用。我国运动员只有通过经纪人的运作，多参加国际大赛，多进行尝试与锻炼，才能不断丰富比赛经验，促进比赛成绩的提高。

4. 促进体育的职业化和商业化发展

世界上有些商业色彩浓厚的非常规体育比赛是由体育经纪人一手创办的。联赛是体育职业化的一个典型表现形式，转会问题随着联赛一起出现；而大奖赛、邀请赛是体育商业化的主要表现形式。不管是联赛，还是邀请赛、大奖赛等，运动员转会的办理、奖金的分配和其他事务性工作都需要由经纪人来办理。倘若经纪人没有参与其中，运动员会缺少很多参赛的机会。反过来，通过经纪人参与与科学运作，能够对很多商机、热点加以创造，并对广大民众的参与热情产生激发作用。虽然业余训练和比赛是奥林匹克倡导的关键，但从现实来看，各国体育都在向着商业化、职业化的趋势发展，这已经成为一个不争的事实。

5. 促进体育市场的繁荣

体育的产业化发展和体育市场经济的繁荣都离不开体育经纪人发挥自己的作用。在体育市场中，体育经纪人是非常重要的一个环节。体育经纪人不仅会参与各类体育比赛，而且会参与到广告策划、电视转播、运动员和运动队的经营管理、媒体宣传等活动中。体育产业的社会化及市场化发展离不开体育经纪人的活动。现在，我国大型职业体育赛事（如全国篮球联赛、足球联赛、排球联赛等）的举办与顺利运作都需要经纪人参与并发挥其作用。

（八）我国不同部门对体育经纪人的管理

作为我国的一种现代新兴职业，体育经纪人的自由化和社会化较为明显，所以，加强对体育经纪人的管理，对于繁荣体育经济市场具有重大的意义。下面主要对我国不同部门对体育经纪人的管理进行研究。

1. 国家体育总局对体育经纪人的管理

国家体育总局对体育经纪人的管理主要从以下几方面展开：

（1）对有关下属单位进行授权，使其对体育经纪人的资格进行认证，颁发体育经纪人资格证书。

（2）对相关政策法规进行组织制定与推行。

（3）对体育经纪人的培训和考试部门进行指定，并指导有关部门实施培训与考核工作。

（4）对各项目管理中心的体育经纪人业务进行协调与统筹管理。

（5）对有关体育经纪行业组织的成立进行扶持。

（6）对体育经纪活动进行监督和管理。

2. 工商行政管理部门对体育经纪人的管理

国家工商行政管理部门对体育经纪人的管理主要体现在四个方面，即对个体体育经纪人、合作体育经济组织、经纪人事务所、体育经纪公司的管理，具体如表 4–1 所示。

表 4–1 国家工商行政管理部门对体育经纪人的管理

管理对象	相关法律	设立条件
个体体育经纪人	《经纪人管理方法》	（1）业务场所固定； （2）资金较为充足； （3）拥有体育经纪人资格证书； （4）具有从业经验； （5）与《城乡个体工商户管理暂行条例》的其他规定相符
合作体育经济组织	《中华人民共和国合伙企业法》	（1）合伙人为两个以上，都是依法承担无限责任； （2）有书面形式的合伙协议； （3）有经营场所，且具备合伙经营的必要条件； （4）有合伙企业的名称； （5）有各合伙人实际缴付的出资

（续表）

管理对象	相关法律	设立条件
经纪人事务所	《经纪人管理办法》	（1）业务场所固定； （2）资金较为充足； （3）有书面形式的合作协议； （4）发起成立的合伙人中，必须有超过 2 名的人员拥有经纪资格证书； （5）专业从事某种特殊行业经纪业务的，取得相应专业资格证书的专职人员需超过 4 名； （6）兼营特殊行业经纪业务的，取得相应专业经纪资格证书的专职人员需超过 2 名； （7）与相关法律规定的其他条件相符
体育经纪公司	《经纪人管理办法》	（1）有相应组织机构，业务场所固定； （2）有 10 万元以上的注册资金； （3）专职人员的数量要与经营规模相适应，至少有 5 人取得经纪资格证书； （4）专门从事某种特殊行业经纪业务的，拥有相应专业经纪资格证书的专职人员需超过 4 名； （5）兼营特殊行业经纪业务的，取得相应专业经纪资格证书的专职人员需超过 2 名； （6）与《公司法》及其他相关法律的条件相符

3. 政府职能部门对体育经纪人的管理

政府职能部门的管理具体是指国家体育总局和地方各级体育组织机构对体育经纪人的管理，其包括两个方面，即协调管理和指导管理。在从事有关体育市场的经纪活动及业务时，体育经纪人需要提前报有关政府职能部门备案，得到批准后才可从事具体活动及业务。

4. 税务部门对体育经纪人的管理

国家税务部门及地方税务机关管理体育经纪人主要是参照税法进行的，具体管理内容如下：

（1）将税务登记证核准后，发给个体体育经纪人、合作体育经济组织及体育经纪公司。

（2）体育经纪机构要向体育经纪组织缴纳税金，国家及地方税务部门对此进行监督、检察和管理。

（3）对需要减税、免税的公益性体育经纪活动进行批准等。

第二节　互联网+体育产业发展中的管理及运营

就体育产业而言，互联网公司向体育产业伸出橄榄枝早已有之，在早期，门户网站如网易、新浪或者腾讯等自页卡分区开始，就已有了体育页卡，专门上线体育新闻。随着网络直播的兴起，在线体育直播成了热门，但是这些都称不上是“互联网+体育”的具体实践，而只是互联网的应用。真正做到“互联网+体育”的是近两年来乐视体育、阿里体育和虎扑体育的“互联网+体育”布局，尤以乐视体育的“互联网+体育”最为典型。

一、乐视体育简介

（一）乐视体育的发展历程

乐视体育的前身——乐视网体育频道于 2012 年 8 月上线，为用户提供足球、篮球、网球、高尔夫等赛事的直播、点播和资讯的视频服务。

2014 年 1 月，乐视体育文化产业发展（北京）有限公司在乐视网体育频道的基础上正式成立，由单一的视频媒体网站的业务形态发展为基于“IP运营+内容平台+智能化+互联网服务”的全产业链体育生态型公司。

2015 年 5 月 13 日，乐视体育完成 8 亿元的A轮及A+轮融资，公司估值为 28 亿元。2016 年 4 月 12 日，乐视体育正式宣布获 80 亿元B轮融资，公司估值约 215 亿元。

（二）乐视体育的发展理念及发展现状

乐视体育以“让每个人更好地参与体育”为使命目标，确立全球化、产业化、互联网化三大发展理念，致力于整合全球体育资源，以为用户创造更健康、更美好的体育娱乐化生活为己任，以体育内容传媒业为核心，积极拓展赛事运营业、体育彩票业、体育广告业、体育游戏业、体育电商业、体育培训业、体育智能硬件业等全产业链体系，整合全球化体育资源，强化科技融入体育的力度，推动体育产业全面升级。

在全球化方向，2015年7月，乐视体育美国硅谷总部正式挂牌，开启了双总部的全球化布局。美国总部负责全球研发合作以及美国市场开发，中国总部负责体育产业生态布局和中国等市场开发。9月，乐视体育香港公司正式成立，知名媒体人程益中出任CEO。2015年乐视体育还先后在重庆、无锡、苏州、海口建立起了四大体育产业基地，复制与落地赛事运营、体育旅游、场地租赁、体育培训、智能场馆、休闲康复六类业务，成为区域性“互联网+体育”的产业先锋。

在产业化方向，2015～2016年乐视体育通过资本布局加速体育全产业链建设。2015年7月，乐视体育与乐视网联合投资北京益动思博网络科技有限公司，在社群O2O及运动健康领域布局；2016年1月，乐视体育以3920万元控股搜达足球，又以3亿元对价收购中国最大的体育主播直播平台——章鱼TV全部股权，标志着乐视体育在体育大数据及UGC直播领域重点发力；2月，乐视体育以1000万美元领投国内竞彩服务运营商章鱼彩票B轮融资，双方联合开发的中超竞猜游戏于3月4日中超开赛当天在乐视体育平台上线。2016年5月，乐视体育与永乐文化合资成立互联网体育票务销售公司乐加乐体育，实现赛事信息、购票服务、赛场服务、观赛互动和商品消费的一条龙服务，以此激活中国体育票务市场的巨大潜力。

在互联网化方向，乐视体育不断推出互联网体育创新产品与服务。2013年5月乐视体育APP正式上线，以直播为核心提供乐视体育生态全系产品；2015年9月乐视体育独立域名上线。

二、“互联网+”背景下乐视体育的发展策略

（一）内容为本，打造版权帝国

乐视体育目前拥有全球种类最全、数量最多的体育赛事版权资源，涵盖了17类运动、191种项目、199个独家赛事版权。公司通过PC端、移动端及互联网电视端向用户提供在线体育娱乐视频服务，目前日均UV（独立访客）达到约626万。

（二）赛事运营，推动IP商业价值最大化

在赛事运营方面，乐视体育2015年的收入来源还是相对传统的广告赞助、

票房和转播权，但正在多个变现方向上进行探索。乐视体育依靠生态全终端优势，自持一套从运营到内容再到硬件的生态体系，正逐步在体系内做变量。

2015 年 3 月，乐视体育宣布将国际顶级足球赛事——国际冠军杯（ICC）正式引入中国，7 月国际冠军杯中国站圆满举办，2016 ～ 2018 年三年内还将继续举办三次。

在乐视体育的运营下，三星以高达 8 位数的赞助金额成为唯一高级官方合作伙伴，乐视体育的赞助总收入在 3000 万元左右，门票总收入在 6000 万元以上。另外，乐视体育首次在国内直播中引入的 360 度全景视角，吸引了 208 万名球迷和 40% 的 APP 活跃度。

2015 年 9 月，乐视体育牵手太原国际马拉松，全面承办太马的竞赛管理、运营执行、赛事转播、招商和推广。这是乐视体育的第一个自主赛事 IP。乐视体育首次在马拉松赛事转播中引入互联网直播，内容媒体业务线创下了乐视体育单日直播赛事纪录。

11 月 21 日，乐视体育携手上汽 MG 名爵主办的“Shake Run 音摇跑”在广州圆满收官，实现了摇滚跑在中国一二线城市的落地。

11 月 23 日，乐视体育成为 2016 ～ 2020 年 ATP 在中国大陆地区的独家新媒体合作伙伴，将通过 PC 端、Pad 端、手机端为用户们带来每年 22 站全球顶尖 ATP 世界巡回赛，并正式开启与 ATP 世界巡回赛在体育营销领域的全方位合作。

（三）创新＋匠心，开启体育智能化时代

未来，互联网的游戏规则逐渐进入软硬结合的时代，所有设备都会联网，更多的服务要和硬件绑定在一起。未来更多的体育装备也要全面智能化，智能硬件、软件和内容的结合才能产生更大的效益。在乐视体育的大战略中，乐视超级电视只是整个软硬结合生态体系的一部分，乐视体育瞄准的是整个体育领域内的智能化装备。在这两个大方向下，乐视体育的智能化战略一方面是为了抢占未来的上网入口；另一方面也是顺应趋势，自主研发智能硬件产品。

2014 年 10 月，乐视体育和三星电子联合发布 Gear 系列智能产品，“乐视体育 F1VR”和“看球”两款应用内置在其智能手表和虚拟现实头盔中，乐视体育的智能化应用产品获得用户首肯。

2015 年 8 月 11 日，乐视体育联手 Leie 和飞鸽集团联手推出乐视超级自行车，这款智能自行车可通过 Bike OS 对头机、中控区、把手控制区、灯光系统等智能模块进行统筹，具有智能防盗、指纹识别、蓝牙摄像、心率数据采集等

功能。凭借智能自行车可实现自行车互联网化，进一步延伸到“互联网+体育”领域，这正是“互联网+”落地的内容。从产品到网络，到用户，再到产生更多的数据来连接网络，然后形成社群。

2015年11月27日，乐视体育宣布2016年正式推出面向所有体育公司和体育消费者的体育云服务，该产品被命名为乐视体育云。

2015年12月7日，乐视体育劲趣运动直播相机众筹项目正式登陆京东众筹。乐视体育未来将发布的无人机、跑步机、运动穿戴设备等智能化产品都会统一在劲趣品牌下。

在体育用户全新需求的驱动下，新的产品与服务层出不穷，乐视体育正以天然具备的“创新与科技”基因在互联网体育公司中成为个中翘楚。据悉，乐视体育着手自行车装备、跑步者、赛事转播、智能化场馆、乐视体育云五大方面，努力促进体育智能化从无、少量场景应用到大量普及，从硬、软件独立到综合系统，从碎片化产品到平台化整合，从爆款单品导向到品牌导向，从销售驱动到设计驱动，从电子辅助型到人工智能型六大方向的升级和转型。

（四）增值服务，完善垂直生态链

围绕着体育产业，目前的互联网增值服务有互联网体彩、体育IP游戏、体育教育和培训及体育衍生品的电商体系等。

2014年11月，乐视体育游戏平台上线试运行，提供近千款游戏产品，日均吸引付费用户数万人。

2015年6月，乐视体育垂直电商上线运营，第一款产品是乐视体育独家直播的加拿大女足世界杯的官方授权纪念品，而乐视超级自行车也是该平台的主打产品。

在体育彩票领域，乐视已投资入股了以体育票务为核心的永乐票务公司，在未来也可能会开通自己的运动健身培训O2O平台，并在自身打造的赛事IP基础上开发影视剧和游戏业务等。如果得以成功的话，这些都将给乐视的体育生态带来庞大收益。

在增值服务方面，乐视体育副总裁金航表示，增值服务业务分为游戏、电商等。在游戏分发内容方面，乐视体育将打造中国第一体育游戏分发平台，并会借助资源进行IP合作、引进等。

（五）下手稳准狠，网罗国内外各梯队精英

在乐视体育正式成立至今的这一年时间里，各路体育人才陆续加入了乐视体育的阵营。其管理团队如下：

1. 解说团队

乐视体育的赛事解说阵容星光熠熠，堪称解说“国家队”，刘建宏、黄健翔、詹俊、张路、董路、李欣、颜强、徐阳、何辉、丁伟杰、江忠德等国语、粤语解说大咖深受球迷喜爱。

2. 人才储备

乐视体育先后与广州体育学院、上海体育学院签署合作协议，既为莘莘学子提供了最前沿的实习基地，也为自己建立了人才储备库，充分实现了学校、学生和企业三方共赢的局面。

3. 国际人才

乐视体育CEO雷振剑表示，乐视体育计划在硅谷组建一支不少于100人的研发团队，致力于乐视体育的智能硬件和相关软件的研发，目前已经面试了来自苹果、谷歌、Facebook等多家公司的候选人。

（六）线下“圈地”，打造“互联网＋体育”城市新坐标

乐视体育已经分别在东（苏州太湖）、西（乐视体育重庆分公司）、南（海口市）、北（黑龙江省体育局）布局，从赛事筹办、体育培训、运动旅游、智能场馆等诸多领域着手，全面布局体育产业的线下基地。

另外，乐视体育在北京（中心城市）的布局即将完成，篮球方面即将冠名五棵松体育馆，足球方面即将入股甚至控股北京国安俱乐部，从北京的核心体育资源入手打造城市的体育产业新坐标。

与其他文化产业不同，线下场景将更多承载体育用户的消费行为。乐视体育在线下产业的全面布局，将引领互联网+体育产业到达全新的高度。

（七）布局国际，落地体育生态全球化

2015年7月，乐视体育美国在硅谷总部正式挂牌，美国研发总监到位，预计团队在一年内搭建完毕，10月，战略入股拉加代尔体育集团，获得拉加代尔旗下世界体育集团（WSG）20%的股份，体育生态全球化落地。另外，乐视体育将作为阿贾克斯2017～2018赛季中国的独家媒体合作伙伴，在内容、赛事、

会员、青训、商业推广等领域展开全面合作，共同开启“中国足球造星工厂”。乐视体育还牵手帕奎奥成立合资公司打造最大拳击O2O，乐视帕奎奥拳击频道也将开播。乐视的愿望是整合全球体育资源，打造全产业链，强化科技融入体育的力度，推动产业全面升级，最终让每个人都能更好地参与体育。

三、乐视体育当前困境及带来的启示

对于乐视体育这样尚在创业期的公司来说，这种快节奏的业务扩张和布局无疑是一个巨大的考验。因为乐视体育在成立三年多的时间里，都是用高速、野蛮的方式去成长，而忽略了经营管理、组织能力上的短板，乐视并没开辟出赚钱的途径。乐视体育有着庞大的野心，也一度是体育产业的明星公司，但它并没有与之相匹配的业务能力和资金供应，这最终让乐视体育进退失据。乐视体育已经有多名高管离职，且大多加盟时间不过数月。乐视体育总编辑敖铭加盟七个月后离职；负责赛事运营的乐视体育副总裁邱志伟宣布离职加入东方园林；乐视香港公司CEO程益中也在乐视体育待了不到一年便火速离职。

2016年3月底，乐视体育宣布完成B轮融资，融资额为80亿元，投后估值为215亿元。但80亿元依然不足以支持乐视体育的烧钱速度。随着入局玩家越来越多，赛事版权价格一路飙升，乐视也不得不一再报出天价来争夺。在中国大陆，乐视体育与ATP签下了5年1亿美元的新媒体转播合同，这一价格是先前的10倍；在香港，其买下的英超版权接近4亿美元——几乎比过去翻了一番，NBA版权更是数倍于此前的价格。中超版权也成了乐视争夺的对象。PPTV体育前副总经理董砾曾说，由于体育赛事存在“二八法”，即20%赛事享受着80%的关注度，所以如中超这样的头部版权，各家都会选择将资源大幅倾斜。乐视报价2年27亿元，拿到了两年的新媒体转播权，同时，还将与体奥动力共同开发2018年、2019年、2020年三个赛季的中超媒体权益。

乐视体育的扩张不仅仅限于购买版权，它还不断扩展自己的新业务，希望自己的生态覆盖版权内容、赛事运营、智能硬件、增值服务等。2015年，乐视体育便成立了近10家合资公司，开了27场发布会，然而，每新开一条业务线都意味对人员、资金和管理的更高要求。作为互联网公司，乐视体育先前并没有太多体育运营经验，于是无可避免，它需要从其他公司挖人、招聘，以至于最初的休息室也被开辟成了办公区。

B轮融资时，乐视体育主要的收入来源分为两大块——版权内容和赛事运营。其中，最重要的赛事是ICC国际冠军杯及马拉松等赛事。然而，7月25日，距离国际冠军杯（ICC）北京站比赛开始不足 5 小时，赛事组委会和运营方乐视体育突然宣布比赛取消。乐视之后宣布不再参与第二年的运营。而负责赛事运营的高管邱志伟与刘世杰先后离职，也说明赛事运营正逐渐边缘化。

版权内容也没能带来理想中的收入。据乐视官方数据，乐视体育会员数量已经突破 300 万，但其中包括乐视体育打包售卖或赠送出去了大量的电视、手机等产品，意味着乐视体育预支了未来的部分会员收入，而现在乐视体育的会员增长已经进入瓶颈。

乐视体育越来越难以吸引新的会员。会员付费，想要获得的是优质内容和增值服务，但如今，乐视已经陆续失去了多个热门版权，如今甚至中超版权也可能保不住。而且，乐视体育的视频观看体验并不好。乐视体育的信号制作属于置换而得，经常会出现信号源很卡的情况。而且，观众依然可以打开电视台免费收看中超赛事，与之相比，乐视没有任何优势。这也是为何乐视体育联席总裁刘建宏公开表示，有那么多电视台免费播出中超，是对中超商业价值最大的伤害。

乐视体育面临的问题，其实是中国体育产业共同面临的变现难题。在过去，中国体育产业 80% 的消费拉动都来自于鞋帽销售，若以 46 号文件为标志，中国体育产业真正进入市场化、为资本所瞩目也不过两年，混乱、烧钱、野蛮成长都是试错的代价。

无论最终成功与否，乐视体育无疑都是“互联网+”趋势下我国体育产业的一个典型缩影，它带着冲劲和希望，也裹挟着压力与挑战，在一片注目中坚定前行。

第三节　“互联网+”背景下休闲体育文化产业的发展

随着现代社会逐渐进入互联网时代，“互联网+休闲体育”得到了非常快速的发展，“互联网+休闲体育”产业作为一个新兴产业应运而生。作为现代经济发展中新的增长点，“互联网+休闲体育”产业的重要作用越来越受到学者和企业人士的重视。本节主要就休闲体育产业的发展及市场化运营进行研究，内容包括“互联网+休闲体育”产业的基本理论、发展现状，以及体育健身休闲产业、体育旅游产业的发展及运营等。

一、“互联网+休闲体育”产业的概念

（一）休闲与体育

休闲指的是人们在工作、劳动之余以各种“玩”的方式实现身心的调节与放松，达到生命保健、体能恢复、身心愉悦目的的一种业余生活方式。休闲处于不断的发展和流变过程中，而且不同人群的休闲方式也各不相同。在不同的社会发展阶段，休闲的意义也有所不同。但总体而言，休闲注重的是心情的放松和愉悦、压力的释放与宣泄、个人情感的满足与慰藉。合理、科学的休闲行为能够使人体实现体能、智力、情感等各方面的调节。作为一种重要的生活方式，休闲表现出独特的价值与作用，它可以实现身心的全面发展，丰富人们的日常生活，提高人们的生活质量。

体育是人类在生产生活中形成的以身体各方面活动为主的一种特殊的文化，它同时也有很多方面的特点与功能，如健身、搏击、游戏、娱乐等，对人体具有积极的影响，对人们的休闲生活有着重要的意义。体育活动需要人们直接参与，通过各方面的体育锻炼活动使人体的各方面素质得到恢复与提高。

体育并不是为了空闲时间的娱乐和愉快而存在的，它是以人身体的健康发展为最终目的的。在人们的日常生活中，随着闲暇时间的不断增多，体育作为一种休闲娱乐活动在长期的生活实践中逐渐为人们所接受。体育通过休闲和娱乐的方式逐渐得以推广，并发展成为如今的休闲体育运动。

（二）“互联网+休闲体育”产业

1.“互联网+休闲体育”产业的概念及含义

在休闲产业的组成结构中，休闲体育产业是其中一个基础的组成部分。休闲体育产业的概念为，为了使人们的休闲体育消费需求得到满足而将物品、服务和设施提供给人们的组织集合体。在一定程度上而言，也可以将休闲体育产业认为是以使人们的休闲体育需要得到满足为目的的产业。

“互联网+休闲体育”产业的概念中包含以下几方面的含义：

（1）休闲体育用品和休闲体育服务是休闲体育产业提供的两类主要产品。

（2）休闲体育产业将休闲体育产品提供给人们，主要是为了实现休闲体育消费，这表明休闲体育产业所提供的产品其指向性是明确的。

（3）人们通过支付金钱，购买休闲体育产品，以使自身的休闲体育需求得以满足的过程就是休闲体育消费。

（4）休闲体育与其他体育方式相区别的一个特殊属性就是，体育运动是对休闲体育产品进行生产和提供的基本方式和手段。

2.“互联网+休闲体育”产业体系构建

作为休闲产业的一个重要组成部分，休闲体育产业主要包括两大部分，即休闲体育用品产业和休闲体育服务产业。

二、“互联网+休闲体育”产业的功能

作为一种新兴产业和朝阳产业，“互联网+休闲体育”产业的功能与作用可以从多个方面体现出来。休闲体育的内容包含在休闲体育产业中，因此休闲体育的功能也是休闲体育产业所具有的功能。此外，作为一种产业，经济功能也是休闲体育产业的重要功能。

（一）健身功能

实践证明，在闲暇时间经常进行休闲体育活动是保持身体健康、强健身体的一项有效措施。随着年龄的逐渐增长，人体会出现各种老化现象，随之而来的就是各种疾病的产生。研究发现，动脉硬化在脑力劳动者中发生的概率为14.5%，在体力劳动者中仅为1.3%。我国传统的养生学一直都非常强调运动对于人体的重要作用。有研究者对长期参加跑步的40名中老年人研究发现，他们的发病率一般都很低，心肺退行性变化推迟10年甚至更长时间。正是由于平时坚持参加适宜的长跑运动，才显著改善了心肺功能，调节了身心。

随着社会的不断发展，“职业病”和“文明病”逐渐增多，人们越来越意识到身体健康的重要性，“生命在于运动”的观念逐渐为人们所普遍接受。在日常的工作生活中，人们开始逐渐重视休闲体育的功能与作用，在空闲时间里参与各种休闲体育活动，以此来弥补或消除由于缺乏运动所造成的负面影响。通过参与这些内容丰富、形式多样的休闲体育活动，人们能够获得健康的身体与愉悦的心情，而作为一种能够保持并提高健康水平的体育运动，休闲体育活动是最积极、最有益、最愉快的休闲方式之一。

“互联网+休闲体育”之所以不断受到人们的重视，同其自身所具备的特点密切相关。总体来说，我国的竞技体育、学校体育、群众体育的发展或多或少都带有一定的强制性，而实践则要求过去的封闭体育向开放体育过渡、计划体

育向市场体育转型。面对这种情况，“终身体育”与“健康第一”的观念逐渐为人们所认可并接受。“终身体育”的理论与观念之所以能被人们广泛接受，与人们对于健康的需求密不可分，它作为一种理论基础，对人们健身意识的提高具有积极的推动作用。此外，通过人们的实践，休闲体育以其趣味性与娱乐性吸引着大众的目光，从而促使人们产生了强烈的休闲体育健身的欲望。

作为一种丰富人们精神文化生活的运动，休闲体育运动具有重要的作用。它能够发散人们多余的精力，消除疲劳；净化人们的情感，缓解心理的压力；使人们回报社会，获得更多的成功感和满足感；提高人们的人际交往及社会适应能力；等等。除此以外，休闲体育活动内容繁多、形式多样，并不需要有高规格的场地设施与器械，对技术动作也没有硬性要求，可以自娱自乐，也可以与群众互动参与。在参与休闲体育的过程中，没有身份、地位的分别，也没有职业、性别及年龄的分别，每个人都能够从中获得休闲的乐趣，具有娱悦身心的作用。对休闲体育的参与有助于人们摆脱以工作为中心的单调生活，更好地感受生命的意义与价值，享受生活的乐趣，从而为终身体育的推广和普及创造良好的基础。

（二）文化功能

文化功能是休闲体育产业的重要功能之一，主要表现如下：

1. 促进观念的改变

休闲体育本身所具有的休闲、娱乐、健身等价值能够在休闲体育产业中充分展示出来，这些价值有利于人们对休闲体育能够提高人们生活质量这一重要意义的深入认识，有利于促进人们文化观念的改变，对人们传统的体育意识进行有效的引导，进而对人们积极参与休闲体育消费的行为给予正确的引导，这在客观上对体育经济的发展起到了推动作用。

“互联网+休闲体育”产业能够将健身、娱乐、休闲、教育等休闲体育的文化价值展现出来，同时，休闲体育设备本身所具有的艺术价值也可以在产业中体现出来，这就有利于吸引更多的民众，使其自觉积极地参与到体育休闲活动中来。在人民群众中，有些人的休闲体育文化价值观是相近的，甚至是相同的，这些人在受到休闲体育文化价值的吸引和诱导后，就会对某些具体的休闲体育项目产生认同并达成共识，而且他们对休闲体育文化认识不足或肤浅的现象也会因此而得到改变，这些人共同的休闲体育消费倾向就会由此而形成，这对休闲体育及其相关产品的市场份额的扩大、规模经济的形成、体育产业市场的扩大及社会经济的发展都是十分有利的。

2. 促进人们生活的丰富

人类在对物质文明进行创造的过程中，也在不断对精神文明进行创造。随着社会文化的日益发展，人们在对物质生活加以享受的同时，也在尽情地享受着精神文化生活。文化生活的内容是多姿多彩、十分丰富的，作为一种社会文化，体育具有一定的文化韵味，休闲体育同样也是如此。人们对娱乐性、消遣性精神生活的需求能够在休闲体育中得到满足，人们对美的需求也可以通过休闲体育得到满足，进而，人们自我发展的需求同样可以得到满足。

“互联网+休闲体育”产业是组成社会文化生活的一个重要部分，其可以将丰富多彩的活动内容和方式提供给人们。人们的空闲时间在不断增加，休闲体育产业可以将更多的选择和机会提供给人们，使人们能够对闲暇时间进行更为自由与充实的安排。在我国，人们不仅在致力于社会主义物质文明的建设，同时也在对社会主义精神文明建设进行大力提倡。休闲体育能够促进人的精神素养的提高，使人的文化知识不断增长，审美意识不断增强，促进人的整体素质全面提高。在休闲时间参加体育活动，不但可以使人们的业余文化生活变得丰富多彩，而且对社会主义精神文明建设也有积极的促进作用。

（三）经济功能

1. 提供就业机会

“互联网+休闲体育”产业的发展能够给社会提供更多的就业机会，从而有效改善现代社会中就业难的问题。在一定的社会经济条件下，劳动者从事生产经营活动或非经营性工作，并且得到了报酬，这就是就业。实质上，就业就是人们为了满足自己在物质和精神方面的需求，通过特定的方式参与到社会劳动中。社会上普遍存在一系列与就业相关的问题，这些问题直接影响了经济的发展和社会的稳定，也影响了和谐社会的构建。我国要加紧解决就业问题，以此来改善劳动者的生存与发展现状，并使社会的稳定得到一定的保障。“互联网+休闲体育”产业涉及十分广泛的内容，而且它属于一种综合性产业部门，既具有服务性，又具有生产性，休闲体育产业的发展必然会对相关各行业的发展起到积极的带动作用，从而使各行各业对不同类型的劳动者提出了需求，为社会提供大量的就业机会。

2. 刺激健康消费

健康的生活方式是现代社会所积极倡导的，而休闲体育自产生之后就和一些体育活动方式有着密切的关系，这些活动方式不仅丰富多彩，而且有益于身心健康，如登山、徒步旅行、钓鱼、健身等，参加这些活动不仅能够使人们休闲与娱乐的需求得到满足，而且对人们的身心健康也是十分有利的。因此，作为人们休闲方式的主要形式，休闲体育已经融入现代社会的方方面面。休闲体育产业的发展能够将更多的健康生活方式提供给人们，将更多的休闲体育消费选择提供给人们，并对人们在休闲体育产业方面的健康消费进行积极的引导。

现阶段，我国的生产力水平高度发展，经济在持续、稳定地增长，人民群众的收入也在逐渐增加，经过多年的积累与发展，人们的消费潜力已十分巨大。与此同时，人们有了越来越多的假期，因此闲暇时间也就增多了，这就意味着人们有更多的时间消费了，而且消费的空间也扩大了。消费时间与空间的增加与扩大为人们进行休闲体育消费提供了基础与便利。

随着我国与世界其他国家交流的密切，人们的视野会变得不断开阔，传统的消费观念与生活方式也会有一定的转变，进而也会导致消费需求的变化。人们基本的生存问题已经得到了解决与改善，现阶段人们的重点需求主要体现在精神层面，自愿花钱增长见识、买健康的人越来越多。而休闲体育产业是与当前国内市场需求最适应、最能促进国内消费不断扩大的新兴产业。所以，促进休闲体育产业的发展成为使内需不断扩大的突破口。

人们都知道这样的经济学常识，即消费由生产决定，但生产的最终目的还是消费。随着工业生产的快速发展，通过第二产业的发展供应大量生活资料的能力有了很大程度的提高，人们的日常消费品变得极其丰富，但因为我国有一个重要的现实问题就是人口众多，所以不可能对人们无节制的物质消费不断进行刺激。在这种情况下，有一个比较合理、可行的选择就是对人们以精神消费为主的休闲体育消费进行积极的倡导。由于人们的精神需求会在基本物质需求满足后上升为主要消费目标，所以精神产品的消费有着很大的发展空间。

（四）现代消费价值观的建立

马斯洛需求层次理论的基本观点是，人的需求具有五个不同的层次，即生理需求、安全需求、社会需求、尊重需求和自我实现需求。这五个层次的需求是有级别划分的。对于大多数人，尤其是理性的人而言，在衣食住行等基本需求得到满足之后，对休闲、娱乐等精神享受方面的需求必然会增加，人们会在休闲消费中投入自身的财力与时间，这是一种毋庸置疑的必然现象。这时，如果对大量的物质产品特别是生活必需品进行生产，就会导致供过于求的现象出现。

人的精神需求主要表现在两个方面：一方面是人实现自身自由价值的需要，另一方面是对按照现有社会关系进行结构化、等级化的符号编码的精神产品的需要。这两个方面的消费有利于人们社会地位的提高，有利于人们实现自我价值程度的加强，也就是说，进行这两方面的消费，人们会有一种消费档次或品位提高的意识。起初，人们认为追求奢侈品的消费是一种时尚，是一种提高自身品位与社会地位的手段，久而久之，人们在习惯消费奢侈品后，就会把它当作是一种生活必需品，从而将其纳入休闲消费品的范围中。人们追求奢侈品，不是为了满足基本的生理需求，也不是为了满足基本的生活需要，而是为了将自我或自我价值表现出来。

现代社会中，人们的消费观已经上升为一种价值哲学或价值观。人们对休闲体育消费品的需求也是对这种价值观加以遵循的结果。所以，休闲体育商业性服务和消费品在类别、等级上都有不同的划分，与此同时，在休闲体育消费品的划分中，也有一些以品牌为依据的划分形式，表现在商业性服务中，就是以档次为依据对其进行划分。不同的人，其所处的阶段与阶层也是有区别的，他们标示自己所处的阶层与地位时，需要通过对不同层次的消费品的运用来标示。也就是说，不同档次与品牌的消费品，代表了不同阶层的人。有时候，即使是同一个档次与品牌的消费品的消费者，其社会阶层与地位也是有区别的。以高尔夫球俱乐部的会员为例进行说明，人们需要花费很多钱才可以有资格进入高尔夫球俱乐部，但是人们交纳的会费也是分等级的。交纳会费少的会员，他们所享受的设施、教练等服务与交纳很高会费的会员是不同的。从表面来看，消费者花钱消费休闲体育产品或服务，这是花钱买健康的观念使然，但是在消费者看来，他们不仅在买健康，也在通过这一手段将自己所属阶层的文化观念宣示给他人看。

（五）个体自由本质实现的需要

在古代，因为社会生产力水平极其低下，人们要想生存，单靠个体的力量是远远不够的，所以他们需要依赖集体的力量。然而，对个体的抑制与牺牲是集体存在和发展的主要手段。对个体来说，其自身发展的过程就是不断弘扬和强化自身主体性的过程，就是其生活不断丰富多样化及系统整体化的过程，就是其才能不断得到突破，充分体现自身本质力量及创造性的过程。

人的主体性需要主要有两个方面，即积极主体性需要和消极主体性需要。

其中，人的主观能动性、积极性及创造性是积极主体性需要的具体体现。个体的舒适、信仰、安全、公平、善恶、尊严、个性及自由等是消极主体性需要的具体体现。因为在人的存在与发展中，一定会有生产和消费行为，所以，生产需要主要体现为人的积极主体性需要。实质上，对消费的需要是消极主体性需要的本质。人们的消费行为，不仅是要满足自己的基本生存，也是为了实现自身的“自由”这一重要的人本属性。因此说，人们幸福的前提条件就是实现自由。

然而，对自由与幸福的绝对享有在现实中是不可能实现的，所以人们就会把这一希望寄托在艺术和体育上。人们为了获得自由而参与休闲活动，主要参与形式就是艺术活动和体育活动。就体育来说，其有着丰富多彩的形式，不仅有奥运会中正式的比赛项目，而且有很多民间体育活动。

（六）市场经济体制是前提条件

休闲体育产业的产生经历了休闲体育活动的产生与发展这一基础阶段，这与现代市场经济发展的逻辑是相符的。与其他一般产业部门一样，利润最大化是提供休闲体育产品的企业追求的目标。休闲体育服务劳动分工是产生休闲体育产业的基础。反过来，休闲体育产业能够促进休闲体育地域分工和服务劳动的不断深化，能够对休闲体育经济的发展提供支撑与导向作用。

“互联网+休闲体育”产业只有在市场经济体制下才能将自身真正的产业特点体现出来。要永无休止地使资本增值，这是众所周知的道理，休闲体育资本同样也是如此，休闲体育产业及经济的发展也需要资本的不断增值。休闲体育资本增值的主要表现是，在休闲体育的广阔领域中寻找投资与融资的机会，以此来获取更大的价值量。休闲体育资本在某种意义上是一个巨大的开放系统，它将休闲体育融入其中。从一定程度上来说，它也是一种导向力量，促进休闲体育经济结构转变的实现。

（七）休闲时间充裕与收入的增加

休闲是物质生产过程以外的活动，社会生产力的发展程度直接决定了休闲时间的多少。在不同的社会发展时期，休闲时间的差异主要由生产力的发展水平决定。在资本主义社会之前，社会的生存与发展要想得到良好的维持，就需要有大量的人和大量的时间，人们利用这些时间去耕作、采集与狩猎，这是社会生存所必需的。因此，人们几乎没有闲暇时间来享受休闲的生活方式，休闲消费也就很少了，只有帝王将相和皇宫贵族才有多余的时间来过休闲的生活。

在工业革命之后，劳动生产效率因为使用了蒸汽机等动力机械而得到了大大的提高，这就极大地促进了人们生活必需品的多样性与丰富性，这时，人们可以不必把所有的时间都用于劳动，可以抽出一部分时间来参与休闲活动。然而，当时在资本主义原始积累的情况下，人们每天的工作时间长达十几个小时，闲暇时间很少，因此休闲消费依然得不到发展。

现在，社会生产力水平不断提高，人们的生活水平也在提高，收入在不断增加，产业结构和产品结构也在不断优化，有大量的多种多样的物质产品与精神文化产品能够供人们消费，这就明显地促进了休闲消费的发展。所以说，生产力水平与经济水平提高、收入增长是导致休闲消费发展的主要原因。作为众多休闲方式之一，休闲体育也随着休闲消费的大量出现而逐渐发展起来。

我国休闲体育产业经历了几十年的发展，已经取得了很大的成果，具体表现在扩大了市场规模、初步形成了休闲体育市场体系、体育健身服务向多元化与经营连锁化的趋势发展、体育经济法制建设不断加强、市场管理走向规范化、体育人口数量有了增加、休闲体育产业对国民经济的增长有着重大的意义等方面。

三、“互联网+休闲体育”产业的市场规模

现阶段，我国有20000多家经营性体育产业机构，这些机构将2000多亿元投入到体育产业的发展中，每年这些机构总共有高达600多亿元的营业额。“花钱买健康”的观念已经深入人心，人们将其看作一种时尚。目前，我国有3亿多人会经常参加一些不同类型的体育健身休闲活动，所有居民平均每人参加3.45项体育活动。调查显示，到健身俱乐部消费健身的人，有90%以上一次消费的金额在50～100元，北京、上海、广州等发达城市的居民将家庭收入的10%用于体育健身消费。这些数据表明，我国休闲体育产业的市场规模正在不断扩大，并在之后也会继续扩大。

对一个国家的体育产业发展程度进行判断时，一个重要的指标就是这个国家是否有健全的体育市场体系。现代体育市场体系是多元化的市场体系，它主要包括两个市场，即体育用品市场和体育服务市场。具体结构包括一系列的相关市场，如体育用品市场、休闲健身市场、体育中介市场及竞赛表演市场等。20世纪80年代初，我国休闲体育市场开始萌芽，经过30多年的发展，特别是经过近十几年来的快速发展，一个新兴的市场格局开始初步形成，这个格局的

特点主要如下：

（1）各休闲体育机构是平等竞争的关系。

（2）有多种所有制并存。

（3）有来自不同行业的投资主体。

（4）健身运动营养补品市场与体育健身休闲用品市场（以体育健身市场为主体和核心）等共同发展。

（5）休闲体育市场提供低、中、高三个不同档次的体育服务产品。

具备上述特征的休闲体育市场格局为休闲体育产业的进一步发展奠定了良好的基础条件。

不同类型的休闲体育健身中心或健身俱乐部将各种丰富多样的体育健身服务项目和内容提供给消费者，如有氧健身操、器械健身操、体育舞蹈、形体训练、有氧搏击操、保健按摩、羽毛球、台球、保龄球、瑜伽、网球、武术及游泳等。这些健身机构不仅对齐全的健身项目进行了多样化的设置，而且能够将多元化的服务提供给消费者。例如，休闲体育健身中心，能够将运动服务、健美服务、健身服务、美容塑身服务及康复服务等同时提供给消费者，此外，还有一些其他的服务项目，如咖啡屋、茶馆、舞厅、书刊室及桑拿浴等。这样，不同阶层的人在娱乐休闲、健身健美及交友等方面的需求都能够得到全面的满足。

市场经济是法制经济。休闲体育产业的可持续发展及体育市场的有序规范运行离不开经济法制的建设，离不开对市场秩序的规范。我国体育产业自 20 世纪 90 年代以来得到了快速的发展，而且相关部门也在不断加强建设体育经济法制，许多国家体育法规和地方体育法规相继被制定，其中，《公共体育文化设施条例》《全民健身条例》《体育法》等是较为普遍的体育法规。另外，国家也在不断完善休闲体育从业人员的资质认证制度及体育市场的准入制度，这将进一步规范与加强体育市场的管理，包括休闲健身产业在内的体育产业的发展将会得到有力的法律保障。

连锁经营模式首先被马华引进我国，其当时引进的是健身俱乐部，后来，一些发达国家的著名体育健身企业进军我国市场，为了促进市场份额的扩大，这些企业采取了连锁经营的方式。自此，连锁经营的方式开始被大量的健身企业运用，以此来促进规模的不断扩大。

国外著名体育健身企业在我国市场立足后，不断促进市场规模的扩大，采取连锁经营的方式谋求发展，很快就在我国市场产生了很大的影响力，促进了体育市场集中度的不断提高。国外体育企业之所以能够快速在我国占领市场，主要是因为其资金实力雄厚，知名度高，品牌形象良好，经营管理水平较高，健身理念先进。

四、体育健身企业面临日趋激烈的市场竞争

我国加入世界贸易组织之后，国外很多知名度较高的体育健身企业，如美国倍力、英国菲力斯公司等进入中国市场。这些知名的企业进入我国产生了两方面的影响，即积极影响与消极影响，具体如下：①积极影响：知名企业进军我国市场，将先进的健身理念和经营管理经验带入我国，对我国体育健身企业的发展具有积极的作用。②消极影响：知名企业进军我国，使我国体育健身市场的竞争日益激烈，而且各企业之间在服务产品上没有很明显的差异，所以对顾客的吸引力也较为均等，企业为了吸引消费者，果断采取价格手段，这就会造成我国体育健身市场秩序的混乱，不公平的竞争也会随之出现，增加了企业经营的风险。

（一）国外体育健身休闲产业的发展

居民可支配收入增加、人们余暇时间的增多是国外体育健身休闲产业发展的两个重要因素。西方发达国家体育健身休闲产业的发展，大体经历了贵族化、大众化、多元化等几个阶段。以美国为例，具体分析如下：

1. 贵族化发展阶段

20 世纪 70 年代以前，网球、高尔夫等运动在美国兴起，由于这些运动属于高档休闲体育产品，因此，参与者多为社会上层的人，而这些运动也成为典型的“贵族运动”。与其他阶层不同，由于具有较高的文化教育水平，社会上层及部分中上层群体选择休闲体育的活动方式、场所、时间及伙伴有着一定的模式化特征。比如，社会上层群体拥有更多的可支配时间、金钱参与高档休闲体育项目，网球、骑马、高尔夫等休闲体育项目几乎成为社会上层和中上层的专利。这一时期，体育健身休闲的贵族化特征明显。

2. 大众化发展阶段

20 世纪 70 年代以后，以健身操为代表的有氧运动在美国十分流行，并迅速风靡全球，健身休闲观念和健身休闲运动促进了西方国家的体育健身休闲业的快速发展。这一时期，普通人群的体育健身休闲需求日益增大，大众健身休闲设施和服务产品大量涌现，大众化特点表现明显。

3. 多元化发展阶段

21 世纪以后，以美国等西方发达国家为代表，体育健身休闲产业发展迅速，参与休闲体育健身的体育人口不断增多。

（二）我国体育健身休闲产业的发展

改革开放的宽松政策环境、国民经济的快速发展、人们健身休闲观念的改变促进了我国体育健身休闲产业的快速发展。

随着改革开放的进行，我国的经济发展水平飞速发展，国民生产总值显著提高，人们的生活水平得到了一定程度的改善，我国居民的恩格尔系数也逐渐呈下降趋势。人们用于基本生存的消费比重下降，可支配收入得到了大幅度的提高，这为休闲体育在我国的快速发展提供了必要的经济基础。

思想上的解放是真正促进我国体育健身休闲产业发展的根本原因之一。在改革开放之前，我国施行计划经济，严重地挫伤了人们工作的积极性。而“文化大革命”期间，来自政治环境的压力，更是阻碍了人们参与休闲体育运动的积极性。在“文化大革命”期间，很多体育运动、艺术等都停滞不前，严重影响和禁锢了人们的思想。随着改革开放的进行，人们的思想得到了进一步的解放，人们的个性呈现多元化的发展趋势，这为休闲体育的发展提供了思想基础。

我国体育健身休闲产业的发展，从 20 世纪 80 年代初兴起到目前，大体经历了三个阶段。

1. 体育健身休闲产业萌芽阶段

党的十一届三中全会做出实行改革开放的决定，将工作重心转移到经济建设上来。国家体育系统开始兴办产业。

20 世纪 80 年代初，简•方达的有氧健身操传入我国并很快风靡全国，体育健身休闲活动在全国范围内蓬勃开展起来，参与人群越来越多，健身项目年年翻新，青年人玩飞碟、旱冰、迪斯科、呼啦圈，老年人打太极拳等，人们对体育健身场地、体育技能指导、健身知识普及等的需求越来越大。场地、器材租赁开始出现，标志着我国体育健身休闲产业的萌芽。

2. 体育健身休闲产业培育阶段

1992 年，中共中央、国务院颁布了《关于加快发展第三产业的决定》，把体育事业划归为第三产业的第三层次，即“为提高科学文化水平和居民素质服务的部门”。

随着改革开放的深入进行，每周五天的工作制逐渐在我国得到了推广和普及，从而使人们能够自由支配的时间逐渐增多，从而为人们参与休闲体育活动提供了时间保障。另外，随着服务产业的发展及家用电器等的普及，人们逐渐从日常家务劳动中解放了出来，有了更多的闲暇时间。同时，我国的节假日制度也逐渐完善。以上这些因素都使人们进一步摆脱了工作的束缚，相应地，生活和休闲的时间逐渐增多。国务院颁布了《全民健身计划纲要》，国家体育总局推出了第一期全民健身工程。

这一时期，我国对外交流逐渐增多，这在一定程度上开阔了国人的眼界，使人们了解到了如何更好地使用闲暇时间，也使现代休闲体育在我国得到了快速的传播。如今，休闲体育产业已经成为我国国民经济的重要组成部分，休闲体育市场呈现出了一派繁荣的景象，台球运动在我国得到了广泛的传播，高尔夫球也在我国逐渐兴起，很多城市都开设了高尔夫球场。一些消费层次较高的体育项目开始进入健身休闲领域，体育作为一种健康投资的意识逐步被人们接受，休闲健身娱乐消费成为一种时尚。体育健身领域初步形成私营、集体、外资及中外合资等多种投资主体并存，高、中、低档体育服务产品共同竞争的市场格局，以及单店、连锁等经营模式，我国体育健身休闲产业的产业框架基本形成。

3. 体育健身休闲产业成长阶段

进入 21 世纪以来，我国人民初步实现了小康，虽然人均国民收入水平与发达国家仍有一定的差距，但是，这一差距正在逐步减小。同时，北京申办第 29 届奥运会成功，极大地激发了全国人民的体育热情。

如今中国人均国内生产总值已突破 1000 美元，居民可支配收入增加，为群众体育健身消费提供了坚实的物质基础。国务院通过了《全民健身条例》，设立了全民健身日，有力地促进和保障了体育事业和体育产业的发展。

我国成功举办奥运会，全国人民参与体育健身活动的热情高涨。调查数据显示，如今我国人均国内生产总值已经超过 3000 美元，体育健身休闲产业发展的群众、物质基础雄厚。

我国体育健身休闲产业快速发展，随着物质条件的改善、闲暇时间的增多，以及人们思想观念的转变，休闲体育呈现出了勃勃发展的势头。

目前，我国有体育产业经营性机构两万多家，总投资额超过 2000 亿元，年营业额 600 多亿元。“花钱买健康”正在成为一种时尚。

在商业发展的促进下，休闲体育产业得到了快速发展，使人们的运动消费观念逐渐确立，这对人们健康水平的提高及生活质量的改善等方面都有重要的作用。产业化和设施的完善使国民从事休闲体育的人数大大增加，与那些传统的休闲项目相比，休闲体育这种方式更富有健康活力、号召力。我国体育健身休闲产业进入逐步规范的快速成长阶段。

五、“互联网+”背景下休闲体育文化产业的发展趋势

在“互联网+”发展的背景下，休闲体育文化产业得到新的发展与融合，在极大程度上推动了我国传统体育文化的进步，有效推动我国体育产业的发展，使我国当代体育文化产业能够朝着多元化的方向发展，积极迎合国家文化多元化的发展需求，带动体育产业结构的发展与进步。通过调查研究得知，在“互联网+”发展的背景下，我国休闲体育文化产业主要朝着多元跨界融合、技术创新、结构优化与整合、互联互通的方向发展。

（一）休闲体育文化产业的多元跨界融合

跨界合作是当今产业文化发展的基本方向之一，在我国社会经济发展进程中占据不容忽视的地位，无论是优化经济结构，还是加快产业转型与升级，其最终都是朝着多元跨界融合的方向发展。休闲体育文化产业作为我国当代产业文化体系中的重要组成部分，在文化产业结构融合与构建中占据不容忽视的地位，因此，多元跨界融合同样是休闲体育文化产业的必然发展方向。而休闲体育文化产业的发展与进步均需要必要的经济条件为其提供支撑，是一种具有较强的服务性的产业结构，是社会发展与经济发展的重要结合产物。与此同时，休闲体育产业的发展能够有效带动相关产业的发展，如运动产业、教育产业、旅游产业、服务产业等，休闲文化产业同其他体育产业之间具有相互配套的联系，并在无形中形成一个完整的产业结构。该结构在形成与构建的过程中，不仅需要关注产业结构所具备的普遍性，还需要提高对休闲体育产业特殊性的重视，将休闲体育文化产业作为整个体育产业链条的发展核心，不断对整个产业结构进行完善与整合，细化产业分工，优化产业结构。在新时期发展的背景下，大数据技术、云计算技术相继被运用到体育休闲产业的发展建设中，实现对休闲体育文化产业的丰富与拓展，将交通、教育、金融、建筑等多种产业同休闲体育文化产业有机地联合到一起，为体育产业结构的形成与构建奠定基础，充分利用“互联网+”在体育产业中的应用优势，将信息技术的功能在体育产业中展现出来，提高休闲文化体育产业在市场中的附加价值。

“互联网+”理念在社会各个领域的推广与应用，在极大程度上推动了休闲体育文化产业的变革，使体育产业在形成与构建过程中得到进一步延伸与拓展，

并在“互联网+”的作用下，将休闲体育产业文化融入人们的日常生活中，成为当代社会生活的重要组成部分。然而，休闲体育文化产业在融合过程中并不是一蹴而就的，而是一个循序渐进的过程，具体表现如下：

1. 寻找休闲体育文化产业的融合动力

休闲体育文化产业在发展的进程中，离不开文化创意与设计服务的支持，并借助其他载体将休闲文化产业的价值彰显出来，实现经济价值的产出与丰富。体育行业的相关产业与企业要想提升自身在市场发展中的整体竞争力，需要实现对品牌形象的创新与整合，有效提升品牌在市场发展中的驱动力。随着社会的不断发展，体育产业对文化品牌建设工作日益重视起来，文化创意与体育产业之间构建起一种以“需求”为导向的动力发展机制，这种“需求”之间具有较大的关联性，能够催生业态之间跨界融合的内在发展动力。通常情况下，休闲体育文化产业的融合动力来源于美学增值、创意落实、品牌塑造三个方面。

（1）美学增值。随着社会的不断发展，人们的精神文化需求日益丰富，实现对现代化消费市场的延伸与拓展，全面提高对审美功能产品的重视，产品设计者与生产者能够分别从心理视角与视觉视角出发，使广大消费者在使用体育产品的过程中获取不一样的感受与体验，最大限度地满足广大消费者的生理需求与心理需求。例如，耐克运动鞋在设计与生产过程中，从人的精神视角出发，在保证运动鞋基本使用性能的基础上，对运动鞋的外观进行独具匠心的设计，使广大消费者能够从中获取不一样的感受。因此，休闲体育文化产业在保证产品基本功能需求的前提下，通过融合创意与设计，能够实现对现有产品的优化与整合，最大限度地提升消费者的满意度与认可度，激发消费者的购买欲望，增加产业在市场发展中的利润。

（2）创意落实。文化创意与设计服务隶属于无形资产的范畴，需要借助休闲体育文化产业才能够将体育产品输入消费市场之中，并在市场运营与发展中获取与之相对应的价值与效益。例如，苹果公司作为当代国际电子产品行业的一大巨头，其充满人文思想的设计理念及精湛的工业设计手法享誉全球，但是在整个生产运营过程中服务商与制造商若缺乏相关技术、工艺、材料、装备等内容的支持，必将难以在市场发展中占据一席之地。创意并非为了创意而创意，需要保证商品的基本创意，不断将各种创意思想融入、渗透到产品设计、研发的各个阶段，实现休闲体育文化产业的多元融合。

（3）品牌塑造。文化创意和设计服务在联合运用过程中通过增加在休闲体育文化产业的相关创意、广告、设计、软件等方面的投入力量，可以提升产品的文化内涵、健全品牌的价值功能。例如，星巴克在整个发展进程中从原有提供咖啡消费，扩展到提供符号消费与空间消费方面，在国际市场发展中全面打造成为一个远近闻名的咖啡品牌。在全球化发展的背景下，星巴克通过新媒体互动、体验式营销，不断开发市场中的潜在消费群体，并在国际市场中形成一种庞大、壮观的文化消费现象。

总而言之，在休闲体育文化产业的整个发展进程中，无论是美学增值，还是创意落实，或者是品牌塑造，其核心内容都是提升产品在市场发展中的附加值。文化创意和设计服务拥有高增值性与高知识性，将其运用到休闲体育文化产业的各项运营活动中，能够促使体育产业朝着动态融合的方向发展。

2. 提升休闲体育文化产业业态融合品质

2014 年国务院将制造业、建筑业、消费品业、旅游业、信息业、农业、体育业七大产业作为新时期产业融合的重点内容，这一举措一方面说明这些产业在新时期发展中拥有巨大的发展潜力，另一方面说明这些产业存在产品与服务质量不高、附加价值较低、性能不健全等问题。从总体发展视角来看，文化创意与设计服务同体育产业之间的融合存在明显不足。要想实现休闲体育文化产业的多元跨界融合，需要加快转换思路、加大挖掘力度、不断开阔思路。

（1）加快转换思路。加快转换思路是实现休闲体育文化产业多元跨界融合的首要举措。思想是一切行为活动的开展基础，是推动人类进步、社会发展的重要动力。在休闲体育文化产业的多元跨界融合过程中，只有加快转换思路，才可促使产业融合朝着要素融合方面转变。文化产业具有明显的重创意、轻资产的特征，拥有天然的产业融合属性，但是在与其他产业进行跨界融合的过程中并没有达到理想的应用效果，产业融合质量由要素流动的合理性和资源配置的优化程度决定。在休闲体育文化产业融合过程中，要素聚集并非一项简单的聚拢工作或占有活动，需要科学处理好各个要素之间的关系，使多种要素之间能够协调发展，实现要素合作，并将创新元素不断注入产业融合活动中，实现对要素价值的增值，进而达到创新要素集成的目的。同传统产业融合相比，将创意、人才、信息、技术、资本等要素融合、渗透到体育产业的发展进程中，能够有效提升产业融合质量，增强产品在市场发展中的能动力。

（2）加大挖掘力度。加大挖掘力度是开发休闲体育文化产业内在发展潜能的一种重要举措，在整个市场发展进程中占据不容忽视的地位，能够实现从表层融合到深度融合的有效过渡。中国文化博大精深、源远流长，在世界文化发展史上占据着不容忽视的地位，但是迄今为止并没有成为世界上备受认可的

“文化强国”，主要原因在于我国大量的优秀文化还处于浅层开发或者是待开发的状态，文化产业与相关产业融合深度不够。因此，在“互联网+”的背景下，加快互联网+体育产业的发展，实现跨界融合，需要不断加大挖掘力度，将文化产业的各种内涵与价值彰显出来，实现对现有产业价值的提升与创造。

（3）不断开阔思路。不断开阔思路有助于实现休闲体育文化产业从两两融合到多元融合的多元跨越，能够为体育产业的融合与发展提供承接载体，保证多元文化能够有效连接，保证产业结构之间具有较强的联系性与发展性，不同产业相互渗透、相互促进，达到合作共赢的双赢局面。然而，业态之间的跨界融合并不是对不同产业进行简单的组合，而是需要通过组合的方式实现对产业内部结构的优化与升级、组织形式的更新与换代、产品形态的改革与创新。在经济与科技高速发展的背景下，业态更新周期得到极大程度的缩短，无形中加快了市场发展中优胜劣汰的速度，如何实现对休闲体育文化产业的多元开发，成为未来休闲体育文化产业发展的重要方向。

3. 正确把握休闲体育文化产业业态融合的本质特征

休闲体育文化产业之间是否能够实现多元融合，由休闲体育文化产业转型成果、升级成果及创新成果决定，这不仅是休闲体育文化产业业态融合的本质特征，还是国家对体育产业进行宏观调控的出发点与落脚点。为此，休闲体育文化产业业态融合工作的开展应全面做好转型、升级与创新工作。

（1）休闲体育文化产业的业态转型工作。产业转型是将有限资源在产业之间进行二次配置与整合，使原有的人力资源、物力资源、财力资源等生产要素能够从衰退的产业朝着新兴产业方向发展，在体育产业运营与发展中，在“互联网+”的作用下，使体育产业朝着现代化、智能化、多元化的方向转型，实现休闲体育文化产业的多元跨界融合。

（2）休闲体育文化产业的业态升级工作。业态升级工作与业态转型有所不同，业态升级对产业要素较为重视，通过改善产业要素、提高产业效率，推动产业的进步与发展，使产业形态能够朝着多元化的方向发展。休闲体育文化产业在整个发展进程中，离不开多元文化的牵引，需要产业从多种发展视角出发，做好文化体验、文化创意及文化创新的牵引工作，使体育产业能够从观赏式朝着体验式的方向转变。

（3）休闲体育文化产业的业态创新工作。业态创新是休闲体育文化产业多元融合的重要内容，需要不同行业之间实现交叉渗透、互相融合，实现产业要素之间的频繁流动，能够在一定程度上衍生出一大批新型产业形态。例如，现代化科学技术在体育产业的发展进程中，在原有产业形态上进行创新，优化产业结构，形成多元文化产业融合局面，有效丰富体育产业的各项内容，最大限度地满足多元化消费的各种需求，使产品拥有创新功能与服务功能。

（二）休闲体育文化产业的技术创新

在“互联网+”发展的背景下，体育产业逐步朝着多元化的方向发展，在极大程度上加快了体育产业与其他产业之间的融合与渗透，利用多种技术对体育产业进行创新与整合成为当代体育产业的重要发展方向。休闲体育文化产业在未来社会发展进程中，离不开产业技术的创新与整合，需要相关建设人员从多种视角出发，实现对休闲体育文化产业的技术创新，使休闲体育文化产业能够不断朝着创新化的方向发展。现如今，受“互联网+”理念的影响，体育产业与互联网产业融合到一起，形成互联网+体育产业新业态结构，有效改变了传统休闲体育文化产业的发展格局，使我国休闲体育文化产业能够朝着大众创业、万众创新的方向发展，充分发挥现代化互联网技术、移动通信技术在休闲体育文化产业中的应用优势，实现对休闲体育文化产业的进一步创新与拓展，有效提升休闲体育文化产业在市场发展中的竞争力。

在新时期发展的背景下，休闲体育是服务业中最具典型性的新型服务产业之一，该产业在发展的进程中，不仅能够提升自身在市场发展中的竞争力，还能够有效带动相关产业的发展，进而推动整个社会经济的发展与进步，在极大程度上丰富了广大人民群众的日常生活。因此，休闲体育文化产业的建设者应不断更新个人的思想观念，重塑体育文化价值观，深入挖掘各地区历史遗存，完善休闲体育公共文化服务网络，培育休闲体育市场，做好休闲体育文化消费的引导工作，大力发展休闲体育产业。

1. 休闲体育文化产业技术创新的价值取向

在互联网+体育产业的背景下，休闲体育文化产业必将逐步朝着技术创新的方向发展。为此，在今后的休闲体育文化产业发展进程中，我国休闲体育文化产业技术创新的关键在于铸造休闲体育文化产业的新辉煌，增强经济社会发展的文化底蕴。

（1）重塑地方文化，铸造休闲体育文化的新辉煌。我国历史悠久、源远流长，在今后的社会发展进程中，受“互联网+”理念的熏陶，我国互联网+体育产业必将朝着休闲文化产业多元融合的方向发展，并在整个发展进程中不断对各种应用技术进行创新与整合。为此，在今后的发展进程中我国休闲体育文化产业的发展必将以各地区的现有文化资源、自然资源为依托，重塑地方文化，塑造休闲体育文化产业在我国社会发展进程中的新辉煌。

（2）构建和谐社会，增强经济社会发展文化底蕴。在新时期发展的背景下，我国正式步入全面建成小康社会的关键时期，休闲体育文化产业在"互联网+"的作用下，各项产业运用技术将不断得到创新与整合，实现对现有运营结构的优化与整合，为经济社会的发展创造文化底蕴，为社会的可持续发展奠定基础。

2. 休闲体育文化产业技术创新的有效途径

（1）更新观念。在未来社会发展进程中，我国休闲体育文化产业的建设者均能够全面提高对产业结构改革与优化的重视，不断对现有思想意识进行创新，重塑体育文化的价值观念，实现对现行体育文化的改革与创新，通过运用多种技术、多种手段对现行运营结构进行创新与整合，实现对多元文化的创新与改革。

（2）挖掘遗存。技术的创新与优化离不开对现有资源的利用。在新时期发展的进程中，休闲体育文化产业的革新与创造均需要将体育产业的实际发展情况作为出发点，利用社会中的相关产业资源，实现多元产业发展的跨界融合，深入挖掘休闲体育文化的历史遗存，确立科学的休闲体育发展观念，以互联网+体育产业发展为依托，实现对不同地区休闲体育文化资源的全面整合，从整体发展视角出发，推动我国休闲体育文化的发展，有效增强地域文化对体育产业的影响力。

（三）休闲体育文化产业结构的调整与优化

在市场发展的进程中，优化产业结构是迎合市场变革、加快产业发展的重要途径。近年来，在我国社会经济发展进程中，产业结构调整与优化成为传统产业发展的主旋律，促使我国传统产业结构朝着新常态的方向发展。在我国经济新常态发展进程中，如何从经济增长中寻找到产业发展的经济增长点，成为我国未来社会经济发展的重要命题。在互联网+体育产业发展的进程中，可以通过利用互联网技术促进体育产业的发展与进步，实现对整个产业结构的调整与优化。从传统体育产业发展视角来看，体育产业结构相对比较固化，并在整个运营过程中处于一种单一发展状态，严重降低了产业结构运用状态的灵活性，制约了体育产业的综合发展。在"互联网+"产业结构融合发展的背景下，通过将互联网产业与体育产业有机地融合到一起，构建互联网+体育产业，实现对传统体育产业的创新与改革，通过利用现代化信息技术、计算机电子技术，实现对体育产业结构的优化与整合，使当代体育产业逐步朝着现代化、智能化、多元化的方向发展，使体育产业结构在优化与整合的过程中不断走向成熟。互联网+体育产业的构建，可以有效缓解传统体育产业在时间、空间等方面受到的束缚，实现对传统休闲体育文化产业的调整与优化，为休闲体育文化产业的发展指明发展方向。从操作视角来看，互联网技术在休闲体育产业中的应用，可以充分借助新媒体产业的信息传播功能，实现对休闲体育产业功能的开发与创造，使当代休闲体育文化产业能够朝着开放化、互动化、共享化的方向发展，有效增强休闲体育文化产业信息的共享性与开放性，实现对休闲体育文化产业的全面整合。

（四）休闲体育文化产业的互联互通

在整个市场发展进程中，体育产业结构不断得到优化与整合，产业与产业之间的互通性不断增强，有效提升产业之间资源的共享性，使企业之间能够和谐共进，有效推动社会经济模式的转型与优化。“互联网+体育”模式的形成与构建，离不开现代化科学技术的支持，是现代化科学技术发展的重要衍生成果，是现代化社会经济发展的重要推动力。在整个市场发展进程中，尽管“互联网+”产业在我国社会发展进程中的起步相对比较晚，但是我国的互联网产业发展迅猛，能够在较短的时间内与其他产业进行融合与渗透，形成多元化产业发展格局，全面推动产业结构的发展与进步，增强产业结构之间的互动性与互通性。

互联网+体育产业的形成是对传统体育产业的一次质的超越与量的超越，能够加快不同产业之间的产业融合，增强产业之间的交互性，最大限度地提升产业资源的利用率，缩短产业运营周期，降低运营成本，有效加快我国体育产业的发展与进步，提高体育产业在市场发展中的经济效益。

六、“互联网+”背景下休闲体育文化产业结构的优化

在“互联网+”发展的背景下，要想推动休闲体育文化产业的发展，需要分别从产业结构、产业管理、产业供给三方面着手。

（一）产业结构“高+新”优化策略

“互联网+”背景下对休闲体育文化产业结构进行优化时，通过优化产业链定位产业链高端、利用科技创新促进体育深度融合、充分利用主导产业引导策略，使休闲体育文化产业结构能够朝着“高”“新”的方向发展。

1. 优化产业链定位产业链高端

随着社会的不断发展，社会分工不断朝着细化的方向发展，在产业发展进程中，产业之间能够相互沟通、相互交流，实现跨领域产业结合，构建产业结构多元化发展的新格局。在市场发展进程中，不同的产业在整个市场发展进程中扮演着不同的角色，有效提升体育产业在市场发展中的生产效率与服务效率。现代化信息技术与科学技术在体育产业中的运用，能够有效增强体育产业与相关产业之间的关联性，实现对休闲体育产业的提升与进步。

互联网+体育产业在整个发展进程中，需要积极借助各类计算机技术与信息技术，将互联网平台与信息平台作为构建基础，通过资源共享与信息共享实现对体育资源的优化配置，有效改变传统体育产业发展的新格局，为体育企业之间的发展创造一个良好的竞争环境，全面推动休闲体育文化产业的发展与进步，使休闲体育产业朝着专业化分工方向发展。技术融通与试产整合是体育产业结构的优化重点，在整个产业结构优化活动中扮演着重要角色。在现代化科学技术的作用下，社会各个行业均朝着信息化发展的局面，有效推动体育产业与其他相关产业之间的融合，不断完善体育链条，优化产业结构，全面提升体育产业在市场中的发展力与竞争力。在“互联网+”发展的背景下，休闲体育文化产业的发展离不开与其他企业之间的联合，企业之间的依赖性越来越高，在“互联网+”的作用下实现对传统网络的连接，实现对整个产业链条的进一步升级与改造。

在整个产业链条中，不同企业在产业链条中扮演着不同的角色，实现对整个休闲体育文化产业的整合与革新，达到提升传统体育文化价值与功能的目的。从我国产业链条形成与构建的整体水平来看，所运用的技术越先进，科技含量越高，企业在整个产业链条中所处的位置越高；所运用的技术越落后，科技含量越低，企业在整个产业链条中所处的位置越低。从体育产业发展进程来看，在整个发展进程中能够正确掌握休闲体育文化的新方法、新手段与新理念，即可从体育产业发展中获取更高的利润，需要休闲体育文化产业在整个发展进程中进一步提升自身在市场发展中的竞争力，充分发挥企业在市场发展中的核心竞争力，为体育文化产业的发展创造健康、稳定的发展平台。

从我国体育产业发展进程来看，互联网+体育产业的形成与构建，全面推动体育文化产业的发展与进步，有效提升休闲体育文化产业在市场发展中的竞争力，使体育产业能够紧跟时代发展潮流，最大限度地迎合广大消费者的实际需求，提高消费者在休闲娱乐中的满意度与认同感，使更多的人能够积极主动地参与到体育产业文化建设活动中。

2. 借助科技创新促进体育深度融合

在“互联网+休闲体育”发展进程中，为进一步加强互联网产业与体育产业之间的融合，需要运用多种手段，从多渠道、多方位出发，实现对整个运营管理结构的整合与完善，构建全新的体育产业运营管理机制，为体育产业的发展与进步创造全新的运营管理结构，加快传统体育产业与现代化互联网产业之间的融合，构建多元化体育产业发展的新格局。在整个市场发展进程中，为保证“互联网+休闲体育”产业能够长久、稳定地发展，需要政府部门在整个市场发展进程中做好宏观调控作用，严格按照“互联网+休闲体育”的各项要求与标准，对“互联网+休闲体育”产业进行整合，根据我国市场发展的实际需求以及相关发展目标，借助多种优惠政策为体育产业的发展提供支持，改进体育产业生产技术、创新体育产业运用模式，全面实现技术融合、资本融合、监管融合、渠道融合，将产业融合工作全面落实到位。从本质发展视角来看，“互联网+休闲体育”是借助互联网的虚拟性构建一种多元互动结构，有效增强对“互联网+休闲体育”的监管工作，为体育产业发展创造一个健康、稳定、和谐的发展环境。

3. 充分借助主导产业引导功能

在整个市场改革发展进程中，主导产业在市场发展中的引导作用是不容忽视的。通过发展主导产业，借助主导产业的发展带动相关产业的发展，充分发挥主导产业在整个市场经济发展中的经济地位与社会地位，不断加强产业与产业之间的融合，使产业朝着多元化的方向发展。关于主导产业在市场发展中的作用与价值，有不同的专家学者对其进行研究。罗斯托表示，在整个经济发展与社会发展中主导产业拥有明显的发展优势，并且这种优势表现在主导产业的发展成果远远超出同类产业的发展水平。在整个市场发展进程中，主导产业的高速发展能够有效带动相关产业的发展。在主导产业的作用下能够有效改变整个产业的发展格局，实现对传统产业的改革与优化，使传统产业能够紧跟时代发展潮流，最大限度地迎合人们的各种物质需求与精神需求，全面推动社会的可持续发展。在“互联网+”发展的背景下，通过将“互联网+”与体育产业结合到一起，构建互联网+体育产业新结构，并将休闲体育文化产业作为互联网+体育产业的主导产业，能够通过发展休闲体育文化产业带动相关产业的发展，并实现对传统体育产业结构的优化与升级。

从体育产业发展视角来看，主导产业在整个体育产业结构中发挥着不容忽视的作用。从“互联网+休闲体育”产业结构来看，该产业由智能硬件、智能软件、垂直电商、转播权、电子竞技等组成，整个产业结构的发展需要大量科技元素的支持，并且这些科技元素是由相关配套产业发展而来。因此，将休闲体育文化产业视为互联网+体育产业中的主导产业，能够有效带动相关产业的发展，实现对体育产业结构的优化与升级。

（二）“集团化”产业组织管理策略

通过上文分析我们得知，体育产业在发展进程中，受“政府失灵”与“市场失灵”现象的影响相对比较严重，在今后的发展进程中，如何解决“政府失灵”现象与“市场失灵”现象成为我国体育产业发展的重要命题。在互联网+体育产业形成与构建的进程中，“市场失灵”现象与“政府失灵”现象日益突出。在经济全球化发展的背景下，要想推动我国社会的发展与进步，需要对整个体育产业链条进行整合与优化，使体育产业朝着多元化、一体化、现代化的方向发展，实现对“政府失灵”现象、“市场失灵”现象的有效规避。因此，在互联网+体育产业发展的背景下，体育产业逐步朝着企业集团化的方向发展。企业集团是一种新型产业组织，能够有效解决当代经济发展进程中所存在的各种问题，实现对社会发展中的“政府失灵”现象与“市场失灵”现象的有效规避。随着社会的不断发展，人们的生活水平与生活质量日益提升，对体育产业的生产与运营提出更高的要求与标准，要在保证体育产业质量的同时，提高对整个消费过程的重视，将产业服务工作全面落实到位，有效增强体育产业在发展进程中的互动性、共享性，使体育产业能够朝着多元化、个性化的方向发展。随着现代化科学技术在体育产业中的应用，我国体育产业逐步朝着智能化、一体化、现代化的方向发展，应构建多元化、共享化、个性化体育产业信息交流平台，有效加快体育产业信息的传播速率，降低互联网产业运营成本，优化产业资源配置，提升产业资源的利用率。

在新时期发展的背景下，大型企业集团成为时代发展主流，为我国体育产业的发展提供有力支持，充分发挥大型企业集团在市场发展中的地位与价值，能够有效推动我国市场经济的发展与进步。从当代社会发展进程来看，大型体育企业集团的形成与构建，有效满足了当代体育市场发展的各项需求，不断扩大体育市场在整个市场中的应用范围，使我国体育市场能够与国际体育市场相挂钩，实现对体育产业链条的全面控制。大型企业集团在发展过程中需要立足于我国体育产业发展现状，根据实际情况制定一系列具有较强可实施性的行业标准，将体育产业市场的宏观调控工作全面落实到位，使体育产业能够长期处于一个良性发展状态。

在整个市场发展进程中，体育产业要想以企业集团的形式呈现出来，首先需要保证拥有庞大的技术力量支持及雄厚的资金力量支持，能够在整个发展进程中不断对本企业所生产制造出来的产品进行优化与升级，实现对产品的创新与改革，使企业能够长期处于整个体育产业链条的核心地位。因此，大型企业集团在发展过程中，离不开先进技术与创新成果的支持。在"互联网+"发展的背景下，通过将互联网产业与体育产业结合到一起，利用先进的科学技术生产一系列具有创新性的体育产品，可以实现对传统体育产业的改革与创新，增强产业之间的联系，实现资源共享、信息交流，不断完善整个体育产业结构，提升体育产业在市场发展中的竞争力与创造力。

（三）"精准化"产业供给策略

在现代化社会发展的背景下，精细化成为我国市场发展的重要方向。国家通过制定一系列宏观调控政策对我国当代社会运营结构进行引导与整合，实现对整个经济运营结构的优化与创新。考虑到市场发展进程中存在"政府失灵"与"市场失灵"问题，需要将"可持续发展"理念深入贯彻落实到社会发展的各个环节，依靠政府部门的宏观调控作用，全面提高整个产业结构的完整性与系统性，不断对产业结构进行创新与优化，为体育产业的发展创造一个健康、长久、可持续的发展空间。产业政策的形成与构建使体育产业结构与产业行为进行规范与整合，使体育产业能够有序发展，不断完善产业结构演进政策，优化组织演进政策，更新产业集聚政策，做好产业转移活动与融资活动。在"互联网+"发展的背景下，休闲体育文化产业将朝着"精准化"产业供给的方向发展，具体表现在以下几个方面：

1."互联网+休闲体育"文化产业结构演进政策

从我国传统体育产业结构来看，体育产业结构相对比较简单，并且缺乏科学技术含量。随着社会的不断发展与进步，体育产业结构不断发生改变，使体育产业能够紧跟时代发展潮流，做好产业迁移与目标转移工作。在整个市场发展进程中，体育产业的发展与融合需要严格遵循市场发展的客观规律，保证体育产业与其他产业的各项融合活动均具有较强的科学性与合理性，使体育产业能够朝着多元化的方向发展，构建多位一体化发展的新格局。从休闲体育产业发展视角来看，在市场经济发展的背景下，通过对休闲体育产业资源进行整合，能够实现对体育产业的宏观干预，避免休闲体育文化产业在市场经济发展中所存在的“政府失灵”现象与“市场失灵”现象。将休闲体育文化产业与其他经济效益之间的关系进行对比分析，探讨体育产业所拥有的公共属性，最大限度地提升人们的生活水平，使体育产业能够健康发展，实现对休闲体育文化产业的进一步干预与优化。

2.“互联网+休闲体育”文化产业组织演进政策

休闲体育市场的形成与构建需要以产业组织演进政策为基础，为休闲体育市场秩序提供维护作用，使休闲体育文化产业在市场中能够拥有一个良好的发展状态，全面推动社会的发展与进步。近年来，公众道德权利意识越来越高，人们对社会热点问题的关注度越来越高，互联网技术的应用成为公众获取信息的新途径。在“互联网+”理念的作用下，通过将互联网技术运用到体育产业发展进程中，有效扩大体育产业的发展空间，为体育产业的发展带来全新的发展机遇。但是在整个发展进程中，部分群众并没有合理运用互联网技术，而是借助互联网技术发表一系列虚假信息，对市场发展的稳定性带来破坏。部分休闲体育企业为在“互联网+”的作用下获取更多的点击量，故意在市场中散布一系列黄色信息或者虚假信息，给网络安全带来极大的威胁。甚至有的商家或平台借助互联网手段实施虚假营销活动，在互联网平台开展赌博活动或诈骗活动，给整个社会的安全与稳定带来严重的负面影响。

为此，在整个市场发展进程中，要想降低互联网技术给社会所带来的负面影响，维持休闲体育文化产业的发展与进步，需要政府部门利用相关政策不断对市场运营结构进行调整，优化产业结构，提升产业在市场发展中的竞争力与发展力，实现对体育产业资源的合理配置；对体育产业市场进行规范引导，提高企业的自律意识，通过各种渠道参与到“互联网+休闲体育”产业的建立与发展进程中，实现互联网+体育产业的共享与共治，有效提升政府部门对“互联网+休闲体育”产业的监管力度，为“互联网+休闲体育”产业创造一个健康的经济发展环境。

3.“互联网+休闲体育”文化产业融合

产业融合是“互联网+”发展背景下的重要举措，通过将两个相对独立的产业联合到一起，实现产业之间的跨界融合，不断优化产业运营结构，提高产业整体发展水平，做好产业融合与产业迁移工作，凭借先进的互联网技术对整个市场发展体系进行全面整合，不断延伸出一系列具有创新性、发展性的新产品与新技术，最大限度地提升体育产业的运营效果，扩大体育产业的业务范围。

产业融合所涉及的范围相对比较广泛，但是在整个市场融合过程中产业与产业之间会出现各种矛盾，给产业的融合工作带来一定的制约作用。

在互联网+体育产业发展的背景下，政府严格按照休闲体育文化产业发展的实际要求，制定一系列与休闲体育文化产业相适宜的融合性政策，为体育产业的融合工作创造良好的运营发展环境，如市场环境、政治环境、法律环境、技术环境等，为体育产业的融合与发展奠定基础。政府部门应针对体育产业的发展制定产业技术融合政策，根据我国社会发展的实际情况，结合体育产业发展的各项需求，针对体育产业在发展中经常涉及的各项技术制定一系列技术标准及技术融合政策，为体育产业的发展提供可靠的理论依据，通过对不同资源的融合进行整体规划，为产业融合与发展提供助力，继而提升体育产业在市场中的运营效率；政府部门针对体育产业的发展制定业务融合政策，为推动传统体育产业改革、加快产业与产业之间的融合提供助力，将“互联网+”作为实践研究背景，为体育产业的发展做好相应的产业规划工作，做好人才政策管理制度，为体育产业的发展提供人力资源基础，并根据体育产业发展的实际情况制定一系列产业进入机制与产业退出机制，明确行业发展标准，做好休闲体育文化产业的多元融合工作，使体育产业朝着集团化的方向发展；政府部门针对体育产业的发展应制定市场融合政策，凭借相关政策激发市场中的竞争力与发展力，加快市场融合，使体育产业能够更好地朝着多元化的方向发展。

4.“互联网+”产业迁移政策

“互联网+”产业发展进程中所实施的迁移政策是借助互联网技术将某个产业从一个地区转移到另一个地区。通过将互联网技术运用到体育产业的建设与发展中，将体育产业从传统发展格局转移到现代化发展格局，使体育产业能够在产业迁移的过程中获取更广阔的发展空间，激发体育产业在市场发展中的需求度，尊重产业差异，做好产业迁移工作，做好区域间的产业协调工作。在“互联网+”的作用下对体育产业实施迁移处理时，首先应确定迁移方式，并对迁移内容做好相应的引导工作，及时了解体育产业在产业迁移过程中所存在的问题，并对其制定一系列具有可行性的解决措施与应用办法，实现对体育产业迁移问题的合理规避，进一步规范体育产业在转移过程中的各项行为。

5.“互联网+休闲体育”文化产业集聚

“互联网+休闲体育”产业聚集是将多个区域内的资源引导到同一区域内，使资源能够同时处于一个相同的空间与平台。随着社会的不断发展，互联网技术被广泛运用到社会发展的各个领域，通过将该技术运用于休闲体育文化产业中，能够为休闲体育文化产业带来全新的发展机遇与挑战，使体育产业形成一种企业联盟或企业集团。为保证“互联网+休闲体育”文化产业能够顺利开展，需要政府部门全面做好对市场的宏观调控工作，使多种产业内容能够被有机地整合到一起，将休闲体育文化产业集聚工作全面落实到位，全面加快休闲体育产业的发展与进步。

第五章

“互联网+”背景下我国体育产业发展的现状与存在的问题

在“互联网+”的背景下，我国社会体育产业得到前所未有的发展与进步，有效冲破传统体育发展模式的束缚，朝着新业态的方向发展。为此，本章将以“互联网+”作为研究背景，通过对我国体育产业发展现状、体育产业新业态所存在的问题以及“互联网+”趋势下我国体育产业发展的机遇与挑战进行研究，了解我国体育产业发展的具体情况。

第一节 “互联网+”背景下我国体育产业发展现状

体育产业的发展需要依靠产业链、商业布局与用户群体的支持，想要了解“互联网+”背景下我国体育产业的发展现状，需要分别从产业链条、商业布局、用户群体三方面着手，了解我国体育产业链现状、商业布局现状以及用户行为现状。

一、产业链现状

通过调查研究得知，在“互联网+”背景下我国体育产业的产业链呈现全方位、细分化的发展局面，在互联网相关技术的作用下，发展体育产业的同时带动相关行业的发展。从体育产业性能来看，体育产业链上所涉及的行业相对较多，例如实物性行业、观赏性行业、参与性行业等，这些行业不仅涉及纵向上的消费者消费活动，还涉及横向上的跨行业活动，将体育产业同传媒行业、服务行业、用品行业等多个领域连接到一起，实现跨领域融合。

实践研究得知，产业链越长，所涉及的产业环节越多，产生的联动产业越多，能够创造的价值空间也就越大。艾媒咨询（IMedia Research）曾针对“互联网+体育”进行研究并发布相应的报告，报告显示：我国互联网+体育产业逐步形成，且这种产业将赛事直播平台作为互联网+体育产业的构建中心，将用户喜好作为互联网+体育产业的构建基础，实现对运动电商、爱好者社区、O2O运动智能穿戴等衍生行业的全面覆盖，继而形成以“互联网+体育”作为主体的产业生态圈。

二、商业布局现状

随着社会的不断发展，商业巨头快速抢占市场，在较短的时间内快速提升用户队伍的建设规模。艾媒咨询数据显示：现如今，我国互联网体育用户已超过 2.9 亿人，2018 年已达到 5.2 亿人。随着社会的不断发展，腾讯、阿里巴巴、乐视、万达等多家巨头通过不同方式朝着体育行业发展，尽最大努力发挥自身发展的独特优势，尽可能地在最短的时间内融入、渗透到体育市场。在新时期发展的背景下，互联网体育用户规模日益扩大，在极大程度上满足了市场上的供应需求，随着主流运动项目的不断发展，体育用品制造商在互联网+体育产业中占据首要地位。

京东、百度、小米的加入，实现了对互联网+体育产业格局的优化与整合，并在市场发展中形成新一轮竞争格局。阿里、腾讯在互联网+体育产业中的布局相对比较早，在互联网+体育产业中如日中天；京东、百度、小米作为“互联网+体育”中的后进者，在互联网+体育产业布局上呈现一种试探性的发展状态。

在互联网+体育产业开发与发展进程中，阿里凭借自身发展平台，充分发挥自身在互联网+体育产业中的发展优势。阿里在互联网+体育产业开发前期，将下游产业作为切入点，凭借“粉丝经济”快速融合到互联网+体育产业的运营体系中，选取世界范围内具有较高影响力的明星、俱乐部作为合作对象，并与赛事中享有版权的体育公司进行合作，先后同豪门俱乐部德国拜仁慕尼黑及西班牙皇家马德里进行合作，并建立良好的战略合作关系。

天猫作为互联网+体育产业开发与发展进程中的首批参与者，其产品天猫魔盒享有对篮球巨星科比自传纪录片《科比的缪斯》等运动信息的独家发布权。

阿里巴巴、云锋基金与新浪共同建立"阿里体育"平台，在未来的社会发展进程中，我国社会广大群体可凭借赛事运营、体育媒体、版权、票务等手段，将电商平台引入体育产业。在"互联网+体育"的背景下，阿里体育享有里约奥运会网络播映权以及优酷体育独家运营权，自此，阿里体育正式步入视频媒体阵营，发展自身的同时，带动互联网+体育产业的发展。

腾讯拥有强大的社交性能，在互联网+体育产业的开发与发展进程中，腾讯公司正是借助其强大的社交性能，夺得顶级赛事版权，在互联网+体育产业发展中快速抢占产业制高点。

三、用户行为现状

互联网+体育产业的发展进程，备受社会各界的关注，同时能够兼具多种发展功能，例如，观看体育赛事的功能、体育信息社交功能、体育产品购买功能、体育信息追踪功能、体育活动参与功能等。根据互联网+体育产业所具备的不同功能，可将其分为五个发展领域，即体育观看领域、体育社交领域、体育购买领域、数据追踪领域以及体育参与领域。通过调查研究得知，互联网+体育产业涉及范围众多，不仅涉及传统体育产业，还涉及新衍生出的产业内容。

（一）体育观看行为分析

艾媒咨询所提供的信息显示，篮球、足球、小球类、水上运动居我国最受用户欢迎运动项目的前几位。由此可见，球类运动是我国广大用户最受欢迎的运动项目。对我国受众对体育项目的观看情况进行分析，从中我们能够发现：①体育运动现场的观众相对比较少，51.5%的网络体育用户表示未曾到体育运动现场观看比赛，主要是因为观看比赛不仅需要消耗过高的观看资金，对观看的时间要求相对比较苛刻，且交通成本相对比较高；②约一半群众通过传统购票方式购买入场券，48.4%的用户对购票持不满意态度，整个购票过程呈现一票难求、选座难、购买渠道不通畅等状态；③ 60%以上的用户认为网络平台上可供选择的节目相对较少，网络直播不够流畅，网络解说缺乏专业性。

（二）"互联网+体育"社交分析

在新时期发展的背景下，"互联网+体育"社交广泛存在，不少门户网站均针对体育产业设有相应的贴吧、论坛，为广大体育爱好者的讨论提供便利。近年来，微博、微信等移动APP的发展，为体育社交提供了更大便利。相关调查显示：①体育类网络社团或网络平台的线下活动存在严重不足；②缺乏面对面的沟通与交流，社团成员之间缺乏了解；③线下活动缺乏专业性。

（三）“互联网＋体育”参与分析

艾媒咨询以“互联网+体育”为调研背景，通过对我国全面运动情况进行调查得知：跑步是我国国民运动的首选，在我国国民运动项目中占44.8%；篮球运动与足球运动参与相对比较少，均不到20%，篮球运动与足球运动的参与率远低于篮球运动和足球运动的观看率。通过对国民在体育运动参与度中的问题进行研究，从中发现，我国体育参与存在以下三方面的问题：①时间问题。现如今，人们的工作量日益增加，生活节奏不断加快，运动时间十分有限，20%的用户将参与业余运动社团作为提升运动时效的手段。②场所问题。80%的用户因场馆租费高、交通不够便利、设施落后，而不愿参与到体育健身活动中。由此可见，体育场馆资源建设情况直接影响到公众在体育方面的参与性。③人物问题。70%的被调查者表示，在运动过程中未能寻找到合适的运动伙伴。

（四）体育消费分析

随着社会的不断发展，人们的生活水平日益提升，可支配收入水平显著提升，近几年在体育领域的消费力度明显增加。从体育消费行为来看，广大消费者在体育领域消费过程中存在以下三方面问题：①消费者在体育产品选择过程中缺乏专业指导，面对多种多样的消费产品，消费者难以做出正确的选择；②消费者在体育消费过程中其个性化的需求无法得到有效满足；③体育产品消费信息无法及时得到反馈。

（五）体育数据追踪分析

从互联网+体育产业的开发与发展进程来看，互联网+体育产业所具备的数据追踪功能主要依靠智能化的可穿戴性设备来实现。随着智能技术的不断提升，智能化的可穿戴设备与日俱增，市场上与体育产业有关的智能化可穿戴设备应有尽有，这些设备不仅能够实现对运动者运动距离的记录，还能够实现对卡路里消耗的统计以及对心率的分析。有研究人员曾针对可穿戴设备的使用情况做出调查，调查结果显示，40%的用户曾使用或者正在使用体育类可穿戴设备，例如智能手表、智能手环等。但是，多数用户在使用体育类可穿戴设备时，并没有长时间坚持，50%的用户使用体育类可穿戴设备的时间不足30天。该现象的形成原因主要包括以下三个方面：①产品功能大同小异，主要表现在睡眠质量监测与运动数据监测两个方面；②监测数据缺乏准确性，未能将佩戴者真实的运动信息反映出来；③对智能手机拥有较强的依附性。

第二节 "互联网+"背景下体育产业发展存在的问题

一、新型产品的价值开发度不足

体育产业新业态是当代体育产业发展的必然趋势，通过将互联网产业与体育产业有机地结合到一起，形成互联网+体育产业新业态，借助互联网技术与信息技术全面打造具有智能化、信息化的体育产业，全面推动当代体育产业的发展与变革，提升体育产业价值，为广大消费者带来更多的利益与价值。

在互联网+体育产业新业态发展的背景下，一系列新型体育产品应运而生，然而，从新型体育产品在市场中的营销情况来看，新产品价值开发不足是体育新业态发展进程中所存在的一大问题，具体表现在以下三个方面：

（一）新产品附加价值不高

产品的开发与生产均会赋予其独特的附加值。"附加值"即"附加价值"，是企业凭借生产活动提升产品的价值，这种产品价值提升的办法是以产品原有价值为基础，使产品能够在原有的基础上产生新的价值。产品的附加值能够积极迎合消费者在物质、精神上的各项需求，提升产品的购买意愿，扩大市场营销范围。由此可见，提升产品的附加值能够有效刺激消费者的购买欲望，扩大营销市场，保证产品营销活动的持续性与长久性。现如今，互联网能够为体育产业发展带来诸多新的发展力量，有效改变产品的生产模式，但是在产品附加值提升方面效果并不明显。

产品性质与产品生产方式直接决定产品所具备的附加价值。例如，赛事转播行业，利用互联网技术对赛事进行转播，有效扩增赛事的观看途径，提升画面播放质量，实现跨时间、跨空间的赛事传播，为广大受众群体观看赛事提供了诸多便利。因此，在互联网技术的助力下，广大体育爱好者能够根据自己的喜好、根据自己的时间，合理安排观看体育赛事的时间、地点以及内容。然而，从我国社会群体利用互联网技术观看体育赛事的具体情况来看，与赛事转播相比，更多的受众群体更倾向于观看电视直播。互联网+体育产业下所衍生出的赛事转播行业在互联网技术的发展下并没有得到良好的运用，之所以会出现这一现象是因为赛事转播行业并没有充分利用互联网技术在体育产业方面的应用优势，未能有效提升赛事转播的附加价值，在赛事转播与电视直播同等价值的状态下，受众群体受日常生活习惯、个人喜好等因素的影响，更倾向于传统的电视直播。网络赛事转播之所以没有提升赛事转播的附加价值，主要源于创新价值与服务价值的缺失，具体表现在以下两个方面：其一，网络赛事转播内容缺乏创新价值。在“互联网+”背景下，借助互联网技术所生成的赛事直播节目同电视赛事直播节目之间几乎没有任何差异，整个赛事直播过程两者大同小异，互联网+体育产业并没有将网络体育赛事直播内容进行创新与再整合，完全无法吸引受众群体的注意力，在赛事直播市场上的应用价值自然比不上最先出现的电视直播。在新时期发展的背景下，消费者的消费意识不断增强，并不断朝着个性化、多样化的方向发展，使当代消费市场呈现个性化、多样化的发展趋势，对市场商品与市场服务提出更多、更高的要求与标准。互联网作为现代化科学技术发展与进步的重要产物，在新时期发展中占据重要发展地位，该技术不仅能够满足广大消费者的个性化需求，还能够促使消费市场朝着多元化的方向发展。然而，在互联网+体育产业开发与构建过程中，互联网+体育产业竟然借助互联网技术为广大消费者创造了一个同传统电视直播、转播媒介一样的营销产品，完全没有将互联网技术在现代化市场中的应用优势发挥出来，降低了互联网+体育产业在当代市场中的发展力与竞争力。其二，互联网转播所拥有的服务附加价值有待提升。电视是一种传统信息传播媒介，该媒介仅能为广大受众群体提供视频观看服务，但是互联网是一种新兴信息传播媒介，该媒介具有较强的互动性、即时性与共享性，能够让消费者与供应商进行直接接触，为互联网转播开辟多元化服务平台。但是互联网+体育产业在发展进程中，并没有充分利用互联网技术在互动性、即时性与共享性方面的应用优势，导致互联网转播所具备的附加价值长期处于一个低迷的状态。

（二）商品的创新性不足

体育产业具有一定的服务性，在新时期发展背景下，想要提升体育产业在市场经济体系中的发展地位，需要不断对体育产品进行更新与换代，最大限度地满足消费者在体育产业消费方面的各种物质需求与心理需求，使体育产业朝着多元化方向发展，形成一种新业态发展格局。互联网+体育产业的形成与构建全面带动体育产品、体育营销模式的改革与创新，因体育产品自身缺乏创新功能，导致体育产品并没有在互联网+体育产业发展浪潮中占据主导地位。通过研究得知，体育产品在互联网+体育产业新业态发展的背景下，之所以未能满足体育市场发展的需求，是因为互联网+体育产业同传统体育产业之间的差异不够明显，发展优势不突出，创新力度呈现严重不足的状态；互联网+体育产业所衍生出来的新项目与新产品在内容上无法协调一致，与传统项目、传统产品相比缺乏创新性。

互联网+体育产业的形成与构建，是以传统体育产业为基础，利用现代化互联网技术对其进行重新整合与优化，实现对传统体育行业的改革与创新。但是从我国互联网+体育产业发展情况来看，互联网+体育产业同传统体育产业相比，无论是在赛事转播业，还是在其他体育衍生产业中，互联网技术的应用价值并不明显，尽管在形式上对体育产业有一定的创新，但是从内容上来看，并没有任何的创新之处。

（三）消费者消费积极性不高

“优胜劣汰”是生存与发展的根本规律，无论是人还是物，在生存与发展面前，一切落后的思想、落后的行为、落后的内容必将被淘汰。产品在市场的营销活动中也是如此。如果某项产品无法在消费市场上得到广大受众群体的认可，在后期发展中必将被市场的发展所淘汰。“互联网+体育产品”作为新时期发展下的一种新兴产物，在整个市场发展中具有独特的发展优势，但是从广大消费者的消费情况来看，“互联网+体育产品”在市场中的营销成果并不理想，主要源于互联网技术并没有提升体育产品的附加价值，且我国消费者在消费过程中其思想意识存在一定的发展性问题。随着社会的不断发展，人们的生活质量逐步提升，广大社会群体对体育产业的重视度逐年上涨，但是体育消费意识依然淡薄。从我国当代体育发展视角来看，体育产业中消费积极性最高的产品主要集中在体育穿戴用品、参与型体育服务两个方面，与互联网+体育产业相关联的体育产品消费度最低，仅有部分高收入群体才会投入到此种消费活动中。

二、缺少科学有效的经营管理模式

在体育产业发展进程中，想要维持体育产业的可持续发展，需要全面落实体育产业的经营管理工作。在互联网技术的作用下，新衍生出来的互联网+体育产业与传统体育产业相比具有一定的创新性，但是在实际应用与发展中依然存在一定的问题，导致互联网+体育产业在实际运营过程中所面临的管制问题层出不穷。

（一）盈利模式单一

盈利模式单一是互联网+体育产业在经营管理中所面临的首要问题。在互联网技术的作用下，体育产业不断得到改革与创新，无论是在产业生产技术方面，还是在产业营销形式方面均发生了一定的变化，一系列具有互联网特性的体育产业盈利模式如雨后春笋般产生，例如垂直电商开设线下体验店、赛事转播过程中售卖与赛事有关的各类产品等，这些具有互联网特性的新兴体育盈利模式在实际应用过程中并没有从根本上改变传统体育产业所实施的盈利模式，整个盈利模式依然呈现单一、固定的局面，实际应用中未能达到预期的盈利目标。通过调查得知，多数互联网+体育产业所运用的盈利模式均具有单一性。由此可见，盈利模式单一是我国当代互联网+体育产业所存在的一种普遍性问题，严重制约我国体育产业的发展。

（二）管理制度滞后

管理制度的制定能够对人的行为产生一定的规范作用。在“互联网+”的背景下，通过将互联网技术运用到体育产业的各项运营活动中，能够对传统体育产业的运营结构、运营模式、运营内容进行优化与整合，全面推动我国体育产业的发展与进步。然而，互联网+体育产业的形成与构建过程中并没有对相关制度进行整合与优化，导致互联网+体育产业的建设内容同相关管理措施无法协调一致，为体育产业的发展带来一系列的新的问题。互联网+体育产业是我国在新时期发展背景下所形成的一种新型产业，无论是政府对互联网+体育产业的宏观调控工作，还是企业对互联网+体育产业所实施的内部管理，均存在诸多问题，严重制约互联网+体育产业的发展与进步。

1. 管理部门的管理职责缺乏明确性

体育产业本身就是一种复合产业，互联网+体育产业是以体育产业为基础构建而来的，是互联网产业与体育产业的融合体，是对传统体育产业的二次融合。因此，互联网+体育产业在形成与构建过程中，涉及诸多产业运营管理部门，例如体育局、广电局、文化局、工商局、税务局、消费者协会、宣传部等。不同的政府机关对企业进行管理时，拥有不同的管理理念、管理方法、管理制度、管理目标，导致企业在运营过程中难以抉择。这一现象在电子竞技业在市场中的运营与管理工作中表现得尤为突出，备受国家相关部门关注与制约。迄今为止，电子竞技业依然受到我国教育部门的全面打压，同时，我国工商部门、税务部门等相关部门同样提升了对网吧等相关企业的税收额度，导致电子竞技行业在市场发展过程中受到多方面打击。

2. 体育企业经营管制缺乏规范性

在新时期发展的背景下，我国坚持走具有中国特色的社会主义发展道路，在市场发展中开辟出具有中国特色的市场经济体系，但是政府部门在市场经济管理中所起到的作用是不容忽视的。互联网+体育产业使我国体育行业朝着新业态的方向发展，体育产品的产品质量、生产方式、营销手段不断得到更新，传统体育企业的经营管理体制已经难以满足新时期的发展要求，且在以往经营管理体系中没有任何可以借鉴、引用的素材，导致互联网+体育产业在整个运营过程中其市场营销问题层出不穷。

3. 体育产业发展政策未能落实

在市场经济体制改革工作的促进下，我国政府部门在市场经济发展中扮演着重要角色，需要从整体发展视角出发，全面落实市场发展的宏观调控工作，不断加大对市场产业的扶持力度，全面推动市场各个经济体系的改革与创新。任何产业的形成与发展均离不开政府部门的扶持，互联网+体育产业作为我国体育产业的新业态，要想维持我国体育产业的可持续发展，需要全面加大政府部门对互联网+体育产业的管理与控制，使互联网+体育产业能够朝着一个良性的方向发展。从互联网+体育产业的发展进程来看，该产业对人力资源、技术资源和资金资源方面的要求均相对比较高，仅依靠自身能力是无法带动产业发展的，需要政府部门的大力支持。从产业属性视角来看，我国体育产业融公益性与经济性为一体，产业的公益性给产业的商业化带来极大的限制，若缺乏政府部门的支持，将无法满足体育产业公益性的基本要求，体育产业在市场中的发展格局必将无法形成。

三、产业结构有待完善

产业结构是互联网+体育产业的构建基础，但是互联网+体育产业在形成与构建过程中并没有明确互联网+体育产业的发展主体，产业链条存在断接现象，互联网+体育产业在发展过程中受到诸多制约。

（一）主导产业缺乏明确性

在新时期发展的背景下，人们的生活水平不断提升，消费观念不断发生转变，对产品的性能与质量要求不断提升，对产品服务功能的重视度越来越高，体育产业朝着服务方面的发展不容忽视，需要体育产业将体育服务业置于主导地位，最大限度满足消费者的物质需求与精神需求。互联网技术在体育产业中的运用，极大程度上加快了体育服务行业的发展与进步，但是互联网+体育产业新业态发展成果并不成熟，导致互联网+体育产业长期处于不均衡的发展局面。

（二）产业链缺乏完善性

在新时期发展的背景下，互联网+体育产业日益推进，体育产业链条陆续得到优化与整合，但是从互联网+体育产业的融合视角来看，因互联网+体育产业由互联网产业与体育产业两种不同的产业构成，在整个产业链条中需要根据体育产业的实际发展情况，选择与之相适应的互联网技术运用其中，将互联网技术的应用价值在体育产业中全面展现出来，实现对传统体育产业的优化与整合。然而，从互联网+体育产业在市场经济中的发展情况来看，互联网+体育产业的产业链条呈现严重的断链现象，绝大多数“互联网+体育”企业仅涉足互联网+体育产业链中的一条，绝大多数互联网+体育产业在市场中的价值相对比较低，在国际市场上处于低端发展地位。

第三节 “互联网+”背景下我国体育产业发展的机遇与挑战

一、“互联网+”背景下我国体育产业发展的机遇

在新时期发展的背景下，“互联网+”理念日益深化，为我国体育产业的发展带来全新的发展机遇与挑战，使我国体育产业朝着多元化、现代化、智能化的方向发展，全面推动我国体育产业的发展与进步、改革与创新。通过上文分析得知，我国体育产业与互联网产业在融合过程中尚存在一定的问题，需要我国体育产业全面深化跨界思维，提高创新意识，落实结构重塑，整体把握好互联网+体育产业发展的各个要素。

（一）注重体育产业与互联网产业之间的跨界融合与重塑升级

相关专家学者表示，“互联网+”是一种将传统产业与新技术融合到一起的重要途径，同样是促进产业发展的重要力量，更是促使产业走向成功的重要途径。在市场经济发展的背景下，“互联网+”是实现社会发展与经济发展融合的重要纽带，通过将互联网产业与体育产业联合到一起，能够实现互联网产业与体育产业之间的跨界融合，全面颠覆传统体育产业在公众面前的形象，不断扩大体育产业在市场中的经济运营规模，提升体育产业在市场发展中的竞争力与发展力。“互联网+”为新时期我国体育产业的发展带来坚实的创新基础，使竞技体育得到进一步的发展。

（二）“互联网+”驱动体育产业新思维、新技术与新产品的发展

在新时期发展的背景下，为充分调动全体党员干部与广大人民群众在学习、工作中的创新意识，李克强总理特提出“大众创业、万众创新”这一发展理念，将“创新”置于社会发展的重要位置，使社会发展的各个领域均能够提高对“创新”的认识，最大限度开阔市场发展主体，使人们在创造物质财富的过程中

不断追求精神财富。现如今，在政府部门的大力推动下，“互联网+”已被广泛应用到社会发展的各个领域，成为当代社会发展的重要推动力，但是在整个市场发展经济体系之中，“互联网+传统产业”在形成与构建过程中，未能对产品生产意识、产品生产技术、产品生产价值予以重视，所生成的产业思维、产业技术、产业产品与新时期发展的要求尚存在较大的差距，且未能充分发挥互联网技术在传统产业中的应用优势，互联网技术在体育产业中的应用效果也同样如此。

为全面推动互联网+体育产业的发展，需要互联网+体育产业的相关建设者在产业创新方面下功夫，将创新作为主要手段，将思维创新、技术创新、产品创新全面落到实处。近年来，互联网、物联网、大数据、云计算等技术高速发展，通信技术、芯片技术进一步深化，一系列与体育产业相关的移动通信设备、智能软件设备被陆续生产出来，为互联网+体育产业的形成与构建奠定了一定的硬件、软件的应用基础。在未来社会的发展进程中，VR（虚拟现实）技术与AI（人工智能）技术将被广泛运用到体育产业发展的各个环节，实现对整个互联网+体育产业的整合与优化，使互联网+体育产业朝着智能化、一体化、现代化的方向发展，实现对体育智能化硬件设备的全面升级与改造。与此同时，社会受众群体的消费方式与生活方式在“互联网+”的作用下发生了极大的改变，各项生产活动、作业活动均朝着互联网化、智能化的方向发展。在“互联网+”的背景下，各大体育公司紧紧地抓住这次信息技术大爆炸的发展契机，一系列利用智能技术的体育产品被陆续生产出来，实现了数据统计、设备管理、智能生产、个性服务，有效提升体育产品性能与产品质量，尽最大努力满足市场中各类消费群体的各种需求，充分吸引广大消费群体的注意力，提升体育产品在市场发展中的竞争力与发展力，使互联网+体育产业能够在国际化的经济发展中占据重要的一席之地。

（三）“互联网+”重塑体育产业的内部结构

现如今，在互联网+体育产业新常态发展背景下，传统体育产业结构已经无法满足我国体育产业的实际发展需求，需要我国互联网+体育产业的相关建设者积极主动地参与到互联网+体育产业新常态活动中，不断对现有体育产业结构进行优化与整合，正确把握好互联网+体育产业发展的着力点。

受历史原因、政策原因的影响，我国体育产业内部结构受诸多因素的影响与制约，在新时期发展的背景下，体育产业对内部产业结构进行调整、优化与升级是无法避免的一种现象。通过将"互联网+"理念运用到体育产业结构构建中，不断对体育服务产业与体育产业进行优化，使互联网+体育产业能够朝着数字化的方向发展，实现对体育服务、体育产品的数字化管理，充分发挥创新思维在体育产业中的实践应用价值。互联网技术在体育产业中的应用，为体育产业打造了全新的体育产业信息化平台，有效加快体育产业信息的流通速度，实现对体育产业结构的重塑与整合，使体育产业能够从形态、结构、方式方面得到升级与优化，不断扭转体育产业在市场中的发展趋势，有效冲破传统固态体育产业发展环境，使我国当代体育产业具有较强的开放性、多样性与丰富性。

（四）"互联网+"打通人、地、物、商务等体育产业各要素

在新时期发展的背景下，受诸多因素的影响，我国体育产业与互联网产业在融合过程中存在多种不平衡现象，需要我国体育产业的相关建设者将"互联网+"作为整个产业布局的核心环节，将体育赛事制作与体育赛事转播作为互联网+体育产业发展的初始环节，将智能化硬件产品的设计与生产作为互联网+体育产业发展的初步任务，将体育数字化产品营销市场作为开辟互联网+体育产业市场的初步探索途径。现如今，我国体育产品销售市场正处于飞速发展时期，大型综合电商是其核心发展平台，并衍生出B2C、C2C等服务市场，以体育出版、体育游戏、体育影视为核心的体育衍生产业高速发展，将我国体育产业推向一个更高的发展平台。

二、"互联网+"背景下我国体育产业发展的挑战

在"互联网+"的背景下，我国体育产业发展面临诸多挑战，需要我国互联网+体育产业的相关建设人员正确把握体育产业发展的切入点，全面做好产业联合、产品迁移工作。

（一）体育产品走向智能化的难点

现如今，智能化体育产品在当今市场上随处可见，然而智能化体育产品之所以没有在我国整个消费市场上流通起来，源于我国智能化体育产品在市场发展中尚存在以下几个发展难点：

1. 产品本身需要突破

在新时期发展的背景下，智能手机在众多产品中所向披靡，在全球范围内备受推崇，主要缘于智能手机具有多种移动应用功能，能够有效冲破时间、空

间上的多种限制，为用户提供多位一体化服务。在互联网+体育产业发展的背景下，以智能手机等移动智能设备为载体的智能体育产品，在实际应用中仅具备运动检测功能，但是这些智能体育产品在实际应用中对用户的作用不大。

2. 需要一个培育市场的过程

从绝大多数消费者的消费意识来看，消费者对智能体育产品认知不全，在消费过程中不会直接选择智能化产品。现如今，在众多智能体育产品中，只有智能手环在市场中占据一定的份额，其他智能体育产品不为大众所知。

3. 智能体育产品价格普遍偏高

从互联网+体育产业生产视角来看，绝大多数智能体育产品生产制造商在设计与生产过程中均是在与广大消费者玩“智能”概念，挂着“智能”产品的名头，但是产品自身并没有过多的科技元素与智能元素，且这些智能产品在市场中的销售价格过高，让众多消费者望而却步。通过调查得知，从体育产品的购买群体来看，体育产品的消费者以年轻消费群体为主，此类消费群体绝大多数缺乏实际的收入来源，如中学生、大学生。

4. 众多智能体育产品缺乏一个庞大的应用场景

众所周知，苹果产品在我国市场盛行一时，并非苹果硬件配置有多厉害，主要缘于我国在智能体育产品领域存在一定的缺失，单个智能产品无法真正吸引消费者的注意力，智能用户市场更无从谈起。

（二）体育媒体迈向移动化的困难

体育赛事报道作为互联网+体育产业的重要衍生物，实现对传统体育信息传播媒介的改革与创新，又靠开拓体育信息的传播渠道，丰富体育信息的传播内容，使体育赛事信息逐步朝着多元化的方向发展。现如今，体育赛事报道主要表现在两个方面，一种是视频报道，另一种是文字新闻报道，从而形成两种信息传播媒体，即视频传播媒体与文字传播媒体。现如今，绝大多数消费群体已养成每日看报的习惯，通过每天看报了解与体育有关的赛事信息。然而，在信息技术的作用下，不少社会群体纷纷将电视、电脑、手机作为体育赛事信息的获取途径，这种途径的转变使我国体育赛事信息传播结构发生了极大的改革与创新。尤其是在智能手机的作用下，赛事信息获取的随意性、便捷性大大提升，移动化已成为我国体育赛事报道的重要发展趋势。但是，智能手机信息在获取过程中，受信息平台、网络结构等多种因素的影响，体育媒体在朝着移动化方向发展进程中受到一定的制约，例如版权问题、网速流量问题、移动入口问题等。

1. 版权问题

近年来，我国国内视频网站关于体育赛事版权问题不断发生争执，版权费用逐年上涨，远远超出普通竞技公司的承受范围。通常情况下，视频网站在争夺体育赛事版权时，不仅存在版权费用问题，还存在版权侵权问题，无论是在文字报道上，还是视频报道上，频繁出现盗用信息的行为，版权问题难以得到有效维护。

2. 网速流量问题

在没有Wi-Fi的情况下，智能手机用户需要利用手机流量观看体育视频直播，这一状态会消耗过多的流量，为体育视频观看者带来严重的经济负担。现如今，不少公共场所已被Wi-Fi覆盖，但是网速相对比较缓慢，无法满足用户正常观看体育视频直播的需求。

3. 缺乏移动入口

从媒体视角来看，在我国市场中，无论是体育传统媒体，还是网络媒体，在移动端不具备入口优势，需要借助微博、微信公众号、各大新闻客户端等载体，想要培养一批忠实的受众群体十分困难。

（三）体育商城转向O2O化的问题

现如今，广大消费群体在购买体育消费品时，特将体育类服装鞋帽与其他服装区分开来，体育类服饰的消费群体主要以体育爱好者为主，且这类消费群体通常到实体店购买所需的产品，并没有利用网商渠道。因此，阿迪达斯、耐克等体育品牌在网络电商的冲击下，依然坚持经营实体店，多数体育商城不仅为消费者提供单纯的线上服务，而且在一定程度上为消费者提供线下服务，实现线上消费与线下服务的融合。想要将体育用品O2O全面落实到位，在实际实施过程中并非易事。

1. 增加运营成本

单纯做线上运营的体育商城在发展到一定水平后突然开设线下体验店，必然会直接增加体育商城在市场运营中的资金投入力度；线下体育用品旗舰店利用网络平台打造自己的专属线上营销平台，需要借助天猫、京东等网络营销平台，并向所借助的网络营销平台缴纳一定金额的运营费用。线上交易平台与线下实体店的同时构建并非就等于达到了O2O的运营模式。

2. 流量入口问题

实践证明，无论是自建商城在开辟线上营销途径的过程中，还是在天猫、淘宝、京东开设网店，都需要面临流量入口的问题。只依靠淘宝、天猫、京东等网店平台，在流量入口方面均十分有限。淘宝、天猫、京东等网店平台为何要将流量入口提供出来？想要获取淘宝、天猫、京东等网店平台的流量入口，需要拥有充足的线上推广费用，若缺乏线上推广资金，将很难在网店运营过程中获取足够的利益。

3. 服务质量问题

线下服务体验在运营过程中，需要庞大的人力资源、物力资源与财力资源的支持。线下体验是O2O的核心，消费者只有在线下体验活动中获取物质与精神的满足，才能够成为线上平台的忠实用户，但是绝大多数O2O创业者均忽视了线下体验的服务性，在线下经营过程中存在较强的盲目性，因服务质量的缺失进而无法达到客户资源的培养工作。

（四）体育培训活动线上报名的挑战

在传统体育培训活动中，受支付媒介的限制，体育运动者在参与体育培训活动时无法实现线上支付，其支付活动主要以现场报名为主。现如今，随着支付宝、微信等移动支付平台的产生，体育运动者在参与体育培训活动时无须到现场进行报名，线上报名已成为体育课程费用支付的一种常态化现象。但是体育培训机构在利用线上支付平台开展一系列学员招收、费用结算活动时，受信任度、教育质量、线上流量等因素的影响，在后期运营与发展中存在一定的制约。

1. 用户信誉问题

市场上的一切交易活动均离不开信任的支持，交易双方只有相互信任，交易活动方可顺利完成。因此，在体育培训机构利用线上支付平台开展学员招收、费用结算活动时，全面打消用户的信任障碍，是保证线上支付活动顺利开展的重要基石。学员在网上开展某项体育培训活动的报名活动时，仅是在网络平台对培训机构的信息进行简单的了解，并没有深入实地了解体育培训的教育环境，导致不少消费者在完成线上报名、缴费活动后，到体育培训地点后发现与自己理想状态之间存在较大的差异，从而形成较大的心理落差。

2. 教育质量问题

在“互联网+”的背景下，在线教育备受广大消费群体的欢迎。体育培训具有较强的操作性与实战性，其培训活动主要依靠线下渠道，在体育培训中开辟O2O平台的关键并非线上平台，而在于线下培训。通过调查得知，绝大多数的学员均表示下一次不会再选择线上平台参加培训，但是口碑的力量是体育培训行业不容忽视的一种力量。尤其是在强烈的市场竞争下，口碑问题在各种体育培训机构中广泛存在，同质化现象日益严重。

3.线上流量问题

体育培训O2O平台在实践应用过程中首先面临的就是线上流量问题。若线上平台未能为体育培训机构带来广大的用户群体，线上平台与体育机构之间合作的长久性必然大打折扣。

第六章

我国体育产业结构的优化发展

第一节　我国体育产业结构优化的策略探讨

在新时期发展的背景下，我国体育产业高速发展，受社会主义市场经济体制改革的影响，体育产业在市场中的产业结构不断得到优化与整合，为我国体育产业的发展带来强有力的推动力。为此，本章将以“互联网+”为背景，探讨我国体育产业结构的优化策略以及发展方向。

一、体育产业结构优化的相关界定

体育产业结构优化是以保证资源配置与实现经济效益的最优化与最大化为基础，通过利用现代化互联网技术对体育产业结构实施科学调整，使体育产业的各个组成部分之间均能够协调发展，最大限度满足社会市场在发展进程中的各项要求与需要。通过对我国体育产业结构进行研究与探析，从中我们能够发现，体育产业结构主要涉及两方面的内容：一方面，体育产业的产业结构朝着合理化的方向发展；另一方面，体育产业的产业结构朝着高度化的方向发展。

在我国社会主义市场经济体系中，我国体育产业起步较晚，无论是与我国其他产业相比，还是与国外先进国家体育产业相比，我国的体育产业均呈现出滞后现象，产业结构缺乏科学性与合理性，区域发展严重不平衡。自 2008 年我国举办奥运会以来，我国国民的体育意识逐步提升，体育产业在一定程度上得到良好的发展，体育产业结构得到一定的优化与整合。

二、具体内涵分析

（一）合理化

体育产业结构的合理化发展进程中所应用的产业结构合理化思想来源于古典经济学。产业结构合理化思想主要是通过调整产业中各项组成要素在产业中所占的比例，使产业能够达到一种协调发展的局面。产业结构的合理化是从经济增长的客观条件衍生而来的，若产业结构缺乏合理性，该产业在市场经济发展中必将无法长存。

在新时期发展的背景下，产业与产业之间、产业内部各要素之间的联系日益密切，通过产业与产业之间、产业内部各要素之间的相互影响，实现不同要素之间的相互作用，进而达到一种最佳的资源配置效果。在产业结构合理化的过程中，需要以资源配置结构为基础，通过对各方面资源、技术的合理组合，最大化提升产业结构效益，避免产业在市场发展中出现恶性竞争或者资源浪费的问题。

若现有资源与现有技术的总量是恒定不变的，可通过处理各部门之间的关系，实现对资源与技术的优化、重组，使新形成的产业结构能够朝着更加合理的方向发展，进而推动市场经济的发展与进步。

不少专家学者曾对产业结构的合理化进行研究，由于研究的出发点不同，所产生的研究观点之间存在较大的差异。总体而言，我国专家学者在产业结构方面的研究成果主要表现在以下四个方面：

1.产业结构协调论

产业结构协调论是将产业结构合理化作为调整产业之间结构关系的工作重心，通过对产业结构进行调整，优化行业之间的关系，使各行业之间能够协调发展，最大限度满足社会主义市场经济发展的各项需求。

2.产业结构功能论

产业结构功能论是将产业结构的功能作为产业结构研究工作的突破口，通过了解产业结构功能的强度，对产业结构进行合理优化，进而提升产业之间的聚合力。

3.产业结构动态均衡论

产业结构动态均衡论是从一个动态发展的视角出发，了解产业结构与产业素质之间的关系，通过调整产业结构，使产业结构与产业素质能够长期处于一个平衡的发展状态。

4. 产业资源配置论

部分研究学者从资源配置视角出发，将产业结构视为资源的转换器，通过对资源进行合理配置与利用，达到对产业结构优化的目的，该研究成果被称为“产业资源配置论”。在我国体育产业的调整中，以体育产业消费与体育资源条件为基础，实现对产业资源的合理配置与优化处理。

由此可见，体育产业结构合理化能够实现对体育产业的调整与优化，使体育产业结构能够朝着合理化的方向发展。在我国经济发展战略目标的引导下，我国体育产业以市场中现有的经济资源作为构建基础，优化配置体育产业各部门的各项资源，使体育产业的各部门之间能够达到一种协调发展的局面，全面推动体育产业在市场经济中的发展与进步，有效提升体育产业的市场效益与经济效益。体育产业通过调整内部结构，使产业结构趋于合理化，在无形中优化各部门的资源配置比例，在产业需求结构与经济发展的作用下，同样需要对体育产业结构做出相应的调整，使体育产业在市场经济发展中的供需关系能够长期处于一个动态平衡的局面。

总而言之，通过调整体育产业的产业结构，能够使体育产业结构朝着合理化的方向发展，最大限度满足消费者的各种需求，尽最大努力维持市场发展中的供需平衡，使区域经济朝着合理化的方向发展。

（二）高度化

通过对产业结构进行调整，使产业结构能够逐步朝着高度化的方向发展，加快产业结构从低级产业结构向高级产业结构的转变。在社会发展的进程中，产业结构的高度化是产业结构发展的必然趋势。从本质视角分析，产业机构的高度化使产业在发展进程中通过利用先进的科学技术，对产业分工进行精细化处理，使产业结构能够逐步朝着高技术、高附加值、集约化的方向发展，有效提升产业资源的利用率。

体育产业在发展进程中，体育产业结构所形成的高度化是一种相对的发展概念。在市场发展进程中，产业结构的发展与变革是一种无法停止的状态，具有一定的时代特点。

1. 产业高附加值化

从产业经济视角分析，产业高附加值化是通过赋予产品一定的技术优势、文化优势与品牌优势，提升该产品的剩余价值，使产业能够在市场发展中获取高额的经济利润。

2. 产业高技术化

从产业技术视角分析，产业的高技术化是将先进的生产技术与管理技术运用到产业的各项生产、管理活动中，有效提升产业的经济运营效益，从市场中获取更高的产出力。

3. 产业高集约化

从产业规模视角分析，产业高集约化是将原有的小规模、分散的产业部门集中到一起，形成一种具有集中性、合作性、大规模的生产结构，有效提升产业在市场经济发展中的经济效益。

4. 产业高加工化

从产业加工视角分析，产业高加工化是从传统劳动密集型产业朝着现代化技术密集型、资金密集型的产业转变，有效提升企业初级产品制造等级，将原有初级产品提升到中间产品，甚至是最终产品的位置。

在市场经济发展进程中，产业结构的高度化具有一定的相对性，需要社会经济条件为其提供发展支持，并不是任何社会背景、发展环境均能够实现的。在体育产业发展进程中，为促使体育产业朝着高度化的方向发展，需要不断提升体育产业在市场中的经济技术水平，实现对基础设施的完善与整合。以市场经济的发展为助力，在市场经济高速发展的背景下得到一定的发展；同时将市场经济作为作用市场，通过发展体育产业促进市场经济的发展。在体育产业结构高度化发展的趋势下，体育产业结构资源得到充分利用，达到提升资源利用率、节约资源的目的，进而提升体育产业在市场经济发展中的经济效益与社会效益。

为此，体育产业结构朝着高度化的方向发展需要将产业结构的合理化作为发展前提，从多方位、多层次出发，使体育产业能够整体发展，提升体育产业市场经济效益的同时，优化体育产业结构，使体育产业的合理化与高度化能够协调统一。

三、体育产业结构优化的相关文件

（一）《体育产业发展纲要》

《体育产业发展纲要》是我国政府部门针对体育产业所颁布的纲领性文件，该文件的出台，不仅统一了我国社会对发展体育产业的认识，还统一了我国社会发展体育产业的建设目标，为我国体育产业的形成与构建奠定基础，在我国体育产业构建与发展过程中占据不容忽视的地位。具体表现如下：

1.《体育产业发展纲要》的重要意义

针对我国体育产业的发展问题做出如下阐述："发展体育产业符合社会主义市场经济体制的要求，是全面推动体育事业改革、提升我国社会自我发展能力的重要举措。只有加快我国体育产业的发展，方可深化体育改革，加快社会市场机制的转化，拓展我国体育产业的经费渠道，积极满足社会日益增长的体育需求以及全面建成小康社会的基本要求，有效提升体育产业在我国社会主义市场经济体制中的发展活力，为全民健身计划以及奥运争光计划的实施提供有力保障，对我国综合国力的提升具有重大发展意义。"

2.《体育产业发展纲要》的指导思想

《体育产业发展纲要》首先将"坚持改革开放"作为我国社会发展体育产业的首要任务；然后将"树立全心全意为人民服务意识"这一建党宗旨融入到我国体育产业建设活动中，使体育产业建设者均能够树立为人民服务意识，将经济发展与社会发展紧密地结合到一起，使体育产业在市场经济发展中能够科学处理好社会效益与经济效益的关系，并将社会效益放在体育产业的发展首位；坚持经济发展与社会发展的协调性原则，确保我国体育产业的发展能够同我国社会主义市场经济体制相适应；在建设体育产业的过程中，应将国家创办体育产业与社会创办体育产业有机地结合到一起，充分调动我国社会各个领域在体育产业中的发展动力，实现全民体育；深入贯彻落实"以人为本"原则，从我国社会实际发展情况入手，开辟一条与我国社会相适宜的、具有中国特色社会的体育产业发展道路。

3.《体育产业发展纲要》的发展目标

《体育产业发展纲要》就我国体育产业结构优化的问题，从我国社会体育产业发展的实际情况出发，特提出"争取在 15 年的时间里，将我国社会建设成为一个适合社会主义市场经济体制的国家，确保我国体育产业符合现代体育运动的发展规律，拥有齐全的体育运动门类，所实施的体育产业结构具有较强的合理性，体育产业体系能够朝着规范化的方向发展"的发展目标。在实施该目标的过程中，可从以下五个方面着手：一是 21 世纪末基本形成以体育产业为基础、多种所有制并存、多业并举、共同发展的产业新格局；二是将体育健身娱乐市场作为重点培养对象，全面开阔体育竞赛表演市场，全面加强体育人才市场、体育技术信息市场以及体育用品市场的开阔力度；三是全面培养一批将体育产业发展作为着手点，不断提升自身在市场发展的影响力，从原有的差额管理逐步朝着自收自支管理模式转变的体育事业单位；四是打造一批符合现代企业制度、产权责任具有明确性与清晰性、开展体育经营活动、实现综合开发与创造、拥有显著经营效果、建设规模庞大的企业或者是股份制企业；五是不断提升体育产业开发收入在市场经济中的总产量，对体育事业经费不足现象予以弥补。

4.《体育产业发展纲要》的实施措施

在政府部门的宏观调控下，为将《体育产业发展纲要》全面落到实处，需要从以下八个方面着手：一是全面推动我国体育单向运动协会朝着产业化的方向发展；二是将“以体为本”与“多种经营”作为我国体育设施建设所要坚持的方针，在发展体育产业的同时做好社会效益与经济效益的兼顾工作；三是不断加大对我国体育产业无形资产的投入力度，做好产业经营与产业开发工作；四是从规范发展工作以及提升体育彩票发行效益着手，制定具有中国特色的体育彩票发行机制，全面落实对体育彩票的管理工作与发展工作；五是将各类体育资金管理工作落实到位；六是加快体育市场立法进程，使我国体育产业能够朝着规范化、有序化、健康化的方向发展；七是全面培养体育经营管理人才，将体育产业队伍的建设工作全面落实到位；八是深化体育产业工作领导的责任意识。

（二）《关于加快发展体育产业促进体育消费的若干意见》

2014 年 10 月 20 日，我国国务院从体育产业与体育消费视角出发，特下发《关于加快发展体育产业促进体育消费的若干意见》这一文件，该文件制定的根本目的是进一步发展我国体育产业，刺激我国市场中的体育消费，使我国体育产业能够在我国市场经济中占据重要发展地位。

1.指导思想

将邓小平理论、“三个代表”重要思想、科学发展观作为体育产业发展的重要指导思想，将增强人民体制、提升人民的健康水平作为体育产业发展的根本目标，将解放思想、深化改革、激发活力、开拓创新作为体育产业的发展动力，充分发挥政府部门在体育产业发展中的宏观调控作用，构建有效的竞争市场发展格局，不断扩大体育产品与体育服务的供给功能，促使我国体育产业在市场经济发展中不断升级，使竞技体育与群众体育能够全面发展，全面做好体育强国的建设工作，不断满足广大人民群众日益增长的体育需求。

2.基本原则

一是坚持改革创新原则。做好政府职能的转变工作，深化简政放权，加强政策引导、规划引导与标准引导，不断对服务模式进行创新，全面强化市场监管力度，保证市场竞争环境的有序性、平等性与参与性。二是坚持发展市场作用原则。严格遵循产业在市场中的发展规律，积极培育多元市场主体，完善市场机制，充分吸引社会群体的参与性，充分调动产业在市场发展中的创造力与积极性，尽最大努力满足社会群众的各种需求，为广大群众提供更优质的服务与营销产品。三是倡导健康生活原则。全面树立文明、健康的生活方式，尽最大努力延长产业在市场中的发展寿命，提升广大社会群体的生活质量。四是创造发展条件原则。全面提高对体育产业的重视，不断为体育产业的发展提供有力的支持，充分调动广大社会群体在体育产业建设中参与的积极性与主动性，将全民健身纳入我国国家发展的战略体系之中，将体育产业作为朝阳产业、绿色产业予以扶持，不断冲破行业发展中所遇到的壁垒，全面扫除体育产业在发展中的一切政策性障碍，为我国体育产业政策体系的构建与发展奠定基础。五是坚持统筹兼顾原则。在发展体育产业的进程中，我国应立足全局，做到统筹兼顾，不断发挥体育事业与体育产业之间的良性作用，使我国体育产业能够朝着新业态化方向发展，不断加快体育产业与其他产业之间的融合，使体育产业能够同社会经济之间协调发展。

3.发展目标

《关于加快发展体育产业促进体育消费的若干意见》针对我国体育产业结构的改造与优化工作，特提出“截止到2025年，我国应建立基本布局合理、门类齐全、功能完善的体育产业体系，不断对体育产业与体育服务进行丰富与拓展，及时对市场经济运营体制进行完善与整合，刺激消费市场，有效扩大消费者对体育产品与体育服务的需求力度，同时带动相关产业的发展”的建设目标。

在实施该目标的过程中，可从以下三个方面着手：一是完善产业体系。确保体育产业各门类能够协同发展，体育产业聚集模式与体育产业组织形式能够更丰富，体育产业结构能够更合理，体育产品与体育服务区域多样化。二是优化产业环境。确保政府部门针对体育产业所制定的体制、机制充满活力，相关政策、法规更加完善、健全，监管机制更具规范性，市场主体具有诚信、自律的思想意识。三是夯实产业基础。确保我国人均体育场面积能够在2平方米以上，全面调动广大社会群体的体育健身意识与体育消费意识，不断提升我国消费群体在体育产品与体育服务方面的支出比例，将经常参加体育锻炼的人数控制在5亿人口以上，进而达到全民健身的目的，并将体育公共服务覆盖到全体社会民众。

四、体育产业结构优化的建设目标

（一）体育产业可持续发展

在新时期发展的背景下，“可持续发展”是我国各个领域发展的重要战略目标。体育产业与广大社会群体的生命健康、生活质量具有密不可分的关系，大力发展体育产业是全面推动社会可持续发展的必然需求。因此，体育产业在可持续发展建设工作中扮演着重要角色，需要广大社会群体全面提高对体育产业建设与发展的重视，不断优化体育产业结构，使体育产业逐渐成为广大社会群体生存与发展的重要内容。为实现体育产业的可持续发展，使体育产业具有再生性，需要科学控制好体育产业在国民经济中的发展比例，通过优化体育产业结构，使体育产业各个部门在体育产业中所占比例具有科学性与合理性，使体育产业能够呈现一种良性发展趋势。在整个体育产业发展进程中，若体育产业的各部门之间缺乏互动，必将为体育产业的全面、健康、可持续发展带来一定的制约。

（二）结构合理化和高度化

在市场经济体制改革的背景下，对体育产业实施优化处理时，需要分别从体育产业结构的合理化与体育产业结构的高度化两方面出发，使体育产业能够朝着合理化、高度化的方向发展，不断优化体育产业的内部结构，使产业内部各种要素之间能够相互支持、相互促进、相互协调，达到一种稳定、平衡的发展局面。

（三）拥有核心竞争力

核心竞争力是体育产业建设与发展的重要领导指南，若体育产业在发展进程中缺乏核心竞争力，必然会缺乏发展的积极性，整个产业在运营过程中呈现一盘散沙，最终必将被社会发展的浪潮所淘汰。体育产业通过提升自身发展核心竞争力，充分发挥在市场经济体系中的发展优势，不断对企业发展战略进行调整，全面推动体育产业的发展与进步，实现对体育产业结构的优化与整合，提高体育产业在市场发展中的生产效益与经济运营效益，使体育产业能够在市场中树立良好的品牌现象，并在国际竞争中占据一席之地。

（四）供需动态平衡

体育产业的形成与发展，离不开消费者对体育产品与体育服务的各项需求。随着社会的不断发展，人们对产品与服务的需求不断朝着个性化、多样化的方向发展，原有单一的体育运动产品、体育运动服务已经难以满足广大消费者的实际需求，且不少体育企业在设计、生产过程中并从广大消费群体的视角出发，导致所生产出来的体育产品、体育服务无法满足广大消费群体的实际需求，致使体育产业长期处于不稳定、不平衡的发展局面。为此，在新时期发展的背景下，对体育产业结构进行优化处理时，需要从消费者的实际需求入手，坚持以人为本的发展理念，设计出一系列具有个性化、多样化的体育营销产品与体育营销服务，最大限度满足广大消费群体的物质需求与精神需求，使体育产业营销活动能够处于一个供需平衡的局面。

（五）区域协调发展

从我国社会发展现状来看，不平衡性是我国社会经济发展的基本特征，存在严重的区域不平衡、城乡不平衡问题，东西发展水平差距较为显著，南北发展不平衡。对体育产业结构进行调整时，应提高对区域体育发展的重视，加强不同地区体育产业之间的联系，使我国区域体育能够协调发展，不断对各地区体育资源进行优化与整合，使我国体育产业能够协调发展。

五、体育产业结构优化的原则

对我国体育产业结构进行优化处理时，需要分别从体育产业结构的整体性、层次性、开放性、效益性四方面着手，进而将体育产业结构的优化工作全面落实到位。

（一）整体性

对体育产业结构进行优化处理时，首先应遵循“整体性”原则，从多方位、多层次的视角出发，对系统整体功能进行全面整合，使体育产业的各个组成部分均能够有机地协调到一起，使体育产业系统内部的各项发展要素都能够相互影响、相互制约、相互依存、相互联系，使体育产业逐步发展成为一个聚合型产业。在整个市场经济发展进程中，体育产业的发展并不是孤立存在的，应将关联强度大的内容作为体育产业的发展重点，有效带动体育产业中各项发展要素的形成与构建，有效加强体育产业的内部联系，使体育产业能够全面、协调、整体发展。

（二）层次性

不同的发展阶段拥有不同的产业结构。体育产业在形成与构建的过程中应严格遵循层次性原则，从不同的视角出发，科学处理好体育产业各个发展层次之间的内外联系，使体育产业结构能够逐层递进，增强体育产业内部结构的紧密性与关联性，使体育产业能够逐层发展，有效提升体育产业发展的稳定性。

（三）开放性

在改革开放的作用下，我国体育产业逐步朝着开放的方向发展。因此，在对体育产业结构进行整合的过程中，应有效提升对体育产业结构开放性的重视，加强体育产业与其他产业之间的联系，实现体育产业与其他产业之间的跨界融合，有效扩大体育产业信息的涉及范围。在“互联网+”的背景下，开放性是体育产业发展的必然要求，是构建互联网+体育产业的关键。在信息技术的作用下，体育产业在发展进程中能够有效打破传统体育产业在时间、空间方面的束缚，实现体育资源的共享与交流，全面排除外界的一系列干扰因素，有效提升体育产业运营的稳定性与可靠性。

（四）效益性

对体育产业结构进行优化时，还需要遵循效益性原则，在保证体育资源合理配置的同时，还需要保证体育产业结构能够长期处于一个稳定、最佳的发展状态。因此，在调整体育产业结构的过程中应将最佳资源配置、最佳结构效益为基础，全面提升政府部门在政策上的扶持力度，为广大社会群体提供最优质的体育服务。

六、《全民健身计划（2016—2020 年）》

2016 年，我国颁布了《全民健身计划（2016—2020 年）》，不断深化体育产业改革，充分调动广大社会群众在体育产业方面的参与意识，倡导全民健身新风尚，不仅为我国社会主义新时期体育产业发展建设指明了方向，还为推进健康中国建设做出了重要部署。

（一）发展战略

《全民健身计划（2016—2020年）》将“全民健身计划”纳入我国现阶段重要发展战略体系之中。将增强国民体质、提升国民健康水平作为我国在新时期体育产业建设与发展的根本目标，将满足广大人民群众日益增长的多元文化需求作为新时期体育产业的出发点与落脚点。全面坚持“以人为本”原则，从人的发展视角出发，充分了解广大社会群体在体育产业建设中的物质需求与精神需求；全面坚持“改革创新”原则，从我国体育产业发展现状着手，通过运用多种手段，对我国传统体育产业进行改革与创新，构建互联网+体育产业新格局；全面坚持“依法治体”原则，合理运用法律规章对体育产业进行管理，保证体育产业的各项生产活动与营销活动具有合法性，积极维护市场发展秩序，为体育产业发展提供一个良性发展空间；全面坚持“多元互促”原则，从多种视角出发，不断对体育产业设计环节、生产环节、营销环节、服务环节进行优化与整合，使体育产业朝着多元化的方向发展，尽最大努力迎合社会群体对体育产业发展的各项需求。为此，体育产业结构在优化与整合的过程中，应分别从“立体构建”“全面推进”“动态实施”“统筹兼顾”等方面着手，做好全民健身公共服务体系的构建工作以及体育产业链条、体育生态圈的构建工作，不断提高全民健身现代治理水平，为当代社会全面建成小康社会贡献力量，为实现新时期中华民族的伟大复兴奠定基础。

（二）预期目标

《全民健身计划（2016—2020年）》明确指出，截止到2020年我国全体社会群众的体育建设意识得到普遍增强，参加体育锻炼的人数大幅度提升，每周至少参加1次体育锻炼的人数控制在7亿人次以上，经常参加体育锻炼的人数控制在4.35亿人次以上。与此同时，需要将全民健身的教育功能、经济功能、社会功能充分地发挥出来，不断加强与社会其他产业之间的联系，形成相互促进、相互包容的发展关系，预计体育消费总体规模在1.5万亿元以上，通过全民健身活动的开展有效促进我国体育产业的发展，积极拉动体育产业的内部需求，使我国体育产业能够形成一个全新的经济增长点。

（三）主要任务

《全民健身计划（2016—2020年）》从七个方面入手，对我国体育产业结构的优化与整合提出七个方面的建设任务。

1. 文化建设

文化是实施《全民健身计划（2016—2020年）》的精神动力。大力弘扬体育文化，并将体育与人的发展紧密地联系到一起，提高全体社会成员健康体育锻炼的意识，促进人的全面发展。

2. 活动建设

活动是实施《全民健身计划（2016—2020年）》的根本途径。全面开展全民健身活动，能够充分调动全体社会成员在体育运动方面的积极性与主动性，丰富人们的日常生活，保证活动供给内容的丰富性与多样性。

3. 组织建设

组织是实施《全民健身计划（2016—2020年）》的基本单位。通过对体育社会组织进行改革，做好传统体育产业到现代体育产业的迁移工作，使当代体育产业能够时刻焕发活力。

4. 设施建设

设施是实施《全民健身计划（2016—2020年）》的物质基础。统筹建设全民健身设施，能够为广大运动群体提供良好的运动环境，为运动群体的各项体育运动需求提供便利，使广大社会群体能够就近健身。

5. 功能建设

功能是实施《全民健身计划（2016—2020年）》的价值所在。充分发挥全民健身的功能性，使运动者能够在运动的过程中享受到运动为他们带来的多种功能，形成互促共进、服务大局的体育产业发展格局。

6. 市场建设

市场是实施《全民健身计划（2016—2020年）》的重要任务。在新时期发展的背景下，在开展体育产业建设活动的过程中，在关注国内体育发展市场的同时，对国外体育市场给予高度的关注，不断加强与国际大众体育之间的沟通与交流，确保全民健身活动的开放性与多元性。

7. 全民建设

全民是实施《全民健身计划（2016—2020年）》的根本目标。实现全民健身，有效扩大体育运动产业在我国社会的覆盖面积，激发广大市民群众体育运动意识，是当代体育产业的建设重点，需要体育产业结构在优化过程中正确把握好体育产业建设的着力点，提高对重点人群、重点项目的开发工作。

（四）实施要求

《全民健身计划（2016—2020 年）》要求，我国各省市以及乡镇地区均需全面做好全民健身事业的组织领导工作，不断对现行全民健身计划进行完善，将全民健身公共体系建设置于全民健身计划的重要地位，并将全民健身计划纳入各省市以及乡镇地区的国民经济、社会发展、公共服务规划的建设活动中，将全民健身计划的重点工作列入政府年度民生实事、考核工作中。

（五）《“健康中国 2030”规划纲要》

2016 年 10 月 25 日，中共中央、国务院印发并实施《“健康中国 2030”规划纲要》，该文件根据党的十八届五中全会战略部署而制定，推进健康中国建设做出发展指南，有效提升我国广大人民群众的健康水平。《“健康中国 2030”规划纲要》除开篇的序言以外，一共涉及八篇、二十九章的内容。

《“健康中国 2030”规划纲要》中的“八篇”分别是“总体战略”“普及健康生活”“优化健康服务”“完善健康保障”“建设健康环境”“发展健康产业”“健全支撑与保障”“强化组织实施”。《“健康中国 2030”规划纲要》中的二十九章分别指的是：第一篇，“总体战略”的三章内容，即“指导思想”“战略主题”“战略目标”；第二篇，“普及健康生活”的三章内容，即“加强健康教育”“塑造自主自律的健康行为”“提高全民身体素质”；第三篇，“优化健康服务”的四章内容，即“强化覆盖全民的公共卫生服务”“提供优质高效的医疗服务”“充分发挥中医药独特优势”“加强重点人群健康服务”；第四篇，“完善健康保障”的两章内容，即“健全医疗保障体系”“完善药品供应保障体系”；第五篇，“建设健康环境”的四章内容，即“深入开展爱国卫生运动”“加强影响健康的环境问题治理”“保障食品药品安全”“完善公共安全体系”；第六篇，“发展健康产业”中的四章内容，即“优化多元办医格局”“发展健康服务新业态”“积极发展健身休闲运动产业”“促进医药产业发展”；第七篇，“健全支撑与保障”中的六章内容，即“深化体制机制改革”“加强健康人力资源建设”，“推动健康科技创新”“建设健康信息化服务体系”“加强健康法治建设”“加强国际交流合作”；第八篇，“强化组织实施”中的三章内容，即“加强组织领导”“营造良好社会氛围”“做好实施监测”。

《“健康中国 2030”规划纲要》的第六篇第十九章“积极发展健身运动产业”，是围绕我国体育产业所做出的一系列规划与措施。通过对我国体育市场环境进行优化与整合，培养多元主体的体育市场运营环境，充分调动社会群体的参与意识，使越来越多的社会群体能够积极主动地参与到健身休闲设施建设与运营活动中。推动体育场馆资源经营权、所有权分离改革和体育项目协会改革，大力开发体育产业资源，做好健身休闲运动项目的创新与推广工作，政府部门进一步完善购买体育公共服务的体制机制，全面打造健身、休闲、娱乐、服务为一体的体育发展平台。积极鼓励体育健身产业的发展，使体育健身产业能够从多渠道出发，运用多种建设手段，构建多种形态的体育健身俱乐部，为广大社会群体提供多元化的体育休闲运动空间，丰富业余体育赛事，激发市场中的潜在消费群体，以水上、山地、冰雪、马术、汽摩等具有时尚、休闲、娱乐性的体育运动项目引领消费市场，全面打造具有区域特色的体育健身休闲娱乐示范区，全面带动体育健身产业的发展，提高体育产业在我国市场发展中的影响力与号召力。

七、体育产业结构优化的路径

在“互联网+”的背景下，我国体育产业得到新的发展与突破。互联网+体育产业结构的形成与构建，是体育产业结构与互联网产业结构相互作用、共同优化的必然结果。为此，在体育产业结构优化过程中，相关参与人员需要全面做好体育产业结构优化的宣传教育工作，不断扩大体育产业的参与群体，提高体育产业在市场发展中的影响力与号召力，实现对体育产业结构的全面升级与整合。

（一）摒弃传统发展理念，创新非正式制度

在改革开放政策的引导下，我国社会各个发展领域均面临政策改革与制度更新。体育产业作为我国社会发展的重要产业类型，对其产业结构实施改革与创新是一项不可或缺的内容。为此，国家政府部门以及体育产业的相关建设人员应积极转变在体育产业中的发展意识，摒弃传统的发展理念，树立具有科学性、长远性、多元性的发展观念，立足于我国体育产业的发展现状，借鉴国外发达国家在体育产业方面优秀的建设思想、经营手段，结合我国社会资源情况，对现行体育产业结构进行优化与整合，对非正式制度进行创新与改革，使非正式制度能够为法律规章的管理工作提供辅助支持。为此，在我国经济社会发展进程中，政府部门需要积极对现行的非正式制度进行创新，不断转变思想观念，全面扫清体育产业结构在优化过程中所存在的障碍。

（二）正确把握市场发展方向，明确主导力量

市场经济体制的调整过程离不开政府行为与市场规律的支持。市场具有一定的盲目性，且多数市场均不具备自主调节能力，需要政府部门的调整与控制，从而实现对市场经济的积极干预。市场规律的调节机制为资源配置工作奠定基础，通过政府部门的宏观调控作用，使市场经济能够健康发展。在体育产业结构优化过程中，将政府行为与市场机制结合到一起，需要严格遵循市场发展规律，做好体育产业的政策与措施的制定与实施工作，为我国体育产业结构的优化与整合奠定基础。因此，政府部门在体育产业建设过程中应积极发挥其宏观调控作用，做好体育产业的引导工作，保证体育产业规划方案的科学性与合理性，确保体育主导产业在建设过程中能够谨慎选择。

通常情况下，将竞赛表演、健身娱乐、体育培训作为体育产业的主导产业，通过政府部门的相关政策，为竞赛表演、健身娱乐、体育培训活动的开展提供政策支持，使体育产业的主导产业能够高速发展，并通过体育主导产业的发展带动相关产业的发展。通过对竞赛表演、健身娱乐、体育培训的产业结构进行优化与整合，加强体育主导产业之间以及与其他产业之间的联系，使体育产业能够相互促进、相互依托，在强烈的市场竞争中齐头并进。

在体育产业链条中，竞赛表演业、健身娱乐业、体育技能培训业作为核心产业，通过加强三种产业之间的联系，将产业之间的关联效应发挥出来，为体育产业的整体发展提供一定的拉动力。体育主导产业的发展，能够刺激中间产业需求，扩大体育产业在市场发展中的影响力，加快城市体育设施建设，推动大型体育赛事的举办，发展体育产业的同时调动地方城市的发展。与此同时，体育核心产业的发展能够使广大社会群体提高对体育产业的重视，树立正确的体育价值观念，充分认识到体育产业与自身发展的关联性，为体育产业结构与体育经济增长提供动力来源。

（三）大力发展主导产业，维持市场供需平衡

在体育产业结构优化与改革过程中，为保证体育主导产业建设工作能够顺利开展，需要社会各个发展领域积极投身到体育产业的建设活动中，增加运营资本，为体育产业的发展提供资金支持，最大限度满足市场发展的各种需求，注重体育产业发展的个性化与多元化。

1. 增加社会先行资本和投资率

在体育产业结构优化过程中，为充分发挥体育主导产业的扩散效应，凭借主导产业的发展带动相关产业链条的发展，需要全面对社会先行资本进行转变，为体育产业结构的升级积累所需的社会先行资本，提升社会先行资本的投资率，保证体育主导产业的发展能够拥有充足的资金支持，不断提升生产性投资率及其在国民收入中比例。在体育产业建设与发展过程中，之所以能够在较短的时间内形成体育主导产业，是因为投资是体育主导产业的先导与基础，在体育产业结构优化中实施投资工作能够将投资所具备的导向功能充分地发挥出来。

在新时期发展的背景下，发展体育产业，需要将体育公共产品与公共服务作为主要依托，通过政府部门的支持，为体育产业的发展带来无限发展动力。为此，政府部门在体育产业发展进程中，应全面落实对市场的宏观调控作用，全面做好体育产品建设与体育服务建设工作，为体育产业的发展提供多元化的体育产品与体育服务，使体育产业供给工作能够具有多元化与丰富性，有效刺激市场中的潜在需求，充分调动广大消费群体的参与意识，不断扩大体育产业在市场发展中的影响力与号召力。除此之外，体育产业结构在优化过程中，需要坚持“以人为本”发展战略，从消费者的实际需求入手，优化产品差异，从多角度、多视角出发，了解广大消费者在体育产品消费方面的个性需求，根据消费群体的实际情况，为其提供所需的体育营销消费品，确保体育营销产品的针对性与可行性，有效提升体育消费者在购买过程中对体育营销产品的满意度与认可度。体育产业的形成与构建需要市场供给的支持，体育产业结构优化工作作为对体育产业结构的升级与改造，自然离不开市场供给为其提供的保障。因此，需要将消费者对体育营销产品的需求差异作为理论依据，对体育产品市场进行细分处理，并以此为基础合理选择体育产业在现代化市场经济中的发展目标，并对体育产品的目标顾客进行准确定位，根据目标顾客的个体需求，为其提供个性化服务，以达到对体育产品结构优化的目的。通常情况下，国家实施扩张性政策的同时会从总量上着手，大力鼓励各类体育生产、制造企业对新产品进行研究与开发，实现对现有体育营销产品的革新与创造，最大限度提升体育市场中的需求量。从体育基础设施建设视角来看，政府部门首先应对其做好相应的科学论证，然后再提升对体育产业的投资力度，充分调动市场消费群体的积极性与主动性，加快市场运营的周转效率，为体育产业的发展创造一个良性发展空间。

2. 确保市场需求的充足性

在新时期发展的背景下，体育主导产业的形成与发展依然需要市场需求的支持。为此，要想实现对体育产业结构的优化与整合，大力促进体育主导产业的发展，需要从体育消费者的视角出发，将广大体育消费群体作为体育产业发展的拉动力，通过增加体育产业消费群体的数量，扩大体育产业的营销范围，从而达到对体育产业结构优化的目的。通过对体育产业发展战略进行调整与优化，科学处理好竞技体育与群众体育之间的关系，通过发展竞技体育带动广大社会群体参与到体育健身活动中，通过政府部门、市场企业的作用力，能够分别从政策与资金两个方面着手，积极对体育产业进行引导，使我国体育产业能够朝着健康的方向发展，具体表现在以下三个方面：

（1）对各类体育市场积极开发。积极开发各类体育市场，实现对体育运营市场的优化与整合，深入挖掘市场中的潜在消费群体，不断扩大体育产业在市场中的覆盖规模，进而增加体育产业在市场发展中的影响力。为此，对各类体育市场进行开发时，需要将对潜在消费需要的识别作为各类体育市场的开发基础，通过对体育产业实施重点培育、重点引导，实现对体育健身娱乐市场的全面开发，使体育产业朝着多元化、个性化的方向发展。

（2）适应各类体育市场。适应各类体育市场需要体育产业具有较高的兼容性与多样性，将体育产业同其他产业进行联合，实现多种产业的跨界融合，有效打破传统体育产业的营销模式，构建多元化的体育发展市场，实现对体育产业结构的细分与整合，并对体育产品进行合理定价，为体育产业创造一个良性发展环境。

（3）转变居民消费观念。在政府部门对体育产业宏观调控的作用下，体育产业正朝着现代化、多元化、个性化的方向发展，有效转变传统消费者的消费观念，激发广大消费群体对体育产品与体育服务的需求力度，增加边际消费倾向，降低不确定因素对体育产业发展的影响，实现对体育产业运行风险的合理规避，进一步扩大即期消费。在体育产业结构优化与转型过程中，并不是通过投入多少资金开展某种特定的消费活动，而是对广大消费群体的消费意识、消费观念进行引导，使社会群体能够逐步形成“花钱买健康”的思想，通过在体育产业方面的消费，提升自身生活水平，提高身体健康水平。社会各个领域相继开展一系列与体育健身有关的主题活动，以“体育，让生活更美好”为发展理念，将健身同个人素质、个人品位、生活质量、发展机会等内容联系到一起，端正广大消费群体的思想认知，进一步激发市场中消费群体对体育产品、体育服务的需求力度，通过体育主导产业的发展带动相关产业的联动发展。

（四）积极推动多方面改革，注重制度创新

1. 进行配套经济体制改革

体育产业的发展离不开政府部门各项宏观调控政策的支持，有效的体育产业政策能够为优化体育产业结构提供正能量，是体育产业结构出现变动的外部因素。我国在政策、法律的制定过程中，并没有形成制度化、法律化的发展趋势，且所制定的规章制度、法律体系并没有有效落实，“重制定、轻执行”在我国体育产业建设与管理中广泛存在。想要处理好我国现阶段体育产业结构失衡的相关问题，需要政府部门全面提高对体育产业管理工作的重视，不断强化规章制度、法律体系的执行力度，为体育产业的发展营造一个绝佳的政策环境，不断加大对体育产业的扶持与鼓励，使体育产业能够朝着长久、健康、稳定的方向发展，为我国体育产业结构优化与升级奠定基础。为此，我国政府部门需要对体育产业相关的配套经济体制进行改革与创新，为体育产业管理与调控工作提供强有力的制度依据。

（1）全面提升对体育产业的扶持力度。政府部门对体育产业相关配套经济体制进行改革，首先需要做好扶持政策的制定工作。以现行体育产业政策为基础，根据我国体育产业发展的实际情况，对现行体育产业政策进行完善与整合，全面做好体育产业的各项扶持工作，有效提升政府部门对体育产业的扶持力度，使我国体育产业能够逐步朝着法制化的方向发展。

（2）全面落实体育产业均衡发展工作。体育产业结构在优化过程中，需要坚持“均衡发展”原则，科学处理好体育产业内部子产业之间的关系以及体育产业与其他社会产业之间的关系，并将体育产业与互联网产业巧妙、灵活、合理地结合到一起，实现体育产业与互联网产业的跨领域融合。因此，在体育产业结构优化过程中，政府部门应做好体育产业配套经济体制的改革工作，紧跟时代发展潮流，从互联网+体育产业的发展视角出发，对传统体育产业的配套经济体制进行改革与创新，保证所制定并实施的配套经济体制符合互联网+体育产业的实际发展需求，全面提高对体育服务业的重视，将体育产品与体育服务放置在同等发展地位，通过调整体育产业结构，提升体育服务在体育产业中的发展地位，并将体育服务纳入政府政策的管控范畴内。

（3）全面提高体育产业资金扶持力度。体育产业结构的优化处理离不开体育产业资金的支持。在我国传统体育产业结构中，体育产业的各项运营资金主

要依靠政府部门的供给，导致体育产业在发展中尚存在一定的局限性，主要将竞技体育作为发展重点，忽视对群众体育的发展。在新时期发展的背景下，群众体育成为我国体育事业的重要发展方向。然而，体育产业结构的形成与构建，需要大量的资金支持，群众体育作为一个庞大的体育产业发展领域，仅依靠政府部门的财政支持是远远无法满足要求的，需要政府部门通过制定配套的经济制度，引导市场中的资金流，使市场中的各大企业能够积极主动地投身到体育产业的建设与发展活动中，使地方企业成为体育产业的投资者，扩大体育产业发展资金链，做好体育产业发展资金的引导工作，不断提升体育产业在市场发展中的影响力与号召力，通过参股、贴息、补助等方式吸引社会中的闲置资金，为我国体育产业的发展提供强有力的资金支持。

（4）全面加强体育产业统计制度力度。政府部门对配套经济体制进行改革的过程中，还需要提高对体育产业统计制度的重视。政府部门对体育产业实施统计制度时，需要建立与体育产业运营结构相适应的统计制度、跟踪监测制度以及预测分析制度，并在管理过程中不断对这些制度进行完善与整合，正确把握体育产业的发展方向，科学处理体育产业在发展中所存在的问题，实现对体育产业结构的优化与升级。

2. 管理体制改革

在“互联网+”的背景下，我国体育产业结构发生了极大的改变，有效冲破传统体育产业在时间、空间上的束缚，为我国传统体育产业打开发展的新纪元。互联网+体育产业的形成与构建离不开相关政策的支持，需要我国政府部门以传统管理制度为基础，根据互联网+体育产业的发展情况，对传统管理体制进行改革，构建与互联网+体育产业相适宜的管理体制，全面加强“管办”分离，构建政企分开管理体制。

一直以来，体育被大众视为一种具有公益性的事业，其所具备的产业功能被长期忽视，导致体育产业在发展过程中其所具备的经济价值未得到有效开发，在市场经济发展中所具备的经济效益未得到良好的回收。纵观我国体育产业的发展进程，竞技体育一直都是我国体育产业的发展重点，我国政府部门针对体育产业所制定的各项制度均围绕竞技体育开展，从而形成以政府部门为主导的体育产业管理结构。在体育产业的发展进程中，体育产业的各项运营活动均离不开政府部门的管理与支持，随着社会的不断发展，这种传统的管理模式已经难以满足现代化体育产业的实际发展需求，需要体育产业充分吸收社会量，全面调动广大社会群体在体育运动中的参与性，为体育产业创造可持续发展的空间与平台。

为此，在现代化体育产业发展进程中，我国政府部门应积极冲破传统体育管理体制的束缚，做好对传统体育管理制度的改革工作，不断对体育产业管理结构进行创新与优化，并实现对体育产业的去行政化管理，明确政府与市场在体育产业发展中的各项分工，使政府与市场能够积极履行个人职责，将各项责任与义务全面落实到位，并做好政府与市场的协调工作，确保体育产业在发展进程中能够同时兼备社会价值与经济价值，形成市场化运营管理模式。

3. 制定创新策略

对现有体育产业机制、制度、法律进行改革仅是推动体育产业结构优化的基础，在体育产业的产业结构、产品服务、管理策略、管理制度改革工作过程中，需要全面提高对制度的创新意识，做好产业结构优化，创新技术、创造产品、提升服务、落实管理，从而促进体育产业的全面发展。

（1）技术创新。对体育产业结构进行优化与整合，首先需要从体育产业结构在构建与形成过程中所运用到的各项技术入手，通过对各项技术进行创新，改变体育产业结构中各项要素之间的连接方式，实现对传统体育结构的改革与创新。为此，对体育产业进行结构优化处理时，需要不断将先进的科学技术运用到体育产业的各项运营活动中，实现对传统运用技术的整合与修正，有效规避传统体育产业结构中所存在的一些弊端，提升体育产业结构的完整性与系统性，丰富体育产业结构内容，实现对传统体育产业结构的延伸与拓展。

由此可见，在体育产业结构优化过程中，技术创新是实现体育产业结构创新的主要动力，通过利用先进的科学技术能够有效处理传统体育产业中所存在的结构性矛盾，使体育产业结构能够朝着合理化与高度化的方向发展。互联网+体育产业就是现代化科学技术在体育产业中应用的最佳表现。通过将先进的电子信息技术、移动互联网技术运用到体育产业发展建设中，实现互联网产业与体育产业之间的联合，为我国体育产业发展提供全新的发展空间与拓展平台。

为此，政府部门对体育产业的发展实施政策性扶持时，首先需要根据体育产业发展的实际情况，为其制定一系列具有针对性、可行性、科学性的政策、法律，大力推行“品牌战略”，充分发挥体育产业在市场发展中的品牌效应，通过品牌的号召力刺激消费者的消费意识，深入挖掘市场发展中的潜在用户，实现对新技术、新产品、新服务的创新与应用，全面提升我国体育产业的自主创新能力与国际竞争力。

（2）功能创新。优化体育产业结构需要对体育产业链中的各个产业节点与产业链条进行优化处理，同时提升产业链条的价值，增强产业功能，创新服务，使体育产业能够积极迎合新时期发展的各项需求，将体育产业改革与创新工作全面落实到位。为此，对体育产业结构进行优化，创新产业功能需要分别从产品设计、产品生产、供应链管理、品牌营销、售后服务等方面着手，不断增加产品功能，提高产品附加价值，提升产品在市场运营中的经济效益。

（3）体系创新。体育产业的形成与构建离不开政府部门各项政策的支持，需要政府部门全面提高对体育产业的重视，不断完善体育产业用品标准体系，将体育产品质量监管工作全面落实到位，使体育产业能够朝着规范化、法制化、合理化的方向发展。

（4）人才创新。人才是一切社会活动开展的基础。为实现体育产业结构的改革与优化，需要做好创新性人才的培养工作，实现对体育建设人才的创新与发展，不断提升体育产业人力资源的质量与数量，全面提高体育产业从业人员的管理意识与工作水平，不断优化体育产业运营质量，保证体育产业建设人员拥有长远的发展意识，能够立足于发展现状，全面提高对传统产业结构的重视，将传统产业结构改革与创新工作放到产业发展的首位。

（五）对区域产业结构进行统筹优化

“互联网+”背景下对区域体育产业结构进行优化，实现对区域体育产业的统筹兼顾，需要从以下三个方面入手：

1. 实现区域互补，发挥整体发展优势

我国土地面积广阔，不同的地域拥有不同的自然环境与社会环境，且不同地区的自然环境、社会环境差异较大，不同地区的体育产业呈现不同的发展水平。当我国对体育产业结构进行调整时，需要我们将区域互补作为体育产业结构调整的主要理论依据。通过对区域体育产业结构进行调整与优化，将不同地区产业结构的发展优势充分地体现出来，增强体育产业的地域特色，使不同地区体育产业均能够在市场发展中拥有无限的发展优势。

（1）深入挖掘区域资源，发挥区域资源应用优势。不同的地区拥有不同的发展特征，所拥有的资源优势有所不同。为此，在体育产业发展进程中，为实现区域体育产业的均衡发展，需要不同地区从本地区发展的实际情况出发，充分利用本地区所具备的资源优势，将区域资源与民族体育特点有机地结合到一起，实现区域体育产业的发展，实现对传统体育结构的整合与优化，不断提高体育产业在本地的影响力与号召力，全面打造地域产业品牌，发挥地域产业特色，实现区域体育产业互补，形成多元化体育产业结构。

（2）全面开发旅游资源，构建体育旅游资源新形态。我国西部地区产业各方面发展均相对比较落后，想要在西部地区发展旅游业，需要充分抓住西部地区的发展特征，充分利用该地区的发展优势，全面开发该地区的旅游资源，通过旅游产业的发展带动该地区体育产业的发展，并将旅游产业与体育产业结合到一起，形成体育旅游产业。

（3）充分利用产业资源，合理规划产业发展布局。中西部地区体育产业是我国体育产业发展的重难点，需要我国社会对体育产业基地实施全面扶持，充分将我国中西部地区的体育资源利用起来，实现对中西部地区的合理布局，有效提升体育产业在市场发展中的竞争力，提高体育产业在我国市场中所占的份额，不断加快我国体育产业的发展与进步，有效缩小各地区体育产业之间的发展差距，确保体育产业的各项发展目标能够协调发展。

2. 坚持统一开放原则，全面维持市场发展的竞争秩序

在我国市场经济发展进程中，无论是城乡之间，还是区域之间，经济发展水平均存在较大的差距。对体育产业结构进行调整与优化，需要对市场发展中的各项运营障碍进行处理，通过多种渠道、运用多种方法处理体育产业在运营与发展中所存在的障碍。在整个市场发展进程中，我们应不断提升市场经济体制改革力度，运用科学有效的方法对区域体育进行正确引导、合理规划，使区域体育能够长期处于一个稳定的发展局面，有效去除区域发展的壁垒，不断完善市场经济运营中的各项体制、制度。严格遵循效益最大化原则，实现对各地区资源的合理配置，促使各个区域产业的均衡发展。

3. 推动产业集群化发展，完善体育产业结构

产业聚集是现代化市场经济的必然发展趋势，是一种独特的市场行为。在体育产业发展进程中，产业集群化发展能够不断加强体育产业之间的结合，有效降低体育产业的交易成本，实现规模经济效应。在体育产业结构优化过程中，通过将体育产业的相关部门有机地结合到一起，实现多部门的跨领域合作与交流，增强信息交流，实现资源共享，有效提升体育产业在社会发展中的产业竞争力。为此，体育产业在发展进程中，应充分利用产业集聚机制，做好产业集群化的引导工作，使体育产业能够不断朝着集群化的方向发展。

（1）发挥产业链条创造竞争优势。在市场发展进程中，产业形式多种多样，不同的产业拥有不同的产业链，且所形成的产业链条具有一定的完整性，能够适应市场发展的各项需求，满足广大消费群体的各项要求，构建良性的市场运

营空间。体育产业同样具备产业链，但是因体育产业在我国社会发展进程中起步相对比较晚，所形成的产业链呈现一种低端形态，需要在今后的发展中对其进一步完善与整合。

体育产业链进行优化过程中，需要将一些在市场中具有发展优势的环节作为区域体育产业发展的重点，通过优势产业的发展调动相关体育产业的发展，从而为体育产业创造一个良性发展环境，进而使体育产业朝着良性的方向发展。

（2）培育核心产业形成产业集聚。为充分发挥体育产业在市场中的引导地位，提高体育产业在市场发展中的影响力，需要全面培养一批在国际市场中具有竞争力的体育企业，保证体育企业内部能够分工协作，企业之间能够协同发展，构建全面、整体的体育产业发展格局，充分带动区域体育产业的发展与进步。

（3）培育多元化体育产业基地。在体育产业发展进程中，体育产业集群化发展是提高体育产业在市场发展中竞争力的最佳手段。通过制定与之相适应的产业发展基地，并根据各地区产业结构推行一系列适合本地区发展的优惠政策，使体育产业能够逐步朝着集群化的方向发展。

第二节　我国体育产业结构评价指标体系的构建

在新时期发展的背景下，体育产业备受社会各界的关注，广大社会群体积极主动地投身到体育产业的各项建设活动中，有效推动我国体育产业的发展与进步，同时带动我国社会经济的发展，在我国当代市场经济体系中具有不容忽视的作用。在“互联网+”的背景下，通过将“互联网+”发展理念运用到体育产业的发展建设中，实现互联网产业与体育产业的联合，构建互联网+体育产业的新格局。通过构建体育产业结构评价指标体系，能够对我国体育产业发展的实际情况做出科学、合理的评判，充分了解体育产业在形成与构建中所存在的问题，结合国外先进国家在体育产业方面的发展理念，根据我国体育产业发展的实际情况，从多个发展视角出发，实现对我国传统体育产业的优化与整合，使我国体育产业能够紧跟时代发展潮流，正确把握我国体育产业的发展方向。

为此，本节将从体育产业结构评价指标体系所存在的局限性、构建体育产业结构指标体系的基本要素、所要坚持的目标与原则、形成与构建的基本程序几个方面进行研究与探讨，实现对我国体育产业结构的进一步优化与整合。

一、体育产业结构评价指标体系所存在的局限性

现如今，我国社会已充分认识到体育产业在市场发展中所处的地位以及该产业对我国社会经济发展所带来的影响。通过对我国体育产业发展进程进行纵向研究，从中我们能够直观地了解到，在 2008 年以前，我国体育产业并没有形成一套完整性、统一性、针对性较强的产值统计指标。近年来，相关研究学者通过对体育产业产值构成要素进行分析，探讨体育产业结构数量与体育产业结构质量之间的关系，了解体育产业数量对体育产业发展所带来的积极影响。由于我国现行的体育产业结构评价体系具有一定的局限性，我们无法运用科学有效的方法对体育产业所拥有的发展成效进行有效的衡量与计算。

从宏观发展视角来看，我国相关研究人员对体育产业结构以及体育产业发展情况进行定性分析，主要将体育产业数量指标作为突破口，通过对比体育产业数量的指标，了解体育产业所具有的特征。但是我国现行的体育产业结构评价体系之中，并没有对数量指标做出准确的评定与规范，导致体育产业指标在分析与评定过程中缺乏一定的准确性、全面性与统一性，为我国体育产业结构的发展与改革带来诸多制约。部分研究学者运用定量分析法对体育产业发展情况进行研究，通过控制变量，了解体育产业各项组成要素彼此之间的影响，并对体育产业发展水平进行衡量。但是，迄今为止我国在体育产业发展研究中并没有形成与之相适应的定量分析方法，无法用定量分析结果与其他省市的体育产业发展结果进行横向比较。因此，我国现行的体育产业结构评价指标具有一定的局限性，具体表现如下：

（一）无法将体育产业结构发展现状有效地反映出来

据调查研究得知，我国体育产业结构评价指标体系在实际运用过程中，仅能够对单一的产值构成指标进行计算，不能将体育产业结构有效地反映出来，且无法满足体育产业结构的研究需求与评价需求。从体育产业结构的研究与评价视角来看，体育产业结构评价指标体系不仅需要对行业间的数量关系进行全面、整体的考察与分析，还需要从不同层次、不同视角出发，探讨体育产业横向发展与纵向发展之间的关系，对体育产业结构的形成与发展进行由浅入深的

分析与探究，实现对体育产业结构的深度解剖。从体育产业结构的本质视角来看，从中我们能够直观地了解到，体育产业结构由社会经济体系中的多个子系统构成，所涉及的范围相对较广，运用单一的产业构成指标对体育产业结构进行衡量难以满足其应有的要求，更无法将体育产业结构所具备的本质特征与整体情况反映出来。

（二）无法将体育产业结构的变动情况有效地反映出来

实践研究显示，我国现行的体育产业结构评价指标体系在科学性方面尚存在一定的不足，在实际应用中无法将体育产业结构变动信息客观、真实地反映出来。具体主要表现在以下两个方面：一是运用现价对产值构成进行计算与评价会受到来自价格要素等多方面的制约，一旦商品的价格发生变化，产业结构必将发生巨大的变化。因此，根据不同的价格对体育产业产值进行分析与评价是无法达到其预期目的的，必将无法从中获得产业结构可比性信息。二是从单向数值比重视角来看，用数值比重对体育产业结构进行调整具有一定的单一性，无法涉及多方面的内容，且实际实施水平相对较低。迄今为止，我国尚未形成具有统一性、规范性、全面性且能够对体育产业产值做出准确计算的体育产业产值的方法与体育产业产值统计指标。

（三）无法对体育产业结构的合理程度做出有效的鉴别

同一种体育产业产值结构并非在任何一个地区均能够折射出统一的应用效果，且体育产业产值结构呈现不同程度的合理性。体育产业在运营过程中所产生的各种产值被均衡地分布在不同行业部门，无法对体育产业结构的合理性做出精确映射与反映。通常情况下，我们会运用体育产业构成指标对体育产业结构的合理性进行衡量与反映，但是这一做法极易被人理解为一旦形成产业结构必将能够提升产业在市场中的总产量。如此一来，同总产值之间没有直接联系的生态目标通常被大众所忽视，产业结构的优化工作必将难以开展；仅依靠产值构成指标，必然会对不同地区之间的体育产业结构带来负面影响。

二、构建体育产业结构指标体系的基本要素

体育产业结构指标体系的基本要素主要由评价对象要素、评价指标要素、权重系数要素、评价者要素构成，各个要素在体育产业结构指标体系中的表现如下：

（一）评价对象要素

任何研究活动均离不开被评价对象，一切研究活动均需要围绕被评价对象开展。因此，被评价对象是整个研究活动中的评价客体。在本次研究活动中，将“体育产业结构”作为评价对象。

（二）评价指标要素

任何研究活动均需要有研究目标的支撑，通过构建研究活动的评价指标，从多个视角出发对被评价对象进行综合性评价，仅从单个角度对评价对象进行分析是无法满足研究活动要求的。

（三）权重系数要素

权重系数拥有较强的导向功能，该要素不仅能够对各项指标在现实生活中的实际运营状态做出客观、公正的评价与反映，还能够对不同评价指标、不同评价结构之间所存在的关系做出合理的评价与分析。其中，“权重”是指评价主体对评价指标所拥有价值的认识程度。在整个指标体系中，指标在指标体系中越重要，所对应的权重越大；指标在指标体系中越不重要，所对应的权重越小。由此可见，权重就是将主观意识与客观思想结合到一起所形成的结果。

（四）评价者要素

评价者是整个评价活动的主体。在评价活动中，评价者不仅可以个人的形式呈现出来，还能够以一个组织的形式呈现出来。因此，评价者可以是特定的某一个人，也可以是特定的某一个群体或组织。评价者是评价目标的给定者，是权重系数的确定者，是评价指标的建立者。

三、体育产业结构体系的构建要求

从体育产业结构评价指标体系的构建视角来看，若将体育产业结构研究目标视为体育产业评价指标体系构建的出发点，对体育产业评价指标体系进行设计时，需要认真将综合发展思想深入贯彻落实到体育产业结构的每一个环节，从多个视角出发对体育产业结构发展现状以及演变做出有效反映，确保所反映出来的内容涉及范围较广，要素分析拥有较强的灵活性与便捷性，与实际的社会生活相贴近，并能够对体育产业结构调整的合理性做出清晰、直观的反映，将体育产业结构的研究目标凸显出来。

体育产业结构体系能够对不同体育产业的运营结构做出全面的分析与解答，因此，在构建体育产业的过程中，需要从体育产业以及相关产业的实际发展情况出发，不断提升体育产业在市场中的发展水平，切实保证体育产业资源的科学性、有效性与合理性，最大程度上迎合不同类型体育产业的供给需求，使体育产业结构朝着合理化的方向发展。为大幅度提升体育产业结构的合理性，需要将体育产业构建与人们日常生活水平紧密地联系到一起，坚持“以人为本”的发展原则，从广大消费者的实际需求出发，科学做好产业之间的调整工作，最大限度迎合消费者的物质需求与精神需求。与此同时，我们还应做好体育产业结构的协调工作，从体育产业的社会价值与经济价值分别着手，在发展体育产业社会价值的同时，提升体育产业的经济价值，不断提升体育产业的附加价值，增强体育产业在市场中的影响力与号召力。因此，体育产业结构体系在构建的过程中，应做好体育产业社会价值与经济价值的兼顾工作，从多个发展视角出发，做好体育产业结构的优化与整合工作。

四、构建体育产业结构指标体系所应遵循的基本原则

对体育产业结构进行评价是一项具有系统性、全面性的工程，在实时评价的过程中为保证评价质量，需要对被评价对象进行真实、客观、合理、全面、公正的评价。为此，在制定体育产业结构指标体系的过程中，应严格遵循科学性原则、可比性原则、系统性原则、动态性原则、客观性原则、指向性原则以及可操作性原则。

（一）科学性原则

在体育产业结构指标形成与构建的过程中，通常将产业经济理论作为体育产业结构指标选择的基础，将定量分析方法作为确定体育产业结构指标权重以及计算体育产业结构指标权重的重要依据，以多项信息筛选与多项信息合成为基础，借助部分具有综合性的指标对体育产业结构进行合理的、精确的反映与评价。

（二）可比性原则

在市场经济发展的背景下，对体育产业结构进行优化与升级是体育产业发展的必然趋势。然而，要想达到这一目标，就需要意识到传统体育产业结构存

在的区域界线，从时间上、空间上或者是其他方面扩大体育产业结构所涉及的范围。为此，在构建体育产业结构指标体系时，需要全面提高对时间、地点、使用范围的重视，确保时间、地点、使用范围具有较高的可比性，为体育产业的横向对比、纵向分析提供可靠的理论依据，为区域体育产业结构的优化与整合提供极大的便利。

（三）系统性原则

构建体育产业评价指标体系时，需要从多视角、多层次出发，对体育产业发展实施整体性评价，有效提升体育产业评价体系的评价结果的可信度与综合性，避免体育产业评价指标体系在实际应用的过程中出现以偏概全的现象。

（四）动态性原则

由于体育产业结构的整个优化过程都是在不断发生变化的，在整个产业结构升级的过程中为保证体育产业评价指标体系具有较高的准确性与真实性，需要将体育产业评价指标体系的动态性考虑进去，注重体育产业评价内容的动态性，实现对不同时间段内体育产业结构信息的阶段性评价。

（五）客观性原则

体育产业的评价指标具备具体化与可量化的特征，为此，对其实施评价时需要客观数据为其提供有利的支撑，充分利用科学计算方法对各项数据信息进行间接获取，全面扫除各项无量化指标。在选择指标的资料的过程中应尽可能选用具有较高权威性的数据信息，并将该信息作为体育产业的评价标准。

（六）导向性原则

在体育产业评价指标体系构建过程中，需要在评价工作的结尾部分对体育产业结构的实际情况做出直观反映，无论运用何种指标，均需要在实施过程中将指标的引导作用与导向作用充分地发挥出来，为其提供具有关键性的参数指标。

（七）可操作性原则

体育产业评价指标构建过程中，应确保评价体系的科学性，根据我国体育产业发展的实际情况，不断对其进行完善与整合，实现对体育产业指标体系的优化与提升，确保体育产业评价指标体系具有较高的可操作性。

综上所述，在构建体育产业结构指标体系的过程中，从产业结构视角来看，可将所构建的体育产业结构指标体系分为两种：一种是反映外界环境相适应性指标体系，另一种是产业结构目的性指标体系。通过运用反映外界环境相适应性指标体系与产业结构目的性指标体系，对体育产业结构做出科学分析与系统评价，在整个评价的过程中需要时刻了解体育产业在市场发展与运营中的实际情况，不断对所构建的体育产业结构评价指标进行优化与升级，有效提升体育产业结构评价指标体系的科学性与合理性。对体育产业结构实施合理性分析时，应确保体育产业结构的内外界环境适应性与经济目标协调统一，为体育产业结构评价提供重要的理论依据，使体育产业能够朝着合理化的方向发展。

五、评价指标选择的方法

体育产业结构指标体系所运用的评价指标选择主要由两部分组成：一是初拟指标，二是确定指标。

（一）初拟指标

初拟指标法是根据评价对象选择与之相适宜的指标对所选定的评价对象实施综合性评价，从多层次、多视角出发将体育产业结构的各项信息直观地反映出来，同时保证反映结果的客观性。为降低体育产业结构评价的主观性，提高体育产业评价结果所拥有的可信度，需要不断对体育产业结构进行优化与整合，根据体育产业结构优化内涵，结合相关文献资料，针对体育产业结构评价提出与之相适宜的评价。

（二）确定指标

将体育产业结构评价指标体系构建过程中所要遵循的原则作为主要的理论依据，结合文化产业、农业、水利产业在产业结构评价中所运用的各项理论与指标，根据体育产业发展的实际情况，对体育产业结构的优化与升级做出合理化分析，确保体育产业结构与内外界环境相适应。从我国体育产业发展的实际状况出发，分别从不同的层级出发对体育产业结构评价体系进行构建与优化，借助德尔菲法针对所提出的科学论证选取指标，对体育产业结构评价体系的客观程度与适用程度进行处理与整合。

体育产业结构中一共涉及八种评价指标，即C1结构效果指标、C2需求适应性指标、C3产业协调发展指标、C4波及效应指标、C5资源供给适应性指标、

C6 技术进步适应性指标、C7 市场适应性指标、C8 生态环境影响指标。

1. C1 结构效果指标

"C1 结构效果指标"是通过将各个产业结构在市场中的经济运营效果进行对比，从而达到对体育产业结构进行评价的目的。从产业结构理论研究视角分析，体育产业结构形成与构建的终极目的是最大化产业结构的经济效益。因此，构建评价体育产业结构标准时，首先应将效益置于产业结构的首要位置，通过产业结构在市场发展中的实际效益，将体育产业在市场中的效益变化与结构变化真实、客观地反映出来。体育产业结构所拥有的动态变化特征，对体育经济效益带来一定的影响，这种影响能够将体育产业结构的合理性程度直观地反映出来。

2. C2 需求适应性指标

"C2 需求适应性指标"能够将社会经济需求结构与体育产业结构客观地反映出来。在市场经济发展的背景下，需要以积极迎合市场发展的各种需求作为经营目的。体育产业结构是市场发展中资源转换渠道之一。体育产业结构产出活动能够有效满足市场发展中的各种需求，是体育产业在市场发展中的运营基础。为此，在现代化发展市场中，体育产业想要有效提升在市场发展中的竞争力与发展力，需要从多种群体对体育产品的各项需求入手，将体育产品的需求作为衡量体育产业发展的基本要求。由此可见，市场需求已经成为一个衡量产业结构合理性的重要标准。在社会经济发展的背景下，广大社会群体的生活水平日益提升，其物质需求与精神需求发生了极大的改变，通过调整体育产业结构形态，能够实现对体育产业结构的优化与整合，使体育产业结构处于一种相对平衡的状态。

3. C3 产业协调发展指标

在整个市场发展的进程中，为保证体育产业能够在市场发展中占据长久的发展地位，需要确保体育产业结构拥有较强的综合性，科学处理好不同产业结构的关系，保证体育产业内部结构的统一性与协调性。不同产业拥有不同的组成要求，在形成过程中需要科学处理好不同产业之间的关系，保证体育产业之间具有良好的协调性，明确各个体育产业链条间的投入关系与产出关系。在整个市场发展的进程中，体育产业发展链条不同发展节点之间均具有较高的依赖性，通过不同节点之间的相互作用，有效提升产业链条之间的灵活性，保证体育产业生产环节、分配环节、交换环节、消费环节均能够有序开展。在市场发展中，体育产业在产业增长速度、价值创造水平、劳动生产率、技术进步速度等方面并未出现明显的不平衡现象。不同的产业结构之间拥有不同的产业连接关系，若产业间出现不协调现象，必将会对相关产业链条带来一定的负面影响。若产业结构系统中存在瓶颈期产业，必会对整个产业结构系统的生产水平带来一定的影响。体育产业在发展运营过程中，体育产品的生产、分配、交换、消费等环节是否处于通畅状态，是衡量体育产业是否拥有协调发展能力的重要标准。不同行业在市场运营过程中只有时刻处于协调发展状态，方可提升体育资源利用率，避免体育资源处于闲置状态，有效解决体育资源浪费问题。体育产业结构运用过程中，若部分职能部门的生产力处于过大的状态，部分职能部门的生产力处于过小的状态，在产业运营过程中必然会出现短缺或者是过剩现象，导致体育产业结构处于一种不合理的发展状态。为确保体育产业结构具有良好的合理性，需要科学维持好体育产业各个运营生产环节的生产能力与运营水平，将产业间的关系控制在一个相对平衡的状态。在体育产业运营过程中，若体育产业出现不平衡运营状态，需要运用产业结构系统的自组织机制，对产业间的内部关系进行科学处理，优化产业间比例，使产业间关系能够尽快恢复平衡。

4. C4 波及效应指标

对体育产业结构进行评价时，要想了解体育产业结构中某种特定的行业在体育产业总体结构中所占据的比重以及预期该行业在体育产业结构中所拥有的潜能，需要运用“C4 波及效应指标”，了解某种特定行业在体育产业发展进程中所拥有产值比重系数、感应度系数、影响力系数。

5. C5 资源供给适应性指标

“C5 资源供给适应性指标”能够对体育产业结构合理性做出科学评价，了解体育产业资源供给的适应性情况。产业结构的合理性能为体育产业供需结构的合理性提供有力保障。体育产业的供给结构是指社会中为体育产业的发展提供基础生产要素的结构，该结构对体育产业结构的形成与发展具有一定的制约性。社会是在不断发展的，市场中的需求长期处于一种动态发展局面，市场中的一切变动若处于正常状态，体育产业结构的合理化能够积极适应体育产业供给的各项要求。通过对体育产业结构进行调整，使体育产业能够积极迎合新时期社会发展的各项需求性变动，使体育产业能够紧跟时代发展步伐，做到与时俱进、开拓创新。若体育产业在发展进程中，市场中的供给活动无法与正常的需求变动之间产生与之相适宜的反映，必将使体育产业供需处于一种不平衡的状态，以此将产业间不合理的结构直观地反映出来。为此，我们可以将体育产业结构看作体育资源的一种转换器，通过体育产业结构的作用，实现对人力资源、物力资源、资金资源的合理调整，实现对各项潜在生产要素的开发与再利用，从而达到一种最大的市场发展水平，积极迎合市场发展的个性需求，并对体育产业结构做出一个科学、合理的判断。

6. C6 技术进步适应性指标

“C6 技术进步适应性指标”在体育产业结构评价中的应用能够对体育产业所运用的技术做出科学合理的分析与评价，及时了解体育产业中所运用的技术程度，明确技术进步的相关目标，了解产业结构合理性与科学技术进步之间的关系，明确产业结构高度化对体育产业结构合理性的重要性。体育产业结构是否达到相应的技术标准，需要对技术对生产目标的影响进行判断。社会生产效率、技术结构水平、固定资产投资系数均能够对体育产业结构技术进步程度做出反映。体育产业发展进程中，能否对体育产业技术进行合理利用，直接决定着体育产业是否能够在市场发展中占据一席之地。

7. C7 市场适应性指标

“C7 市场适应性指标”作为衡量体育产业结构的重要标准之一，能够对体育产业对环境的适应力、产业结构的影响力做出科学、系统的评价。拥有良好市场适应性的产业能够积极顺应市场变化，紧跟时代发展潮流，针对市场发展的不同变化，做出与之相适应的反映与决策。体育产业是否具有良好的市场适应能力，直接影响到体育产业是否能够长久、可持续地在市场中发展下去。在新时期发展的背景下，对体育产业结构进行调整，实现产业结构的优化与整合，就是以传统体育产业为基础，实现对传统体育产业功能进行优化与整合，不断提升体育产业的功能，使体育产业在现代化社会发展中具有良好的适应能力。

8. C8 生态环境影响指标

从合理的产业结构视角分析，通过将社会系统、经济系统、生态系统有机地整合到一起，实现三位一体的多元结合，使新时期产业结构能够朝着多元化、全方位、可持续的方向发展，在发展产业社会价值、经济价值的同时，提升产业的生态价值。在优化体育产业结构的过程中，需要对体育产业内部各项影响因素进行科学处理，将各要素在体育产业中所占的总比例进行调整。体育产业发展过程中，应从产业发展的实际情况入手，科学处理好产业快发展与产业慢发展之间所存在的问题，通过多种手段维持产业之间的平衡关系。体育产业结构在优化与提升过程中，若对周围的生态环境带来污染，必然激发市场矛盾，为环境保护、资源节约的实施带来制约，严重影响到体育产业的可持续发展。

六、评价方法

层次分析法是由萨蒂提出来的，该方法是将某个具有烦琐性、缺乏结构性的问题分解成多个组成部分，并在分级过程中严格遵循分配关系，对该问题进行分解，参照相应的准则、目标、指标对其进行有序的排列，从而创造出层次多样、目标多样的模型，以此创造出层次分明、逐层递进的递阶层次结构，利用两两判断或者两两对比的方法对同一层次不同元素与上一层指标进行对比分析。

利用层次分析法对评价体育产业结构是否具备合理性进行分析，借助某种特定的统计手段，将不存在可比性或者是无法直接计算的体育产业结构指标转化成能够直接计算的信息，并对其实施可比性评价。利用特定的方法对体育产业的各项指标进行综合性评价，从中获取体育产业结构具有合理化的综合评价值，并将其作为调整体育产业结构的理论依据。

（一）建立递阶目标层

构建递阶目标层首先需要理清层次分析法的应用原理，以层次分析法的应用原理为基础，根据具体属性利用系统分析法对评价指标进行合理分组，确保不同组别之间呈现一种递阶结构，进而在不同的层次生成与之相适宜的评价指标，并构建多层次评价指标。在实际应用中，我们经常能够见到的层次主要有目标层、指标层、准则层、方案层等。其中，“目标层”是指事先对问题所预设的目标或者是对问题所预设的预期结果，该目标结果是体育产业结构合理化的直观反映；“准则层”是指想要达到某种特定目标需要遵循的准则，该指标根据内外环境适应性与体育产业结构目的性来确定，通常用八种指标对其进行反映；“方案层”是指想要达到某种特定目标应选择的方案，形成于体育产业内部，构建与体育产业相适宜的层次结构图。

（二）层次单排序及一致性检验

判断矩阵是指不同指标重要性的主观判断数学化，能够对复杂的社会经济问题进行定量分析，能够将决策者检查意识与判断思维维持在一个统一的平台。层次单排序，能够对判断矩阵的特征以及相对应的向量进行判断与计算，使特征向量能够朝着统一化的方向发展，将不同层次的内容转化到同一平台上。

（三）层次总排序及其一致性检验

在整个构建过程中应将从上到下的思想深入贯彻落实到计算合成权重的整个过程中。换言之，从高层次到低层次进行逐层计算，并对全部因素最高层信息进行分析与排序，了解各项信息的权威性，并对层次总排序进行一致性检验。

第三节　体育产业市场化的运营

在新时期发展的背景下，产业化运营是当代体育产业发展的重要发展方向，在一定程度上直接影响到体育产业的发展质量，并在产业运营与发展中发挥着重要作用。为此，本节将针对体育产业市场化运营理论与多元化进行分析与探讨，了解体育产业经营管理的相关概念，明确体育产业的管理层次、管理主体、管理目标，并对体育产业市场化运营的内外环境进行分析，细化体育产业化营销步骤。

一、体育产业经营管理的相关界定

体育产业经营管理是指体育产业不同层级的管理者运用不同的决策方法、组织方法、领导策略、管控措施等手段对不同层级进行管理，科学处理好不同层级工作人员的工作职能，明确活动目标，优化管理策略。

在新时期发展的背景下，体育产业备受社会群体的广泛关注，成为当代市场发展的新兴产业，实现对产业结构的优化与整合。从整体发展视角来看，在全球体育产业的带动下，体育产业在国际市场中所占据的市场发展地位越来越大，体育产业在国际市场中所占据的总体发展实力不断壮大，有效推动国际市场的优化与整合，但是所实施的体育产业管理模式尚存在一定的不足，无法迎合新时期社会发展的多样化需求，对体育产业的发展带来一定的阻碍。与此同时，在国际经济全球化发展的背景下，世界各国无论是在体育产业生产管理方面，还是在体育销售管理方面，均存在极大的差异，且这种差异受市场开放程度、市场经济体制、体育产业发展阶段、体育企业在市场中的竞争力等多种因素的影响。因此，先发展体育产业的国家与后发展体育产业的国家在选择体育产业经营管理模式时存在一定的差异。纵使如此，无论体育产业发展处于何种发展水平，世界上每一个国家所运用的体育产业经营管理模式均有所不同，对提升本国体育产业在国际上的竞争力具有积极影响作用，对体育产业的长久、高效、健康、有序、快速发展具有积极的促进作用。

在整个市场发展进程中，体育产业在我国市场经济中的形成与发展并非偶然事件，而是一种在特定社会背景、经济体制、管理模式作用下所形成的必然产业结构。这一特定的社会背景、社会机制与管理模式是指我国计划经济到社会主义市场经济的转变、社会主义市场经济体制转型以及体育事业管理体制的制定与实施。在特定时期发展的背景下，因体育产业在市场发展中的地位尚不稳定，在整个运行过程中体育产业结构缺乏稳固性，体育产业形态有待完善。因此，在新时期发展的背景下，体育产业在市场发展中的转型方向备受争议，不同的专家学者从不同的发展视角出发，针对体育产业的运营结构与转型方向做出不同的解释。从学术研究视角来看，市场中关于体育产业经营管理的研究主要表现在以下两个方面：

（一）盲目管理必将扼杀体育产业

从我国体育产业发展进程来看，通过纵向分析、横向对比，从中我们能够发现我国体育产业尚处于初步发展阶段，整个市场结构有待完善，体育产业在市场发展中所占据的比例相对比较低，无论是与我国其他产业发展相比，还是与国际体育产业发展相比，均存在较大的差距。由此可见，我国现阶段缺乏强化体育产业经营管理的发展条件与实施时机。在这个阶段，如果盲目地对我国体育产业管理进行强化，必然会对我国体育产业在我国市场的发展带来一定的抑制作用。因此，盲目实施管理工作不仅不会加快我国体育产业的发展与进步，还会对我国体育产业的发展带来严重的抑制作用。

（二）体育产业经营管理制度规范性有待提升

体育产业是我国新时期发展的一种新兴产物，在我国当代市场中占据独特的发展地位。从体育产业在我国发展的实际情况来看，该产业尚处于幼年发展阶段，要想使体育产业能够拥有长久、稳定、健康的发展条件，需要我国相关部门不断对体育产业经营管理制度进行完善与整合，确保体育产业经营管理制度能够朝着规范化的方向发展。

通过对以上两种研究论点进行分析，从中我们能够发现，我国体育产业尚处于发展的初期，受内外多种因素的影响，对体育产业实施经营管理势在必行，但是在实施过程中应保证管理工作的针对性，不可盲目对体育产业进行管理，并在管理过程中应严格遵循实事求是原则，从我国体育产业的实际情况出发，根据我国体育产业发展的实际需求，做好相应的规划工作，确保体育产业经营管理制度能够不断朝着规范化的方向发展，构建具有中国特色的体育产业管理体制。

二、体育产业经营管理的层次

从体育产业经营管理层次来看，体育产业经营管理工作主要由三方面组成，即政府管理、行业协会组织自律性管理与广大体育企业自我管理。由此可见，体育产业管理具有较强的系统性与组织性，并不是由某一个单一的管理工作组成，而是由多个管理组织共同组建而成，该组织活动具有较强的综合性与系统性。

从体育产业经营管理形态视角来看，"体育产业经营管理"以一个金字塔的结构形式呈现出来，是一种从上到下的管理结构，具有突出的层次性。从体育产业经营管理层次来看，从上到下的管理工作依次由"政府""行业协会组织""体育企业"开展。其中，政府位于整个体育产业经营管理形态的最高端，是最高层的管理部门，需要政府相关部门将法律和法规作为体育产业管理依据，对我国体育产业实施宏观调控工作，正确把握我国体育产业在市场发展中的发展方向，做好体育产业改革工作，推动互联网+体育产业的形成与构建；行业协会组织位于体育产业经营管理形态的中间层，位于政府管理的下方，体育企业自我管理的上方，是连接政府管理与体育企业自我管理的重要纽带，是由各种类型的体育市场主体通过自由组织的形式所构建的一种体育市场组织机构，仅代表本行业在市场发展中的经济利益、社会利益以及生态利益，是一种非政府组织范畴的组织机构，以行业规章、行业规程以及行业惯例为依据对本行业实施管理，这种管理具有一定的自律性，因此，在整个管理结构中具有承上启下的功能；体育企业位于体育产业经营管理形态的最底层，位于行业协会组织管理的下方，是整个体育产业行业管理工作中的基础内容。

三、体育产业经营管理的主体

对体育产业实施经营管理活动，首先需要明确体育产业经营管理的主体是谁。在整个体育产业管理工作中，不同的管理模式拥有不同的管理主体，在选择体育产业经营管理主体时，应从体育产业发展的实际情况出发，选用与之相适宜的管理模式，明确不同管理模式下的管理主体，确保体育产业的各项经营管理活动具有较强的针对性与目的性。

（一）体育产业经营管理主体的类型

在整个市场形成与构建的过程中，不同产业发展主体的出发点有所不同，形成不同的体育产业结构。通过对体育产业经营管理主体进行分析，从中我们能够发现经营管理主体拥有多种类型的影响，根据不同的主体将其分成不同的体育产业经营管理类型。

1. 归属政府体育行政部门的主体类型

体育彩票管理中心、体育场馆等均属于政府体育行政部门的管理范畴。具体而言，在社会主义市场经济环境下，政府部门对体育产业实施管理活动时，需要明确规定政府行政部门的相关公务人员不可从事与市场产业经营活动有关的任何活动。受历史、社会现实等多种因素的影响，政府体育行政部门依然存在产业经营管理主体。

2. 归属于社会体育组织性质的主体类型

归属于社会体育组织性质的主体主要有奥委会、各单项体育协会等，这一类体育经营管理主体主要将体育赛事活动作为经营管理的内容。

3. 归属于体育企业性质的主体类型

体育性质的主体主要有体育健身俱乐部、职业体育俱乐部等体育经济实体和企业法人。

4. 隶属于体育中介性质的主体类型

隶属于体育中介性质的主体主要有体育广告公司、体育经纪人组织等开展体育市场中介活动的各类经济组织。

（二）体育产业经营管理主体形成的基本条件

体育产业经营管理主体形成一种以体育产业经营管理为主体的体育产业管理模式，要想将体育产业经营管理工作全面落到实处，需要从以下四个方面着手：

1. 做好政府职能的转变工作，全面实施政企分开策略

在我国市场经济发展中，任何产业的运营活动均离不开政府部门的支持，尤其是在体育产业的发展进程中，政府对体育产业的宏观调控工作必不可少。

政府对国家出资兴办以及拥有股份的体育企业实施管理职能主要表现在以下几个方面：制定与国有资产管理相适宜的政策法律制度，为政府部门对国有资产管理提供可靠的法律依据，确保体育产业的发展能够为我国社会经济的发展带来一定的推动力；从价值形态视角出发对国有资产实施管理工作，尽最大努力为国有资产的各项增值活动予以保证；政府部门对体育产业进行管理与调控的过程中，不可对其实施直接干预，而应通过制度、管理等手段对体育产业实施宏观调控；政府部门应承担体育企业的债务方面的一定责任。为此，政府部门对体育产业实施经营管理活动时，应将政府管理与企业管理科学地区分开，使两者形成一个相对独立的个体，通过政府引导使体育企业能够朝着良性方向发展。

2. 明确产权与产业经营权，细化体育产业管理责任

在市场发展的进程中，为确保体育产业能够拥有一个长久、稳定、可持续的发展环境，需要将体育产业经营管理工作全面落实到位，明确各项体育产业的管理主体，以及体育产业经营管理中的产权与产业经营权，实现对体育产业经营管理责任的细分。在体育产业运营过程中，体育产业经营单位资产的所有权归属该单位各项资产的出资者，在整个体育产业结构中，国家是体育产业经营单位资产的重要出资方，因此国家也是体育产业中的出资者。无论出资者通过何种途径将资产投入到体育产业的建设与发展中，均成功成为企业独立的财产法人，拥有全权处置体育产业各项经营管理活动的权利。

在新时期发展的背景下，对体育产业经营单位实施产权改革，对完善体育产业结构、推动体育产业发展具有重要意义。在体育产业发展建设中，为充分调动体育产业经营管理主体在市场运营与管理工作中的积极性与主动性，需要严格遵守国家所有原则、分级管理原则、授权经营原则、分工监督原则对产权责任进行规范与整合，针对国家出资资产构建与之相适宜的管理机制、监管体系、运营结构。

3. 全面实施科学管理，有效提升企业管理水平

从科学发展理论视角来看，体育企业的构建与形成均具有极高的科学性，对其实施经营管理活动时，需要分别从人才管理、经营管理与制度管理三方面着手，充分展现体育产业经营管理工作的科学性。其一，人才管理。要想对体育产业建设人才进行管理，首先需要制定与体育产业发展相适应的用人制度，并在体育产业发展过程中不断对现行的体育产业用人制度进行完善与整合，实现对原有人才管理制度的优化与整合。在市场发展中，各大、中、小企业为将人才管理落实到位，通常从制度入手，通过建立用人管理制度达到对人员工作

行为、工作态度进行规范的目的。其二，经营管理。在市场发展中，企业运用经营管理策略对企业的各项经营活动进行管理，通过借助经营管理的杠杆作用，达到提升企业市场经济发展水平的目的。其三，制度管理。在实施制度管理时，首先需要具备与体育产业管理相适宜的管理制度，保证管理制度的科学性与可行性，通过管理制度对体育产业经营单位的各项运营活动进行规范与整合，实现对体育产业结构的优化与升级，不断提高体育企业的管理水平。

4. 构建权责明确的法人治理结构，有效规避市场运营风险

在市场发展的背景下，体育产业的相关出资者在体育产业经营过程中在享有特定的权益的同时需要承担相应的责任。其中，体育产业出资人在体育产业经营管理过程中所享有的权益有重大决策权、资产受益权、选择管理者等；体育产业出资人在体育产业经营管理过程中所要承担的责任有债务有限责任以及以投入的资本额承担亏损风险。为稳定市场运营环境，维护体育产业的可持续发展，需要构建权责明确的法人治理结构，明确产业出资人在产业建设与运营过程中所享有的责任与义务，并将各个责任主体的权益与职责落实到位，同时提高出资人对产业运营风险的重视，运用合理、恰当的手段对市场运营风险进行有效规避。

（三）体育产业经营管理主体的特性

不同的产业结构均有其不同的性质与特征，从体育产业的各项经营管理活动来看，不同体育产业的经营管理主体拥有不同的主体特征，具体表现为以下两个方面：

1. 体育产业经营管理主体是一种拥有行为能力的经济组织

在体育产业发展进程中，无论是单一性的产权结构，还是多元化的产业结构，均需要体育产业经营管理主体明确各项职权的关系，保证主体产权的清晰性与明确性，使体育产业的各项经营管理活动能够有序开展。在整个市场运营体系中，法人组织与自然人产业经营单位均拥有自由支配权、自由使用权、自由处置权，并在财产经营活动时实现对各项经营风险的有效规避，积极承担体育产业在市场发展中的各项责任。

2. 将追求最大化利润作为体育产业经营管理的发展目标

体育产业作为市场运营中的一项新兴产业，在整个市场发展进程中，均需要严格遵循市场发展的客观规律，不断提升自身在市场中的发展价值，扩大在市场中的运营规模，将追求最大化利润作为体育产业经营管理的发展目标。从

体育产业发展与运营的实质来看，体育产业经营管理过程中其经营管理主体完全按照市场发展原则开展相应的经济运营活动。因此，体育产业经营管理主体将追求最大化利润作为市场经济运营的内在驱动力。

四、体育产业经营管理的目标

体育产业经营管理的目标是指在特定时期内，一切参与体育产业经营的单位所开展的产业经营管理活动，换言之，即体育产业经营单位预期想要达到的某种理想目标。通常情况下，可用数量、时间、数字、项目对经营管理目标进行表示。从体育产业经营管理视角来看，体育产业经营管理目标的制定对体育产业经营管理活动具有积极影响，能够为体育产业经营单位创造良好的收益，提高体育产业经营单位在市场发展中的声誉与竞争力，充分调动该单位员工工作的积极性与主动性，激发员工的创造性，实现对体育产业经营资源的合理配置，保证产业经营成效的均衡性。

从体育产业经营管理单位的经营管理目标来看，可将其分为两种类型：一种是社会经营管理目标，另一种是经济经营管理目标。通常情况下，无论是社会目标，还是经济目标，均会对体育产业经营管理单位的各项经济运营活动带来重要影响，是整个体育产业经营管理活动中不容忽视的一项内容。

五、互联网+体育产业经营管理工作所形成的内部管理环境

（一）互联网+体育产业内部环境经营管理的任务与目的

1.互联网+体育产业内部环境经营管理任务

通常情况下，互联网+体育产业的内部管理活动主要涉及两个方面的内容：其一，准确识别自身发展的优势与劣势；其二，明确自身发展优势与劣势的形成原因，为挖掘内部潜能提供必要条件。

2.互联网+体育产业内部环境经营管理目的

通过对体育产业经营管理过程中所形成的内部环境实施深度剖析，将体育产业经营管理的内部环境与外部环境科学地结合到一起，对体育产业经营战略与战略决议的制定与实施提供可靠的理论依据。

（二）互联网+体育产业内部环境经营管理的内容

互联网+体育产业内部环境经营管理涉及诸多内容，主要表现在应变能力、

经营管理水平、竞争能力三个方面。

1.应变能力

互联网+体育产业经营管理过程中所形成的应变能力，主要表现在体育产业经营管理对周围环境的适应能力。在新时期发展的背景下，通过借助现代化信息技术对传统体育产业经营管理结构进行优化与整合，不断加大对新兴体育产品的研究与开发工作，进一步提升新兴体育产品的生产能力与技术应用能力，不断将新工艺、新方法运用其中，使体育产业能够朝着多元化、现代化的方向发展，在新技术的作用下构建与体育产业相适宜的生产指挥系统、物资能源供应系统、市场营销系统、经济核算系统，并运用先进的智能技术对不同系统之间的关系进行合理调控，保证不同系统之间均成功处于一个相对平衡的运营状态，使体育产业的各项经营管理活动能够协调发展。

2.产业经营管理水平

互联网+体育产业经营管理水平表现形式也很多，其中表现最为突出的当数企业领导素质、员工文化水平、经营管理体制等。

3.竞争能力

互联网+体育产业竞争能力主要涉及体育产业在商品方面的设计能力、生产能力、销售能力、服务能力、财务能力、竞争能力等。

（三）互联网+体育产业内部环境经营管理的相关研究

体育产业经营管理所涉及的范围相对比较广泛，其内部环境涉及诸多方面，在实践研究过程中需要从体育产品、产品形象、产业实力、物资供应、管理情况、经济效益六方面着手。例如，在体育产品方面，互联网+体育产业在形成与发展的过程中，均离不开体育产品的支持，无论是传统体育产品，还是“互联网+体育产品”，均是互联网+体育产业的重要经济支柱，对互联网+体育产业实施内部环境管理活动时，需要从体育产品的收益性、成长性、产品强度、产品市场定位等多个视角进行分析，了解体育产品的个体属性以及在市场发展中的性能与作用。从体育产业经营管理内部环境视角来看，体育产业在市场中所具备的竞争力通常以产品的形式体现出来。对体育产业经营管理的内部环境进行分析与探究时，需要将体育产品分析作为重点，加深对体育产业市场的认识与理解。

第七章

“互联网+”背景下中国体育产业发展的建议与展望

第一节 “互联网+”背景下体育产业发展的建议

在“互联网+”的背景下，我国体育产业高速发展，要将先进的互联网技术运用到体育产业的各项运营活动中，需要我国政府部门全面做好市场的宏观调控工作，将体育产业的各项建设工作全面落实到位。通过上文论述，从中我们能够发现互联网+体育产业在发展过程中尚存在一定的问题，会对我国体育产业在今后的发展造成带来一定的制约。为全面推动我国体育产业的发展与进步，积极应对“互联网+”给体育产业所带来的新机遇与新挑战，需要我们从理念层次、模式层次、技术层次、政策层次分别着手，不断提高对体育产业的创新意识与服务意识，不断对我国体育产业的运营结构进行创新与改革，做好各个产业体系的协同工作，做好各项技术的研究工作，积极完善相关法律体系，为我国体育产业的发展提供可持续发展空间。

一、理念层面的相关建议

从理念层面来看，要想在“互联网+”背景下为体育产业创造一个可持续发展空间，需要不断增强体育产业建设人员的创新思维与服务意识。在“互联网+”发展的背景下，体育产业得到极大程度的发展与进步，并在产业发展进程中形成一种新业态发展局面。通过将互联网技术运用到体育产业发展的各个环节，能够实现对体育产业的优化与整合，有效提升体育产业的产品质量与服务质量，使体育产业能够朝着智能化、个性化、多元化的方向发展，并在整个发展过程中对传统产业结构进行有效规避，构建虚拟化产业经济结构。因此，在互联网+体育产业发展进程中，为全面提高体育产业在市场发展中的竞争力与发展力，需要全面提高对产品创新的重视，全面落实产品研发创新、产品生产创新、产品管理创新、产品营销创新等，全面推动体育产业的发展与进步，为体育产业迎合新时期发展潮流提供发展动力，进而达到新业态发展目标。

体育产业在当代社会体系中拥有较大的发展潜力，需要我国社会发展的各个领域均能够提高对体育产业的重视，积极主动地参与到体育产业的建设活动中，将体育运用作为产业发展的重要内容，构建多元化体育产业发展结构，为我国体育产业的发展创造一个多元化、个性化的发展格局。为此，我国体育产业的各经营者，均需要全面提高对体育产业服务的重视，将体育产业服务与体育产品质量放在同等重要的地位，不断提高全体社会群众对体育产业的满意度与认可度，增强消费者在体育产品、体育服务中的物质体验与精神体验，全面提高广大社会群体对体育产业的重视。

二、模式层面的相关建议

在新时期发展的进程中，“互联网+”理念被广泛运用到社会发展的各个领域，实现产业之间的跨领域融合，有效丰富传统产业的运营内容，完善传统产业运营结构，提高企业之间的合作意识，全面打造可持续发展的产业链条。通过将互联网产业与体育产业结合到一起，构建互联网+体育产业新业态发展结构，给我国传统体育产业的发展带来全新的发展机遇与挑战。然而，从我国互联网+体育产业发展的实际情况来看，互联网+体育产业在实际应用中尚存在一定的问题，需要我国体育产业相关建设部门不断提高对产业结构优化与审计的重视，进一步优化体育产业运营模式，优化产业链条，增强产业之间的合作意识与服务意识，使体育产业能够与其他相关产业共同构建多元化产业结构，实现跨界合作与跨界竞争，在发展体育产业的同时带动相关产业的发展。

互联网、物联网、大数据、云计算等技术的相继产生，为人们的生活、生产带来诸多便利，极大程度上改变了人们的生活方式与生产方式，使人们的生活、生产活动均能够朝着智能化、现代化、一体化的方向发展。例如，阿里巴巴这一电子商务大佬，从 2014 年开始进军体育产业，开展一系列体育产业的建设活动，通过入股足球俱乐部、签约NCAA、注资乐视体育，在自己原有的体育链条中开辟出一条与体育产业相关的子产业链条。在现代化发展的背景下，互联网巨头相继参与到体育产业的建设与发展进程中，能够给体育产业格局带来极大的影响与变革，能够使体育产业经营者在自身发展的基础上，通过借助互联网相关助力，对自身运营体系进行完善与整合，充分借助市场化手段与资本化手段，对自身发展进程中一切能够利用的资源进行科学整合、合理布局，全面提升企业之间的合作意识与竞争意识，打造一个全新的体育产业发展格局。

三、技术层面的相关建议

随着社会的不断发展，先进的互联网技术、物联网技术、大数据、云计算等相关技术日新月异，为人们的生产生活带来极大的便利。通过将先进的互联网技术运用到体育产业结构优化与改革中，能够有效提升产业运营结构的科学性与合理性，使体育产业结构能够积极迎合市场发展的各种需求，提高体育产业设计水平、生产水平、营销水平、管理水平与服务水平，使我国体育产业设计工作、生产工作、营销工作、管理工作、服务工作朝着智能化、一体化、多元化的方向发展，在提升产业运营水平的同时提高广大受众对体育产业的认可度，增强体育产业对广大人民群众的吸引力与向心力，充分调动广大人民群众在体育产业建设与发展中的积极性与主动性，使广大人民群众能够树立终身体育锻炼意识，积极参加体育锻炼。

例如，通过将3D打印技术运用到体育产品生产活动中，能够有效降低产品的运营成本，缩短产品开发周期，最大限度提升原材料的利用率。相关调查显示，通过运用3D打印技术开展体育产品生产活动，能够将产品开发周期缩短3～5倍，使运营成本降低4倍左右，将原材料的利用率从原来的5%提升到85%。譬如，耐克公司利用互联网技术构建Nike+社交运动平台，积累全球2000多万注册用户，并定期对庞大的用户群体的消费信息进行统计与分析，了解用户的主体需求与个性需求，将客户的主流需求与个性需求作为评定产业流量的主体力量，确定体育产业营销内容与营销方向，深入挖掘市场中的潜在用户，并做好资源价值的开发工作，构建多位一体化产业服务模式。

四、政策层面的相关建议：积极完善有关法律政策

在互联网+体育产业发展的进程中，离不开政府部门对该产业的支持。在新时期发展的背景下，为保证互联网+体育产业能够走可持续发展之路，积极

迎合市场发展规律，紧跟时代发展步伐，做好与国际体育市场的接轨工作，需要我国政府部门充分发挥在市场中的宏观调控作用，不断对现有法律体系进行完善与整合，将体育产业市场控制在一个健康、稳定的运营状态。为此，政府部门需要从互联网+体育产业的实际发展情况入手，针对不同的运营环节制定出与之相适应的管理制度与规章，为体育产业构建一个系统性、全面性的法律政策体系。

首先，政府部门应从立法角度出发，制定数据开放（Open Data）立法与数据开放政策。为确保市场能够有序开展，需要政府部门立足我国互联网+体育产业的发展现状，了解我国体育产业的发展情况以及互联网技术在体育产业中的应用情况，制定与产业发展相适应、具有开放性的产业发展政策与运营制度。现如今，全球领域内各个国家相继参与到大数据开放制度的建立活动中，通过制定与大数据体育产业相适宜的管理制度，提高体育产业在市场发展中的竞争力，实现对世界范围内体育产业资源的深入挖掘与利用。在国际全球化发展的背景下，我国作为发展中国家中的大国，做好体育产业的发展工作势在必行。为此，我国特从自身实际发展国情出发，在“互联网+”理念的作用下，将互联网产业与体育产业结合到一起，形成互联网+体育产业新业态，并根据互联网+体育产业在我国发展的实际情况，结合国外先进国家在大数据体育产业中的先进理念，制定符合我国社会发展实际、满足国际化发展要求的大数据开放政策与制度，充分借助大数据技术，促使我国体育产业朝着信息化、现代化的方向发展。

其次，政府部门应提高对公民个人因素的重视，建立个人信息保护制度，为公民、国家的信息安全提供有力保障。在互联网发展的背景下，广大社会群体对个人信息的保护意识不断提升，企图通过多种手段对个人信息进行保护。现如今，我国并没有一项专门为公民个人信息提供保护的立法，导致我国公民的个人信息在互联网技术的作用下遭到不法分子的窃取，并对公民的日常生活带来一定的困扰，严重者甚至威胁公民的人身安全。在大数据的背景下，政府部门应切实做好公民个人信息的保护工作，针对利用互联网平台非法窃取他人信息的行为进行严肃处理，为互联网+体育产业的发展提供更优质的发展空间与平台。

最后，政府部门还需要充分利用现代化互联网技术开展体育产业的管理工作，构建高效的问题反馈平台，为互联网+体育产业的各项运营活动提供群众反馈平台，使广大社会居民能够根据个人在互联网+体育产业中的参与感受，真实地向上级反映，将群众监督工作全面落实到位。

第二节 “互联网+”背景下体育产业发展的展望

一、体育科技将引领体育智能化趋势

在“互联网+”的背景下，体育产业得到进一步的升级与改造，实现对传统体育产业的优化与整合，使当代体育产业朝着智能化、现代化的方向发展，体育科技成为广大社会群体的重要关注点。在今后的一段时间内，体育科技必将成为我国体育产业的研发重点，那么体育科技是否会在未来的发展中呈现一种爆炸式增长趋势呢？这一问题有待今后的实践考证。

谈及体育科技，我们首先就要说到“虚拟实境”（Virtual Reality），该技术又被称为“人工环境”“灵境技术”，简称为“VR技术”，是一种借助电脑某种情境进行模拟产生一个三维空间的虚拟世界，为使用者创造一个与视觉、听觉、感觉等感官的虚拟情境，使使用者能够通过利用VR技术有一种身临其境的感觉，可以没有限制、及时地观察三维空间内的一切事物。使用者移动位置的过程中，能够对其做出一个具有复杂性的运算，将精确的3D世界影像回应生成一种临场感。虚拟现实技术所创造的情境全是假的，仅是将人的意识与认知带入一个完全虚拟的世界。在2016年，VR技术在体育领域备受欢迎。NBA与NFL联手Next VR公司开展VR转播活动，企图将VR技术运用到体育产业生产运营活动中，譬如NBC在奥运会企图尝试利用VR技术实现赛事转播，即VR转播，但是用户在利用VR技术观看体育赛事的过程中，并没有达到预期的应用效果。2017年，VR转播为了改变现状，特从构架技术平台移至产品开发领域与交互体验领域。与此同时，与VR体育有关的产业相继得到升级与改造。

可穿戴设备是体育科技发展的必然趋势。近年来，体育产业在发展进程中，备受互联网产业的助力。可穿戴设备逐步朝着清晰化的方向发展，市场需求现象显露出来。在未来的发展进程中，可穿戴设备必将朝着差异化、细分化的方向发展。例如，苹果公司与Nike公司在市场发展中各取所需，并在生产与运营

活动中充分发挥自身在市场发展中的应用优势，增强合作领域，在合作中竞争、在竞争中合作，互相成长。这一现象备受社会其他发展领域的关注，是否要效仿苹果公司与Nike公司在市场中的各项决策成为当代社会发展的一大问题。

市场研究机构CCS Insight预计，2020年智能穿戴设备的年销量为4.11亿台，总价值达到340亿美元，而这其中运动细分市场的设备将占到1.57亿台。该机构的统计数字显示，目前智能运动穿戴设备的年销量为6100万台，按照他们的预计，在未来的五年里，运动智能装备的销量将翻三番。

经过10年的探索和发展，可穿戴运动设备的市场已经度过了产品生命周期的准备期，来到了发展迅速的增长期。随着大众对于运动、健康的诉求，以及移动端APP更深入地渗透到人们的生活，运动穿戴设备将逐渐成为电子产品消费的主力军。

二、巨头来袭将加快体育商业化趋势

在“互联网+”的作用下，社会发展进程日益丰富，企业与企业之间的合作意识不断增强，极大程度上推动了体育产业的发展与进步，体育产业将逐步朝着商业化的方向发展。尼尔森针对体育产业在未来社会中发展的情况进行预测，从中能够发现未来体育产业发展进程中合作伙伴之间的联系日益密切，全球各个国家的体育产业均朝着融合的方向发展。

2016年，终极格斗冠军赛、F1这两大顶级体育IP的最新售价令人咋舌，事实证明，优质体育商业化项目能够深入开发产业的内在价值，深入挖掘体育产业的内部需求，刺激市场的个性需求，提高体育产业在市场中的产业价值，推动市场经济的发展与进步。美国大学体育营销的Learfield售出10亿美元。由此可见，体育产业在市场发展中具有不可估量的发展价值。

三、电竞产业快速崛起

在传统互联网产业体系中，网络游戏在人们看来是一种没有任何意义、无法创造个人价值的业余活动。但是在当代互联网发展的背景下，互联网技术在体育产业中的应用，有效代替传统电视、电影的娱乐功能，使体育产业朝着现代化、多元化的方向发展，增加体育产业运营功能，提升产业在市场发展中的影响力与号召力，使体育产业成为广大消费者的一大消费利器。从本质视角来看，体育产业的发展与应用，极大程度上丰富了人们的日常生活，提升了人们的生活质量，改变了人们的日常生活追求，使人们对体育产业的发展有了更新的认识。

从体育素材传播的升级视角来看，体育产业的形成与构建离不开体育素材的传播，通过借助多种信息传播媒体，将体育产业信息传播出去，使体育产业信息能够被大众所知。然而，在"互联网+"的作用下，体育产业已经不再被单一地拘泥在现实体育运动之中，一系列具有虚拟性、竞技性的体育运动应运而生，备受广大青年群体的喜爱。

从数字技术的进步视角来看，体育产业的发展与进步需要依靠强有力的资金支持与供应，通过将数字技术运用到体育赞助活动中，能够有效开阔体育产业赞助渠道，提升体育产业对社会发展影响力，使社会发展进程中的多个行业均能够参与到体育产业的生产与运营活动中，先进的视频技术、广告技术被陆续运用到体育产业的运营活动中，通过广告植入等赞助方式为体育产业的发展提供充足的资金供应来源。互联网+体育产业中陆续衍生出多种新兴互联网+体育产业，在众多新兴产业中电竞产业显得尤为突出。近年来，不少一线品牌相继携手电竞产业，打造全新的电竞战队，在市场发展中形成独特的明星效应，构架多元化体育产业文化体系，彻底颠覆电竞产业在中国的商业价值认知和社会价值认知。

四、体育产业人才格局将出现变化

体育产业人才格局在未来社会发展进程中必将发生极大的改变，这是现代化社会发展的必然趋势，是"互联网+"理念作用下的必然要求。随着互联网技术的广泛应用，传统人才培养模式、培养目标、培养结果均无法满足新时期互联网+体育产业发展的实际需求，尤其是在新课程改革的背景下，信息技术已经成为大、中、小学生的必修课，学生只有正确掌握信息技术才能够灵活应对市场发展对人才培养的各种需求，在短时间内形成多元化人才培养结构。现如今，我国体育产业人才无论是在专业上，还是在能力上，或者是在发展上尚存在诸多的不足，在今后的人才培养工作中，将朝着多元化、综合性方向开展人才培养工作，使培养出来的人才能够满足新时期体育产业发展的基本要求。

体育产业的发展与进步离不开人力资源的支持，在互联网+体育产业的作用下，受互联网产业与体育产业跨领域融合的影响，体育产业人才必将朝着跨领域的方向发展，在未来发展进程中体育产业人才必将朝着商业化、精细化的方向发展。

参考文献

[1] 徐国东.互联网环境下体育赛事转播的法律保护研究[D].南昌大学硕士学位论文，2017.

[2] 郝杰华."互联网+"时代腾讯微校体育教学公众号建设模式研究[D].河南师范大学硕士学位论文，2017.

[3] 王四其.互联网在中小学体育教学中的应用研究[D].广州体育学院硕士学位论文，2017.

[4] 扈伟.互联网+在体育运动发展中的应用研究[D].广州体育学院硕士学位论文，2017.

[5] 徐森."互联网+"时代下的网络体育传媒转型研究[D].武汉体育学院硕士学位论文，2017.

[6] 梁希松.敏捷需求模型在互联网体育平台中的应用与研究[D].华南理工大学硕士学位论文，2017.

[7] 汤圣军."互联网+"背景下乐视体育产业链整合的研究[D].浙江师范大学硕士学位论文，2017.

[8] 俞剑鸣."互联网+"背景下大学生体育参与现状研究[D].上海体育学院硕士学位论文，2017.

[9] 陈小芳."互联网+"时代背景下体育培训市场转型研究[D].成都体育学院硕士学位论文，2017.

[10] 谢部委.互联网+体育背景下小牛训练营运营现状的研究[D].北京体育大学硕士学位论文，2017.

[11] 解丹阳.互联网生态下我国体育赛事转播权的保护[D].北京体育大学硕士学位论文，2017.

[12] 刘星玉.广州市居民互联网+"体育健身休闲"消费行为研究[D].华南理工大学硕士学位论文，2017.

［13］张婉."互联网+"趋势下我国体育产业发展研究［D］.湖南大学硕士学位论文，2017.

［14］刘颜恺."互联网+体育赛事"版权保护问题研究［D］.广西大学硕士学位论文，2017.

［15］吴晓."互联网+"背景下阿里体育的案例分析［D］.中北大学硕士学位论文，2017.

［16］彭林.互联网背景下体育场馆管理模式研究［D］.集美大学硕士学位论文，2017.

［17］王野.足球类移动垂直社交媒体"懂球帝"发展研究［D］.武汉大学硕士学位论文，2017.

［18］张榕林."互联网+"背景下"智慧场馆"的路径选择［D］.首都体育学院硕士学位论文，2017.

［19］周县委."互联网+"山东省大学生公共体育信息服务模式构建研究［D］.山东体育学院硕士学位论文，2017.